古代歷史文化 研究輯刊

八 編

王明蓀 主編

第 5 冊

文化融合與政治升進
——北魏政權中的漢族士人研究（上）

楊龍 著

國家圖書館出版品預行編目資料

文化融合與政治升進——北魏政權中的漢族士人研究（上）／
楊龍 著 — 初版 — 新北市：花木蘭文化出版社，2012〔民
101〕
序 4+ 目 4+196 面；19×26 公分
（古代歷史文化研究輯刊 八編；第 5 冊）
ISBN：978-986-254-966-7（精裝）
1. 政治參與　2. 漢族　3. 北朝史
618　　　　　　　　　　　　　　　101015167

ISBN-978-986-254-966-7

9 789862 549667

古代歷史文化研究輯刊
八 編 第五冊　　　　　　　　ISBN：978-986-254-966-7

文化融合與政治升進——北魏政權中的漢族士人研究（上）

作 者　楊龍
主 編　王明蓀
總 編 輯　杜潔祥
出 版　花木蘭文化出版社
發 行 所　花木蘭文化出版社
發 行 人　高小娟
聯絡地址　新北市永和區中正路五九五號七樓
　　　　　電話：02-2923-1455／傳眞：02-2923-1452
網 址　http://www.huamulan.tw 信箱 sut81518@gmail.com
印 刷　普羅文化出版廣告事業
初 版　2012 年 9 月
定 價　八編 22 冊（精裝）新台幣 35,000 元

文化融合與政治升進
——北魏政權中的漢族士人研究（上）

楊　龍　著

作者簡介

楊龍，湖南省安鄉縣人。二〇〇四年至二〇一〇年入吉林大學古籍研究所，師從張鶴泉先生，先後獲得歷史學碩士、博士學位。現為吉林大學古籍研究所講師，目前主要從事秦漢魏晉南北朝史的教學和研究工作。

提　要

　　拓跋鮮卑進入中原地區並建立北魏政權之後，在其統一中國北方地區並鞏固和維護其統治的過程當中，漢族士人成了其不得不極力利用的社會群體之一。漢族士人與北魏政權的合作的逐步深入不僅使胡漢關係由衝突走向融合，同時也對北魏政權的漢化起到了重要的推進作用，因而，研究北魏政權中的漢族士人的政治地位及其政治活動的變化發展就是一項頗具意義的課題。漢族士人以其文化、社會以及政治方面的優勢而為北魏胡族統治者所重用，他們充斥于北魏各級行政機構當中，並積極參與各項政治活動。當然，無論是在北魏的中央政權當中，還是各級地方行政機構當中，漢族士人的政治活動都是一個逐步深入的過程。由此，漢族士人的政治權勢的增強、政治地位的提升也呈現為一個逐步發展的過程。儘管漢族士人的政治發展還或多或少受著胡族政治傳統的影響而有所限制，但他們與北魏政權的較為充分的融合卻是一個不爭的事實。漢族士人與北魏政權的合作更多的表現為政治上和文化上的合作，這種合作也有利於北魏政治文化的漢化。

序

　　楊龍博士《文化融合與政治升進——北魏政權中的漢族士人研究》一書即將付梓，要我在卷首寫幾句話。承楊博士盛意，我想簡略地談一些閱讀這部書稿的感想。

　　北魏王朝是由拓跋鮮卑族建立的。在北魏建國後、並向中原地區拓展領土的過程中，拓跋鮮卑人就與漢族人開始廣泛地發生關係。北魏統治者要建立穩固的統治，就一定要利用漢族士人為其政權服務。可是，北魏國家是如何使漢族士人進入北魏政權的？漢族士人又為何要進入北魏政權為拓跋鮮卑族服務？漢族士人在北魏政權中擔任官職，又起到怎樣的作用？這都是作者寫作這部書稿要解決的問題。閱讀全書，應該說作者很好地回答了這些問題。

　　作者在考察這些問題之前，對漢族士人做了明確的界定。實際上，這一概念是依據北魏社會的實際情況提出的。因為北魏漢族士人是一個社會群體。在這個群體中，既有世家大族出身者，也有非世家大族出身者，也就是說，既有世族，也有小姓和寒素之人。他們的共同特徵就在於具有深厚的文化的修養。北魏國家並不排斥出身低微的漢族士人進入國家政權，實際上漢族士人的出身只是決定他們任官的品級而已。事實上，北魏國家吸納漢族士人進入國家政權，是以良好的文化修養作為前提條件的。作者對這一問題所作的分析，應該說符合北魏時期的實際情況，克服了北魏國家只用漢族世家大族擔任官職的認識偏向。

　　作者在對漢族士人擔任北魏國家職官所作的闡釋，不是做靜態的，而是做了動態的考察。因為從北魏政治制度來看，並不是一成不變的，而是分為道武帝建國至孝文帝改革之前、孝文帝改革以及宣武帝登基至北魏末年三個

歷史階段。在這三個歷史階段中，北魏國家的各項制度是有變化的，尤其是職官制度。北魏國家要吸納漢族士人進入中央和地方政權為其統治服務，就一定要使他們擔任職官。作者在做這方面的研究時，充分注意到北魏不同歷史階段的職官制度的變化。特別是對北魏前期的職官制度的特點更為注意。因為受史料的限制，北魏前期政治制度的研究，是一大難點。作者在吸收前人研究成果的基礎上，充分發掘史料，對北魏前期漢族士人的入仕情況做了很好的闡述。同時，作者對孝文帝改革以及北魏後期漢族士人的入仕情況也做了有意義的考察。作者既注意到漢族士人在不同歷史階段進入北魏政權的差別，也對北魏國家吸納漢族士人進入北魏政權的共同點做了很好的挖掘，因而，全面展示了漢族士人進入北魏政權的途徑。尤其值得注意的是，作者所作的這些探討，實際使制度史與社會史的研究很有機地結合在一起，體現了他治史的深厚功力。

由於北魏國家是拓跋族所建立的國家，他們將漢族士人吸納進政權中的目的，只是使這些士人服務於拓跋氏政權，所以，拓跋族統治者對漢族士人既要加以利用，同時也非常注意防範。作者在對北魏三省職官的任職情況考證時，注意到北魏後期三省機構中，漢族士人佔有相當大的比例，可是，擔任三省長官者，卻全部為拓跋鮮卑人，這正是拓跋鮮卑集團掌控著三省的實際權力的明顯表現。不僅如此，作者還對三省中漢族士人任職分佈狀況做了細緻的考察，指出漢族士人在中書省中所占人數最多，但在北魏的三省中，中書省的權力遠不及尚書省和門下省。這種任職狀況，都顯示出北魏國家雖然使漢族士人擔任官職，但完全是以利用為目的的。作者得出的這些結論都是以仔細統計和分析史料的基礎上才得出的，因而，是很令人信服的。

作者研究漢族士人任官的情況，並沒有將探討的視野只停留在北魏社會，也注意到與南朝社會相比較。比如作者在考察北魏後期漢族士人擔任中書舍人的情況時，明確指出北魏漢族士人所任的中書舍人與南朝的中書舍人位卑而權重的情況並不完全相同。雖然北魏國家所任的中書舍人高門大族擔任這一職務者很少，但任職的漢族士人多與宗室、外戚有著特殊的關係，還有一些任職者則是通過結附權貴才獲得這一職位。因為北魏中書舍人的這種任職狀況，就使北魏很難出現像南朝寒人通過擔任中書舍人而掌管機要情況的出現。作者通過指出南、北方漢族士人任職情況的差異，進而更清楚地展示了漢族士人在為拓跋政權服務時所處的一種特殊的地位。

　　通觀全書，作者提出值得注意的學術意見很多，以上所說，只不過是略舉數例而已。楊龍博士之所以能夠在這一著作中取得諸多成績，這正是他多年來，刻苦鑽研的結果。從楊龍博士求學的歷程來看，應該說他是從艱難困苦中奮鬥出來的。他出身於湖南常德的一農家，由於城鄉的差異與分配的不公，使他的家境貧寒，儘管如此，但他篤志好學，毅力堅韌，以優異的成績考入吉林大學歷史系。本科畢業後就跟隨我研習秦漢魏晉南北朝史，於 2010 年獲得歷史學博士學位。這部著作正是在他的博士論文的基礎上，經多次修改才最後定稿的。更準確地說，實際是作者經歷十二年的磨礪，才使這部著作問世的。在楊龍博士的著作將要付梓之際，感慨頗多，深感家境貧寒子弟治學之不易，但只要立志向學，終會有收穫。最後，希望楊龍博士要克服不合理的學術評估機制所帶來的浮躁，自己創造一個寧靜的學術環境，但為耕耘，不問收穫，做一個純粹的學術人，將來就會有更大的成績。

張鶴泉

2011 年 12 月 21 日于吉林大學古籍研究所

目

次

前　言

　　東漢末年的政治衰敗使得統一與穩定的局面漸漸被破壞，並最終形成了魏、蜀、吳三足鼎立的局面。司馬氏在世家大族的支持下暫時結束了這種分裂政局，並建立了統一的西晉政權。然而，西晉政權所維繫的統一局面未能堅持多久，西晉末年政治危機的爆發不僅造成皇綱解紐，大批北方胡族進入中原，並先後建立了各自的政權，這也使得中國社會的動盪局面進一步加深。就地域的視角而言，中國社會從此進入了一個南北分裂的時期。南方地區雖然多次出現政權更迭，但總體而言還是保持了較為穩定的局面。北方社會則不然，胡族勢力的激盪使得北方社會混亂無序的局面更為嚴重。不少胡族都建立了政權，也就形成了被史家稱為十六國時期的割據局面，直到拓跋鮮卑進入中原並逐步統一北方地區為止。

　　永嘉之亂後，北方民眾當中有不少為躲避戰亂，開始大量從中原地區向外遷徙。即便如此，與胡族相比，仍留在中原的漢族民眾無疑在數量上還要占絕對優勢。與之同時，各地民眾以地方豪族為中心，紛紛建立塢壁，以圖自保於亂局之中。各胡族集團也建立了以其本族為主體的政權，其推行的政治措施也是以維護和發展本族利益為鵠的。當然，各胡族政權也認識到，要達到自身的穩定和壯大，有效地控制廣大漢族民眾乃是關鍵。要達到控制漢族民眾的目的，利用漢族士人又是不可或缺的一環。十六國時期的胡族政權，或者採胡漢分治的方式，或者恢復一些漢晉舊法如興學校、重儒學以及恢復士族制等等，但不管是設計新制，還是回復舊規，他們都注意讓漢族士人參與其中。究其原因，漢族士人自身具有的優勢是決定因素。一方面他們熟悉儒家經典，在文學、史學乃至陰陽方技等方面具有良好的文化修養和知識儲

備，能夠適應胡族統治者的需要，爲胡族政權的制度建設和統治策略提供幫助。另一方面，不少漢族士人具有士族背景，他們往往與家族乃至地方社會聯繫在一起，胡族政權對他們的吸納所具有的政治意義因而也就更爲明顯。十六國時期漢族士人充斥於各胡族政權當中，他們與胡族政權的合作不僅滿足了胡族統治者有效控制漢族民眾的目的，而且這種合作漸漸地改變了各胡族政權的面貌，使得胡漢關係也漸漸擺脫了起初的緊張形勢。這自然對北方社會的發展進程也會產生積極的影響。繼十六國之後的北魏政權的建立結束了北方社會的混亂形勢，但是他們要統治北方社會，就得繼續十六國時期的一貫做法，大量吸收散佈於各地的漢族士人進入政權。同時，他們需要以漢族士人具有的文化知識和政治經驗爲拓跋氏服務，並最終達致雙方的合作局面，而不僅僅是簡單的統治與被統治關係。

北魏一朝應該說是中古時期胡漢關係轉變的關鍵時期。這不僅是因爲其統治時間較長、統治地域較廣，拓跋氏具體的政治實踐顯然更起到重要作用。在這之中，對漢族士人的吸收又是重中之重。我們可以從兩方面來理解這種重要性。

首先，就拓跋統治者而言，在進入中原地區伊始，他們也同十六國時期各胡族政權一樣，面臨著如何展開統治的問題。當然，現實狀況及歷史經驗使得漢族士人迅速進入他們的視線。我們看到，自道武帝開始即「留心慰納，諸士大夫詣軍門者，無少長，皆引入賜見，存問周悉，人得自盡，苟有微能，咸蒙敘用」〔註1〕。對漢族士人的這種積極吸收和利用的態度及措施仍見於北魏前期。伴隨著拓跋氏的漢化進程，北魏統治者與漢族士人的關係也由起初的較爲單純的利用與服務漸變爲合作與互融的局面。漢族士人不僅幫助北魏統治者建立和鞏固其統治，而且他們在典章制度和文化的建設方面的作爲也使得北魏國家逐步完成了政治轉型，並由孝文帝的改革將這種轉型推向頂峰。北魏國家的政治認同也有了更爲堅實的基礎。

其次，就漢族士人而言，他們本身所具有的知識優勢和社會基礎是胡族統治者值得重視並能夠加以有效利用的政治資源。十六國時期諸如後趙、前秦、慕容鮮卑等政權就因爲對漢族士人的積極利用而獲得較高的認同，也使得其統治具有了較爲明顯的優勢。漢族士人加入北魏政權同樣也是十六國時期的延續。他們能夠迎合拓跋統治者的需要，爲其統治的建立和鞏固出謀劃

〔註1〕《魏書》卷二《太祖紀》，中華書局，1974年，第27頁。

策，爲其政治體制的確立和轉變提供建議，爲其擬定各項典章制度。漢族士人服務於北魏政權的過程則不僅是一種被動狀態，他們對北魏政權的認同及在政權中的活動又有著主動的一面。如北魏初期李先勸其諸子繼續服務拓跋氏，〔註 2〕崔浩的「齊整人倫，分明姓族」〔註 3〕，都顯示出了他們從自身利益出發的主體性思考。在服務於北魏政權的同時，他們也積極營求自身政治地位的提高。這也促成了北魏的政治改革，促成了一套體現利益分配的官僚政治體系的實現。大致而言，孝文帝改革以前漢族士人對政治的參與還受到諸多限制，還處於積累力量的階段。孝文帝的改革則在其主觀意願和漢族士人的積極推動下得以展開。改革顯然爲漢族士人進入北魏政權、分享政治利益建立了一套複雜而穩定的機制。漢族士人的種種活動使我們看到，在北魏國家的政治文化轉型以及統治力量的演變過程中，漢族士人其實發揮了積極主動的作用。

拓跋統治者對漢族士人的吸收使得他們對北方地區的統治得以確立和展開。拓跋集團與漢族士人的接觸還是一個雙方利益博弈的過程。儘管拓跋集團力圖保持其在政治上的主導地位，但漢族士人也在積極尋求自身政治地位的提高。最終，漢化的官僚制度、政治制度、門閥制度以及文化制度等各項制度的建立，使得胡、漢雙方的利益分配形成了新的格局。因而，考察漢族士人如何進入北魏政權、他們的政治活動以及他們政治境遇的轉變就成了值得我們進行的一項研究。

北魏時期的漢族士人具有中古士人的一般特點，在文化上的修養是他們區別於其他群體的最爲重要的特徵之一，這種文化上的追求當然以儒家經義爲主，但同時也包含史學、文學、玄學以及佛學等諸多方面，呈現出一種廣博性的特點。文化上的優勢是拓跋統治者對漢族士人吸收、利用的基礎，與此同時，漢族士人在社會上的影響力也使得北魏統治者加強與漢族士人政治上的聯結成了必要的措置。漢族士人能夠滿足拓跋氏的政治需要，這是他們能夠進入政權的基礎，而漢族士人對政治權力的的追求與經營又爲其群體特性的彰顯提供了進一步的保障。在漢族士人與北魏政權結合的同時，他們自身所具有的門閥意識又使得政權中的漢族士人形成了層級性的群體結構。不

〔註 2〕　《魏書》卷三三《李先傳》：「初，天興中，先子密問於先曰：『子孫永爲魏臣，將復事他主也？』先告曰：『未也。國家政化長遠，不可卒窮。』」
〔註 3〕　《魏書》卷四七《盧玄傳》，第 1045 頁。

同門第出身的漢族士人所獲得的政治利益並不平等，由此形成了他們在政治地位上的等級差別。漢族士人對門第的維護不僅造成其政治地位差別的積累，這同時也影響到北魏政治的發展，漢族士人在政治運作當中同樣強調門第區分，這也進一步深化了漢族士人群體結構的層級性特點。

北魏時期漢族士人與拓跋政權的關係是通過漢族士人進入北魏政權以及他們在國家政治當中的具體運作得到體現的。簡單言之，漢族士人進入北魏政權，北魏統治者對其的態度由利用到合作，並最終將漢族士人，尤其是門第士人納入其統治內部，〔註4〕這反映了北魏時期胡漢關係的變化；北魏國家在任用漢族士人進行禮樂制度改革的同時，也將漢族士人所推崇的門第觀念予以制度化，將其作爲國家的政治統治秩序，並以此規範代人集團的政治活動，漢族士人與北魏國家在門閥制度的統治秩序下融爲一體。胡漢關係以及體現社會等級特徵的門閥政治的發展變化，這是我們認識北魏時期政權中漢族士人的政治地位、政治活動等事項的兩條主要線索。本文也將圍繞這兩條線索，對北魏政權中漢族士人的任職以及政治活動等展開論述。

一、研究狀況概述

在具體的論述展開之前，我們需要對相關的研究成果進行概述。關於漢族士人與北魏政權這一課題的研究，學界從不同的角度入手，進行了多方面的研究，這些研究揭示了北魏時期漢族士人與國家政權之間的複雜關係，對於前賢時彥的研究成果，我們可以從以下幾個方面來評述。

（一）從胡漢關係方面的考察

拓跋鮮卑以一代北遊牧民族入主中原，他們原有的草原文化、軍事部落統治方式與中原的農業文化、士族社會產生了激烈的衝突。在北魏統治中原的一百多年中所經歷的胡漢矛盾、漢化或胡化，以及因此對鮮卑民族和漢民族造成的影響，一直成爲史家關注的問題。宋代學者葉適《習學記言序目》、清代學者王夫之《讀通鑒論》都對北魏的胡漢關係、北魏政權中的漢族士人進行過論述，大體上二人都明申「華夷之辨」，如葉適在《習學記言序目》卷三二「王融因元魏求書論虜情」一條中說道：「劉、石、慕容、苻、姚皆世居

〔註4〕 參看谷川道雄：《北魏的統一過程及其結構》，收入氏著《隋唐帝國形成史論》（李濟滄譯），上海古籍出版社，2004 年，第 95～109 頁。

中國，雖族類不同，而其豪傑好惡之情，猶與中原不甚異；獨拓跋以其眞匈奴入據諸夏，純用胡俗強變華人。」〔註5〕王夫之更在《讀通鑑論》中多處指斥鮮卑之統治爲「沐猴而冠」〔註6〕，在二者對北魏政權下的漢族士人的評議中，這種明顯的夷夏觀念產生的影響也時時體現。

隨著現代史學的興起，史學家拋棄傳統史家那種帶有成見的「嚴華夷之防」的觀念，以客觀、理性的心態來全面審視中國歷史上的民族關係，相關研究使我們看到，歷史上所謂的胡漢衝突就其深層次的原因而言，乃是不同民族間的文化衝突。具體到北魏歷史而言，雖然經歷了各種曲折和阻礙，漢化卻是北魏社會發展的主流。〔註7〕在這一發展歷程中，漢族士人顯然發揮了巨大的作用，探討漢族士人與北魏國家的「漢化」之間的關係就成爲學界反覆討論的一個問題。陳寅恪先生指出，漢化在胡族中是一種潮流，北方漢族中的大族均係勢力強大的文化高門，這些大族也是胡族推進漢化，統治中原必須依仗的主要力量。〔註8〕唐長孺先生在《拓跋族的漢化過程》〔註9〕、《論北魏孝文帝定姓族》〔註10〕、《魏晉南北朝隋唐史三論》〔註11〕諸論著中對於北魏漢化過程、北魏門閥制度建立以及漢族士人的參與都做了深入的論述，成爲以後學界進行相關討論的基礎。

逯耀東先生從文化的角度分析了北魏前期的鮮卑族統治者和中原漢族士大夫之間的關係。他考察了拓拔鮮卑從草原文化向農業文化轉變的歷程，在這種文化的轉變過程中，鮮卑部落許多草原文化的特質仍得以保存，因此在拓跋鮮卑初入中原之時，對於中原文化並未表現出特別的喜好。他們對中原的吸收只是爲了如何利用這種文化力量鞏固他們的政權，這種文化態度產生了兩方面的後果：一是對於中原文化的興趣表現得非常廣泛；一是被吸收到北魏政權中的漢族士人得不到信任，常被排擠和監視，所受待遇也較低。

〔註5〕　葉適：《習學記言序目》，中華書局，1977年，第486頁。

〔註6〕　王夫之：《讀通鑑論》，中華書局，1975年，第469～471頁。

〔註7〕　學界對於「漢化」的含義和實質還有不同的意見，具體參看祁美琴：《關於十年來「漢化」及其相關問題研究的考察》，載《西域研究》2006年第2期。

〔註8〕　陳寅恪先生相關論述可參看萬繩楠整理：《陳寅恪魏晉南北朝史講演稿》，貴州人民出版社，2007年；又《崔浩與寇謙之》，收入《金明館叢稿初編》，三聯書店，2001年，第120～158頁。

〔註9〕　收入氏著《魏晉南北朝史論叢續編》，三聯書店，1959年，第132～154頁。

〔註10〕收入氏著《魏晉南北朝史論拾遺》，三聯書店，1983年，第79～91頁。

〔註11〕武漢大學出版社，1992年。

〔註 12〕馮天瑜先生等在討論北朝的漢化問題時，則提出了一個新的視角。他們認爲：「胡文化與漢文化在各自的文化生態環境內自有其存身的合理性與特殊優勢。……各文化系統一旦超出自身生態環境的界限，原所具有的文化優越性便自然喪失，他系統文化則顯示出適應性的特殊優勢。」〔註 13〕馮先生從文化對生態環境的適應性的角度來觀察北朝時期的漢化，指出漢文化比起胡文化來更能適應農業社會，儒生士大夫在漢化過程中實際上就扮演了關鍵性角色。他們以胡族上層爲中介，宣導儒學，建設漢式統治機構的政權組織以及與農業社會相適應的經濟制度。比起逯耀東先生的觀點，馮天瑜等先生則更將胡、漢兩種文化平等視之，這顯示了學界對文化體系認識的深入。胡、漢文化體系的平等也就意味著各自的承載主體——鮮卑貴族和漢族士人——在北魏政治、文化的轉變過程當中都具有能動性，這也更符合北魏政治發展的實際狀況。尹建東先生在討論北魏政權與關東豪族之間的關係時將關東豪族分爲以武幹見長的「豪門強族」和擁有一定家學傳統和文化色彩的「先賢世冑」兩類，他指出河南、河北之地是中原文化的中心，當地一些具有深厚文化傳統及家學淵源的豪族大姓自然要成爲北魏政權首選的合作對象。〔註 14〕此外，何德章對幽幷邊地人士對拓拔鮮卑初期漢化的作用和影響進行了考察。〔註 15〕

孔毅認爲北魏太和改革之前北方社會「華夷之別」的現狀極爲嚴重，受到壓制的漢族士人一方面爲改變地位低下的政治現況，一方面爲恢復漢族文化傳統，利用孝文帝改革的契機走上了「以夏變夷」的歷程，在政治、文化和社會生活各方面展開了全面的漢化。〔註 16〕安介生則對孔毅的上述觀點予以反駁。他認爲拓跋鮮卑較早的走上了接受漢化的道路，在北魏政權建設的過程中吸收了大量漢族士人，而漢族士人在北魏政權中也具有較高的地位，并擁有軍政實權，實際上北魏時期胡漢關係是十分複雜的，而孔毅僅僅

〔註 12〕 參看逯耀東：《北魏前期的文化與政治形態》，收入氏著《從平城到洛陽——拓跋魏文化轉變的歷程》，中華書局，2006 年，第 25～70 頁。

〔註 13〕 參看馮天瑜主編：《中華文化史》，上海人民出版社，2005 年，第 540 頁。

〔註 14〕 參看尹建東：《兩漢魏晉南北朝時期關東豪族研究》，四川大學出版社，2007 年，第 132～166 頁。

〔註 15〕 何德章：《鮮卑代國的成長與拓跋鮮卑初期的漢化》，《武漢大學學報》2001 年第 1 期。

〔註 16〕 參看孔毅：《北魏前期北方世族「以夏變夷」的歷程》，《中國史研究》1998 年第 2 期。

從民族矛盾一角度進行理解將流於簡單。〔註 17〕針對安文的批駁，孔毅又撰文辯釋，〔註 18〕基本堅持了他在前文中的觀點。以上兩位先生討論的焦點在於北魏前期鮮卑族與漢族的民族衝突程度的認識上，而民族衝突的關鍵又在於拓跋鮮卑是否能夠接受漢族文化的改造。孔毅先生認為正是因為北魏前期的拓跋統治者對漢族文化的排斥才導致了漢族士人政治地位的低下，安介生先生則認為拓跋氏很早即認同了漢族文化，這才有了漢族士人獲得較高的政治地位的保障。應該看到，近年來對北魏前期政治、制度和文化的相關研究正在逐步更新我們對北魏前期漢族士人政治地位的認識。總體言之，漢族士人在北魏前期的制度、文化建設當中發揮著重要作用，在軍事、政治方面也有一定程度的參與，但他們的政治地位既不像孔毅先生所認為的極為低下，也不像安介生先生所認為的全面發展，而是處於較為有限的狀況，其政治權勢的發展還處於一個積累的過程。因此，孔、安二氏對北魏前期胡漢關係以及漢族士人政治地位的認識還明顯地體現為非此即彼的二元論模式。

（二）對漢族士人與北魏政權關係的考察

拓拔鮮卑進入中原之後，首先面對的問題就是如何有效地統治廣大的北方地區。在統治實踐中，他們不僅與地方豪族建立起合作關係，廣泛徵納各地士人，更重要的是，他們在進入政權的士人的幫助下，大力提倡儒學，使得儒學在北魏拓跋鮮卑的統治下出現了一段較為獨特的發展歷程。儒學不僅使拓跋鮮卑作為一個異民族獲得了中原漢人的認可，大批漢族士人進入北魏政權，幫助北魏政府建立和鞏固適應中原文化與社會的統治方式、政治體制和儒家文化，也提高了北魏統治層的文化水準和治理水準。當然，拓拔鮮卑本身的文化背景和當時的社會形勢，使得儒學在北魏的發展表現出比較複雜的一面。北魏政權對待儒學、士人的方式和政策也隨著相關因素的變化而不同，服務於北魏政權的漢族士人群體以及他們對待北魏政權的態度也相應發生著變化。這種複雜的表象也就成為史家熱烈討論的焦點之一。彭體用《試論北魏的門閥士族與皇權的關係》〔註 19〕一文分析了北魏統治者對待漢族門閥士人態度的變化，作者指

〔註17〕 參看安介生：《也論北魏前期的民族融合與政權建設》，《中國史研究》2002
　　　　年第 4 期。
〔註18〕 參看孔毅：《北魏前期北方世族在政權中的地位再認識》，《重慶師範大學學
　　　　報》，2004 年第 1 期。
〔註19〕 載《中南民族學院學報》1988 年第 2 期。

出北方漢族門閥士族是在北魏皇權形成與鞏固的過程中重新聚集起來並獲得政治、經濟特權的，北魏政權則牢固地制約著門閥勢力。歐陽小桃《漢族士大夫與北魏政權》〔註 20〕一文從歷史演進的角度考察了漢族士大夫對於北魏社會制度創建、儒學傳播和政權建設等方面所發揮的作用。梁滿倉《論北魏對漢族統治階級政策的轉變》〔註 21〕一文注意考察北魏拓跋氏對漢族士人政策的轉變過程，並對統治政策轉變的意義進行了分析。類似的論文還有王希恩《五胡政權中漢族士大夫的作用及歷史地位》〔註22〕、羅嗣忠《漢族士人與北魏統一北方》〔註23〕、王匯《略論漢族士人與北魏合作關係的建立》。〔註24〕以上這些文章大體上將注意力集中於漢族士人與北魏政權之間的關係之上，其論述的角度也較為接近。然而我們不得不指出的是，這些文章基本上是一種基於北魏一朝歷史發展的宏觀的分析，這對於進入北魏政權中的漢族士人政治地位變化的時段性、地域色彩以及門第因素等方面的問題就缺乏細節性的認識。

　　宏觀的描述雖能為我們的相關認識提供方向性的指導，但漢族士人與北魏政權關係的複雜性及其變化卻必須通過細部分析才能有更為合理、準確的認識。這種研究也在近年來有所展開。張德壽先生從道武帝時期北魏政權與漢族士人的關係這一角度展開對漢族士人政治地位的考察，他在《北魏道武帝對漢士人的任用》〔註25〕一文中，通過對道武帝一朝漢族士人任職情況以及漢族士人與拓跋鮮卑貴族之間的矛盾進行考察，指出漢族士人在北魏初期的基本制度建設方面發揮了重要作用，但在軍事決策方面卻幾乎不起什麼作用，因而不能對漢族士人的地位和作用估計過高。與張文相類似的有戴衛紅。作者注意到《魏書》、《北史》、《資治通鑑》三書對於道武帝皇始元年九月的政治活動記載各有不同，並由此對這一時期北魏中央和地方官吏的任職情況進行全面考察，從而對北魏初期任用刺史、太守、尚書郎以下官職的官員的成分有了清晰的認識。〔註 26〕以上兩人將注意力集中於道武帝一朝，對漢族士人的任職情況詳加分析，這就為我們瞭解道武帝時期漢族士人的政治地位以及

〔註20〕　載《江西社會科學》1991 年第 2 期。
〔註21〕　載《許昌師專學報》1989 年第 1 期。
〔註22〕　載《蘭州學刊》1986 年第 3 期。
〔註23〕　載《青海師範大學學報》1987 年第 1 期。
〔註24〕　載《中州大學學報》2006 年第 3 期。
〔註25〕　載《雲南社會科學》2001 年增刊。
〔註26〕　參看戴衛紅：《北魏道武帝引文人參政考實》，《中國社會科學院研究生院學報》2006 年第 3 期。

北魏政權的權力結構提供了更爲堅實的基礎。這種分時段的研究角度值得提倡，因爲我們由此可以建立起北魏前期漢族士人與北魏政權的關係的發展狀況的更爲細緻、準確的認識。可惜的是，我們並沒有見到有關北魏時期其他時段的類似的分析。

　　漢族士人與北魏政權的結合以及對北魏政治文化的改造雖然有著多種形式和內容，但儒學無疑起了重要作用。儒學不僅爲北魏禮樂制度的建設提供知識來源，它同時也作爲國家意識形態而成爲胡漢之間相互認同得以實現的橋樑。因而，探討漢族士人與儒學以及北魏政權之間的關係的文章就比比皆是。陳啓雲《魏晉南北朝知識份子的特色》〔註 27〕也從一個長時段的角度探討了北朝知識份子的特色。作者認爲，北朝的異族統治使中原的經濟、文化和政治制度遭到了破壞，但處於逆境中的北方士人卻在極端不利的現實情況中對傳統文化和儒家理想產生自願自發的認同和新的嚮往，並積極恢復儒家的社會和文化秩序。張廬捷《儒學與北魏政治》一文認爲引入儒家文化是北魏政治發展的需要所致，北魏通過任用漢族士人參與日常政治活動、制定各項制度、傳播儒學，使儒學與北魏政治緊密結合在一起。作者分期討論了北魏儒學政治發展的狀況，並指出：「北魏時期，從經學的角度看，儒學無可稱道，但從政治文化的角度看，儒學卻作用非凡。」〔註 28〕孔毅《北朝的經學與儒者》指出北朝經學復興的原因，一方面是北朝胡族統治者禮遇儒者、尊崇儒學；一方面是漢族士人能夠拋棄民族偏見，主動與北朝政權結合，傳播儒學。〔註 29〕儒學在北朝的興盛也影響了漢族士人，首先，漢族士人的價值觀念和行爲方式發生了變化，他們不僅認可胡族政權，而且還將其視爲安身立命之所；其次，漢族士人也積極幫助北朝政權創立和制定國政大綱，典章制度；再次，漢族士人也深受北族習氣影響，不僅兼達政術，而且崇尚武功。孔先生的觀點強調了胡漢文化的相互影響，對我們頗具啓發意義。陳朝暉《北魏的儒學與士人》〔註 30〕是一篇論述頗爲細緻全面的文章。作者從北魏現實政治出發，探討了北魏統治者大力提倡儒學、廣納漢族士人的原因，繼而論述了北魏的儒學教育的各種方式，並指出了北魏儒學政治重

〔註 27〕收入氏著《漢晉六朝文化・社會・制度》，新文豐出版公司，1997 年。
〔註 28〕載《山西大學學報》1988 年第 1 期。
〔註 29〕載《西南師範大學學報》1990 年第 3 期。
〔註 30〕載《文史哲》1992 年第 4 期。

視禮制、孝道的特點。由於北魏統治者迫切希望按照中原的綱常名教等模式去建立、完備其國家制度,這也使得北魏儒學側重典章制度、章句訓詁等實用方面,而少有對新的儒學理論和義理的闡發。陳明《儒學的歷史文化功能》(學林出版社,1997 年)從國家組織系統和社會組織系統在歷史上不同階段的矛盾統一關聯,建立了一套理論分析框架,並運用之分析了北朝士族如何以儒家倫理和典章制度制約、統攝胡族統治、「以夏變夷」的政治活動。作者在論述過程中多有犧牲史實以俯就理論框架的跡象,因而許多觀點值得商榷。總體上來說,以上諸文雖然對北魏漢族士人、儒學以及北魏政權的互動進行了討論,但基本上也只是宏觀性的描述,對於北魏國家利用儒學的具體措施、態度以及漢族士人根據儒家經義參與禮樂制度建設的具體過程則缺乏必要的論述。

在北魏對北方地區的征服過程中,北魏政府對不同地區的士人根據不同的情況採取了不同的對策。這一特點也促使史家對相關現象展開研究。張金龍先生注意漢族士人與北魏政權的關係,也展開了較爲廣泛的研究。他對神麚四年的徵士進行了分析,以高允所作《徵士頌》中所涉及的名士爲分析對象,不僅總體上考察了他們的地域分佈、任職情況、授爵情況,而且從個案角度考察了徵士的家族出身、個人才幹、政治作爲及子孫仕宦情況,通過這樣兩方面的分析,作者揭示了神麚四年徵士的作用乃在於吸收統治階層人物,籠絡漢族士人,鞏固地方統治。值得注意的是,作者指出這次徵召來的英才彥士擔任要職的比例並不高,而且獲得爵位者較少或爵級較低,表明其社會地位並不高。〔註31〕張先生還對北魏政權中的河西地區的漢族士人進行了較多的研究,這主要體現在他的《北魏河西士人家族三題》和《河西士人在北魏的政治境遇及其文化影響》兩篇文章中。〔註32〕以上兩篇文章從不同的角度探討了河西入魏士人與北魏政治的關係,作者主要分析了河西入魏士人及其後代在北魏政權中的仕宦情況。通過細緻的考察,作者指出,除個別家族如隴西李氏、武威王氏因爲特殊原因而具有了較爲顯赫的社會地位外,河西士人的政治境遇和社會地位一般都較低。作者並進而指出,對於河西文化對中原文化的影響程度,不宜作過高的評價。張先生的結論建立在細緻的統計、考證之上,其觀點值得我們注意。李

〔註31〕 張金龍:《從高允〈徵士頌〉看太武帝神麚四年徵士及其意義》,收入氏著《北魏政治與制度論稿》,甘肅教育出版社,2003 年。

〔註32〕 二文均收入氏著《北魏政治與制度論稿》。

智君先生也有類似的看法。〔註33〕金家詩先生《河隴士人與鮮卑文明進程中的三次大轉換》〔註34〕則從鮮卑文明發展的宏觀角度考察了河隴人士與鮮卑漢化的關係。作者認爲鮮卑族在從漠北向中原推進的文明進程中，經過從部落聯盟到國家，從遊牧經濟到農耕經濟、從崇武到尚文三次大的文明轉換，完成了民族的文明化進程，最終融入華夏群體之中。在這樣一個歷史進程中，制度是轉換的標誌與保障，同時也是一種極大的推動力。而河隴士人因得漢魏以來中原儒家文化之精髓，故能在鮮卑族漢化過程中起到關鍵性作用。施光明《五涼政權「崇尚文教」及其影響論述》〔註35〕一文從五涼政權所採取的「崇尚文教」的措施入手論證了五涼政權對學術研究和文化教育事業的發展，並在此基礎上論述了五涼政權所在地——河西地區的儒家知識份子對北魏拓跋族建立文化教育事業和各種適應漢族傳統的典章制度所起的突出作用。相關研究還有施光明《略論河西學者在拓跋族封建化進程中的作用和地位》〔註36〕和《孝文帝改革與河西士人集團》〔註37〕、陸離《論諸涼入魏人士對北魏的政治、軍事貢獻》。〔註38〕應該說，河西士人與北魏政權之間的關係是學界論述得較爲充分的一個問題，但這些研究中大多數對於河西士人在北魏政治、文化發展當中的作用未免估計過高，而張金龍、李智君等的實證性分析則爲我們提供了一個較爲客觀的結論。

從地域群體視角進行研究的論著還有張兆凱《略論北魏時期的南朝降人》。〔註39〕王永平先生《中古士人遷移與文化交流》〔註40〕一書則以文化交流爲線索，在書中相關章節中探討了南朝流亡到北方的人士以及青齊士人對北魏政權中的文化發展所做出的貢獻。酈士元先生採用統計的辦法，也對南北朝時期士人的地理分佈及其郡望分時間段進行了考察。〔註41〕由於社會、

〔註33〕參看李智君：《五涼時期移民與河隴學術的盛衰》，《中國史研究》，2006 年第 2 期。
〔註34〕載《北京大學學報》2001 年增刊。
〔註35〕載《蘭州學刊》1985 年第 6 期。
〔註36〕載《蘭州學刊》1987 年第 1 期。
〔註37〕載《北朝研究》1994 年第 4 期。
〔註38〕載《敦煌學輯刊》2000 年第 1 期。
〔註39〕載《北朝研究》1992 年第 4 期。
〔註40〕社會科學文獻出版社，2005 年。
〔註41〕參看酈士元：《南北朝人才分佈與郡望考》，收入氏著《魏晉南北朝研究論集》，文史哲出版社，1984 年，第 121～186 頁。

政治、經濟以及文化等的發展水準不一，北魏時期漢族士人的文化修養以及他們與北魏政權之間的政治關係也確實呈現出地域性的特點，這也是我們可以詳加討論的課題，然而，學界似乎對此還缺乏足夠的研究。

（三）以士族為背景對漢族士人進行的考察

就中古社會而言，由於世家大族的興起以及學術由官方轉移至私家等原因，士人往往與士族有緊密的關係。儒學文化背景是士族成其為士族的重要標誌，這一點也是為學界所公認的。陳寅恪先生在唐代政治史的研究中即指出：「夫士族之特點即在其門風之優美，不同於凡庶，而優美之門風實基於學業之因襲。故士族家世相傳之學業乃當時之政治社會有極重要之影響。」〔註42〕這雖然是就唐代社會而論，但移之北朝亦為的論。毛漢光先生強調了士族的文化和政治屬性，並重點考察了他們任職上的特點。〔註43〕陳爽先生在對北朝士族的研究中將士族分為以武質性、地域性為特徵的地方豪族和以文化性、官僚性為特徵的名家大族兩類，而名家大族正是憑藉自身的家學與門第而進入上層統治圈的。當然，地方豪族和名家大族之間並非界限分明，相反，他們之間具有流動性。〔註44〕美國學者伊佩霞（Patricia Buckley Ebrey）將士族譯作 scholar-official families，〔註45〕都顯示了學界對士族所具有的文化──官僚性特徵的共同認識。

對士族的研究，一直是魏晉南北朝史領域所熱衷的課題之一，成果頗豐。劉馳先生《北朝士族的興衰》一文對北朝士族在胡族政權中的政治地位的變遷進行了初步的論述。〔註46〕夏毅輝《清河崔氏與北魏的政治》〔註47〕一文主要圍繞清河崔氏在北魏政壇比較活躍的人物崔宏、崔浩和崔光，考察了他們與北魏政權的政治關係。夏炎《中古世家大族清河崔氏研究》〔註48〕亦對清河崔氏在中古時期的發展狀況做了細緻的探討。張金龍先生《北朝時期的隴西李氏》〔註49〕一文探討了魏晉北朝時期隴西李氏一族的興衰過程。作者

〔註42〕陳寅恪：《唐代政治史述論稿》，上海古籍出版社，1997年，第71頁。
〔註43〕毛漢光：《兩晉南北朝士族政治之研究》，中國學術著作獎助委員會，1966年。
〔註44〕陳爽：《世家大族與北朝政治》，中國社會科學出版社，1998年，第189～195頁。
〔註45〕Patricia Buckley Ebrey：The aristocratic families of early imperial China, New York: Cambridge University Press, 1978, pp3.
〔註46〕收入中國魏晉南北朝史學會編《魏晉南北朝研究》，四川省社會科學出版社，1986年。
〔註47〕載《湘潭師範學院學報》1991年第4期。
〔註48〕天津古籍出版社，2004年。
〔註49〕載《蘭州大學學報》1994年第4期。

指出，隴西李氏在北魏孝文帝時期其社會政治地位才有了顯著的提升，得北魏政權信賴，與元氏宗室、北方高門大族的聯姻是其政治地位提高的重要條件，但這也爲李氏的衰落埋下了隱患。王義康先生亦持相同的觀點。〔註 50〕王力平先生《中古杜氏家族的變遷》〔註 51〕對活動於中古時期的杜氏家族的發展演化進行了考察，並以杜氏各支系爲線索，探討了他們的家學家風、政治活動、家族遷徙等方面的問題。高詩敏先生對南北朝士族進行了大量的研究，其分析大多注意考察北朝士族的仕宦、婚姻以及遷徙情況，屬於靜態的分析。〔註 52〕陳爽先生《世家大族與北朝政治》一書以北朝皇權政治的發展爲主線，通過宏觀論述和個案式的分析，對北朝世家大族的家族背景、宗族形態、政治取向、文化風貌等進行了多方位深入的探討。作者指出，世家大族高度的文化素養和深厚的社會影響力是其參與王朝政治的必要前提，但這種政治潛能不能自動轉化爲現實的政治權力，它必須要獲得皇權的承認並緊密依賴皇權。陳爽先生的這一觀點揭示了北朝世家大族的政治境遇，值得我們注意。需要指出的是，以士族爲對象進行研究，一個家族所具有的家學、門風等文化上的特徵成爲其社會政治地位上升的基礎條件之一，換言之，那些在北魏政治上取得較高地位的士族無疑也重視其文化修養。就我們的研究旨趣而言，我們關注的是作爲士人個體的漢族知識份子，他們的身份特徵需要文化修養、社會基礎以及政治地位等多方面因素的共同作用，而門第則讓他們獲得文化、社會以及政治上的優勢。以士族爲對象的研究更多的是關注家族整體與社會、與政治的關係，而從士族門第與士人個體之間的關係的角度進行的論述似不多見。

（四）對與漢族士人相關的職官制度的考察

北魏國家在吸收漢族士人進入政權的過程中，在士人入仕、任職等方面漸漸形成一套較爲完整的制度，職官制度的建立和完善是漢族士人改造胡族

〔註 50〕 王義康：《論隴西李屬家族》，《陝西師範大學學報》2002 年第 1 期。

〔註 51〕 商務印書館，2006 年。

〔註 52〕 高詩敏先生的相關成果有：《北朝趙郡李氏的婚姻及其特點》，《北京聯合大學學報》1989 年第 2 期；《北朝趙郡李氏地域分佈考》，《北朝研究》1995 年第 3 期；《北朝范陽盧氏形成冠冕之首的諸原因》，《首都師範大學學報》1997 年第 2 期；《有關北朝博陵崔氏的幾個問題》，《首都師範大學學報》1998 年第 5 期；《北朝清河崔氏的曲折發展及其特徵》，《首都師範大學學報》2000 年第 2 期；《北朝河間邢氏研究》，《許昌師範學院學報》2000 年第 6 期。

政權、發展儒家政治的具體表現,同時也是漢族士人在北魏政權中的政治地位的重要保障。當然,北魏政權中的官僚成分複雜多樣,漢族士人只不過是其中的一部分,因而北魏國家職官制度的制定更多的是從官僚全體來考量,這是我們應該注意的。歷代對北魏職官制度進行考察的論著所在多有,唐代杜佑的《通典》、宋代鄭樵的《通志》、元代馬端林的《文獻通考》,都對北魏制度做過系統的考察。今人對魏晉南北朝政治制度的總體研究也取得了頗為豐碩的成果,這對於我們從制度背景考察北魏時期漢族士人的仕宦情況提供了基礎。〔註53〕

　　首先,學界對於北魏時期漢族士人的任職情況進行了討論。這種討論多利用統計的辦法,並根據不同的時段,從總體上分析不同政治群體的任職情況及其變化。當然,漢族士人的任職情況也是他們十分注意的問題之一。康樂《代人集團的形成與發展──拓跋魏的國家基礎》雖是對北魏代人集團及其政治地位的考察,但作者也對中原士人的任職情況及其政治地位進行了考察和評論,作者指出:「漢人是被征服者,作為他們領導階層的士族自也擺脫不了這樣的身分。儘管為了治理漢地,拓跋帝國需要這些士族的服務,他們的地位基本上仍是附屬的。……中原士族所扮演的角色仍偏重在文書諮詢等方面。」〔註54〕康樂先生的研究是以拓跋鮮卑的統治主體為觀察中心,中原士族可以說是作者用來進行比較的參照物。日本學者吉岡眞認為北魏政界中的非漢族佔有絕對的優勢,北朝到隋唐前期山東、江左的門閥在中央官僚機構的上層中占絕對少數。〔註55〕張金龍先生對孝文帝時的統治階級結構進行了分析,他指出孝文帝一朝漢族士人任職人數已占多數,但在中央高級文武

〔註53〕相關的著述包括:曾資生:《中國政治制度史(魏晉南北朝卷)》,南方印書館,1944年;嚴耕望:《中國地方行政制度史》,上海古籍出版社,2007年;宮崎市定:《九品官人法研究》(李濟滄譯),中華書局,2008年;呂思勉:《兩晉南北朝史》,中華書局,1983年;沈任遠:《魏晉南北朝政治制度》,臺灣商務印書館,1971年;鄭欽仁:《北魏官僚機構研究》稻鄉出版社,1995年;萬繩楠:《魏晉南北朝文化史》,黃山書社,1989年;陳仲安、王素:《漢唐職官制度》,中華書局,1993年;陳琳國:《魏晉南北朝政治制度研究》,文津出版社,1994年;黃惠賢:《中國政治制度通史·魏晉南北朝卷》,人民出版社,1996年。

〔註54〕康樂:《從西郊到南郊》,稻禾出版社,1995年,第59～72頁。

〔註55〕吉岡眞的觀點分見渡邊義浩撰、張學鋒譯《1999年日本史學界關於魏晉南北朝史的研究》,載《中國史研究動態》2001年第7期;松本保宣撰、張學鋒譯《1999年日本史學界關於隋唐史的研究》,載《中國史研究動態》2001年第9期。

官僚以及地方州鎮長官的任職上，鮮卑貴族仍佔優勢。〔註 56〕長部悅弘亦以北魏尙書省長官錄尙書事、尙書令、尙書僕射爲中心考察了北魏不同政治群體的任職情況及其變遷。〔註 57〕孫同勛先生與林國良先生亦有相關的統計分析。〔註 58〕以上這些統計分析基本上是對北魏時期不同政治群體整體任職情況進行考察，這對於瞭解不同政治群體在不同時段政治地位的變化無疑提供了更爲精確的結果。就漢族士人群體任職情況的變化而言，以上諸項研究也大體上認爲北魏前期漢族士人任職的比例偏低，而孝文帝以後漢族士人在各級各類機構當中的任職比例則有了顯著提高，這也意味著漢族士人的政治地位有了相應的提高。美中不足的是，以上研究還較少關注到漢族士人在中央和地方各類機構中具體職位的任職的情況，對於漢族士人任職特點的變化也因此未能較好的揭示出來。

　　不少學者對於與北魏漢族士人相關的制度進行了研究。首先，對於北魏的選士、選官制度，學界進行了頗有成效的探討。毛漢光先生《兩晉南北朝士族政治之研究》對於兩晉南北朝時期各朝士族的仕宦情況做了極爲細緻的統計分析，同樣做出翔實分析的還有汪征魯《魏晉南北朝選官體制研究》。〔註 59〕周雲錦先生《後魏察舉秀孝考》〔註 60〕一文對北魏秀孝察舉制度進行了考察，作者並比較了兩漢與北魏的察舉制，通過比較，作者認爲北魏的察舉以秀才爲先，秀孝的任用多在中央而鮮在地方，多爲僚屬而鮮爲行政主官，且任用並無一貫之目標與整個政策，至秀孝不能才盡其用。閻步克先生亦對北魏的察舉制度進行了考索。〔註 61〕在北魏察舉重秀才、察舉以及秀孝察舉中的士族化傾向等方面的看法，嚴先生是與周雲翔先生比較接近的。

　　太學或國子學是北魏漢族士人主要的入仕途徑之一，也是漢族士人政治升進的重要保障。張金龍先生正是從教育與政治之間的關係入手，對北魏一朝的中央官學——太學——進行了通盤考察，包括對太學中的中書博士、中

〔註 56〕　參看張金龍：《北魏孝文帝時期統治階級結構試探》，收入氏著《北魏政治與制度論稿》，甘肅教育出版社，2003 年，第 104～120 頁。

〔註 57〕　參看長部悅弘：《北魏尙書省小考》，載《日本東洋文化論集》第 13 號，2007年，第 201～254 頁。

〔註 58〕　參看孫同勛：《拓跋氏的漢化及其他》，稻鄉出版社，2005 年；林國良：《北朝人事制度之研究（386～581）》，臺灣中正大學歷史研究所博士論文，2005 年。

〔註 59〕　福建人民出版社，1995 年。

〔註 60〕　吉林大學圖書館藏，油印本，未刊稿，1990 年

〔註 61〕　閻步克：《察舉制度變遷史稿》，遼寧大學出版社，1997 年。

書學生的任職途徑、家族和地域分佈以及二者所具有的各項職能。〔註62〕與張氏不同的是，更多的學者對北魏前期頗具特性的中書學進行了討論。〔註63〕嚴耀中對北魏中書學進行了較為細緻的考察。作者指出，北魏中書學雖是從太學更名而來，但這種更名實際上意味著機構性質的變化，中書博士的職權擴大了，中書學及中書博士由此隸屬於中書省；北魏國家將中書學視為拉攏和控制漢族士人的機構，因而北魏的中書博士以漢族高門舊姓人士為主。梁滿倉先生則認為中書學地位要高於太學，在吸收和培養人才、傳播儒學方面，中書學發揮了重要重用。施光明先生認為中書學主要是培養掌草文案人才的專門學校。姚弘傑先生則對一直以來北魏中書學研究中存在的爭議性問題如中書學設立的時間、中書學與太學的關係、中書學的特殊作用等提出了自己的看法。鄭欽仁先生則將對中書學的考察置於北魏前期中書省機構發展的政治背景下。總的說來，以上數位學者都認為，對於北魏前期漢族士人政治地位的升進而言，中書學是十分重要的制度設計。中書學不僅有效地安置了初入北魏政權的漢族士人，作為一個融學術、教育與行政為一體的官僚機構，它也為漢族士人進入北魏政權，為北魏國家的漢化提供了重要橋樑。

此外，對於漢族士人與北魏其他制度的考察也不少。如對北魏史官制度的考察。牛潤珍對於漢族士人與北魏史官制度的關係進行了較詳細的考察。〔註64〕楊吉仁對北魏之教育制度進行了專門研究。〔註65〕作者認為，北魏政權對於漢化具有自覺性。基於此，作者探討了從學校設置、學校教育和選士制度等方面論述了漢族士人在傳播儒家文化、參與北魏政權等的方式和作用。

曹剛華對北魏內、外秘書省進行了考察，作者指出在內外秘書省任職的人員多通曉文史，任職人員中既有漢族也有胡族。〔註66〕該文美中不足的地方就是對於任職人員胡漢比例未作考察。榎本あゆち《關於北魏後期、東魏

〔註62〕張金龍：《北魏太學與政治、文化》，收入氏著《北魏政治與制度論稿》。
〔註63〕相關的研究有：施光明：《北魏中書學考述》，載《教育史研究》1991年第4期；嚴耀中：《北魏中書學及其政治作用》，載中國魏晉南北朝史學會編：《魏晉南北朝史論文集》，濟南：齊魯書社，1991年；鄭欽仁：《北魏中書省考》，收入氏著《北魏官僚機構研究續篇》，臺北：稻禾出版社，1995年；梁滿倉：《北魏的中書學》，收入魏晉南北朝史學會編：《魏晉南北朝史論文集》，成都：巴蜀書社，2006；姚宏傑：《北魏中書學新探》，載《華東師範大學學報》2006年第3期。
〔註64〕牛潤珍：《漢至唐初史官制度的演變》，河北教育出版社，1999年。
〔註65〕楊吉仁：《北魏漢化教育制度之研究》，正中書局，1973年。
〔註66〕曹剛華：《北魏內外秘書考略》，《民族研究》2003年第3期。

的中書舍人》論述宣武帝、孝明帝時期中書舍人位顯事繁、由寒門士人、下
級士人以兼領官擔任此職，可比擬南朝宋齊恩倖舍人，至孝莊帝時在實行官
員清要化、專職化以及士人社會輿論的背景下，建立了由寒士到門閥貴族各
階層有才之士都可就官的賢才主義舍人制。〔註67〕

　　應該指出，對於與漢族士人任職的相關制度的考察已經取得了一定的成
績，但這些研究還處於一種零散、不全面的狀態，諸如漢族士人的入仕途徑、
起家官以及擔任的各種具體職務還缺乏較爲系統的研究。

二、存在的問題

　　以上是對與本課題相關的研究狀況的概述，可以看到，對於漢族士人與
北魏政權的關係，學界一直以來都給予充分的關注，不僅如此，學界還從不
同的角度、不同的層面對於北魏政權中的漢族士人所表現出來的同一性與差
異性進行了較爲深入的研究，對於與漢族士人相關聯的文化、政治以及制度
問題都有較爲詳盡的考察，已有的這些成果加深了我們對北魏政權中的漢族
士人的文化理念、自我追求以及政治境遇的瞭解，爲我們的研究打下了一個
堅實的基礎，提供了一個廣闊的思考空間。當然，對於研究現狀的不足也要
引起我們的關注。

　　首先，儘管有不少專題性的論述涉及到漢族士人，但以往的研究尚缺乏
對北魏政權中漢族士人的總體性考察。漢族士人在胡族政權的統治下，其原
有的價值觀念和政治態度勢必要受到胡文化的衝擊，但他們在與北魏政權的
結合過程中適應乃至改造了北魏胡族政權，而北魏政府對待漢族士人的態度
和政策的變化既有主動爲之的一面，也有因應漢族士人的一面，二者之間的
互動關係頗爲複雜，也牽涉到各方面的因素，這些就需要我們對漢族士人的
方方面面進行考察。

　　其次，仔細觀察現有的研究成果，儘管不少學者對於北魏的漢族士人的
文化心態、政治地位、仕宦情況有過論斷，但在論述的精度和深度上還存在
著或多或少的問題。

　　再次，漢族士人與北魏政權結合的主要方式就是就任政權中的各項職
官，但就學界的相關研究來看，大多採取局部性的研究，對於漢族士人在北

〔註67〕轉引自寺西芳晴、福原啓郎《1994～1995年日本中國史研究的回顧與展望（魏
　　　　晉南北朝史）》，載《中國史研究動態》，1998年第11期。

魏國家中央和地方的任職情況少有全面的、具體的考察。明瞭漢族士人的仕宦情況不僅有助於我們對漢族士人在北魏政權中的政治地位形成一個清晰的概念，而且我們也能從一個側面瞭解深隱於歷史進程中的胡漢關係及其演變。

顯然，已有的研究成果是我們展開進一步研究的基礎，而這些研究成果的不足之處則是我們日後研究的方向。

三、本文的寫作構想

北魏立國時間雖不算長，但他由一個代北小國而一統中國北方，由一個聯盟性質的部族國家轉變爲中央專制集權國家，這一發展過程中所經歷的動盪和曲折已爲歷來史家所論道，我們對政權中的漢族士人的考察，是以一個社會群體來結合北魏的政治制度的方式，探討漢族士人在北魏皇權政治發展過程中政治地位的變化和他們對這一發展過程所起的作用，因而也要注意到北魏政治發展大趨勢的變動性。北魏漢族士人與北魏政權之間的關係包括的內容是十分豐富的，比如對典章制度的制定就需要漢族士人積極的參與與規劃，漢族士人對制度建設的參與同樣具有重要的政治作用，這對於漢族士人政治地位的提高、胡漢政治群體的融合以及北魏政治的發展等意義非凡，相關的問題一直爲史家所留意，時至今日，這一問題仍吸引著史家對其展開新的、更爲深入的研究和認識。我們則試圖從另外一個角度，亦即官僚政治的方面來探討漢族士人與北魏政權的關係，通過考察漢族士人在北魏官僚體系中的任職及其時代變遷、漢族士人的具體行政作爲以及制度外的政治經營等方面的問題，來分析漢族士人與北魏政權之間的關係及其變遷。

大體言之，我們希望從以下兩個方面展開對漢族士人的考察：

（一）對漢族士人在北魏政權中的任職情況的考察。北魏前期，由於北魏國家對北方地區征服有時間上的先後之別，並且在各個地域、各個時段所面對的具體情況也不一樣，因而北魏政府對待漢族士人的態度和政策是存在著差別的。而就漢族士人來說，由於北魏國家政策的變化、胡漢民族意識等的影響，他們對待北魏政權的態度也會發生變化，這樣一種互動的關係影響著漢族士人的政治際遇。

這一部分主要分期討論漢族士人在中央和地方的各行政機構的任職情況，將北魏時代以孝文帝爲界分爲前後兩期，對於漢族士人在不同時期的任職情況進行統計、分析，由此揭橥漢族士人仕宦情況的總體特點以及他們政

治地位的變遷。

（二）對漢族士人具體的行政行爲的考察。任職只是漢族士人權力和政治地位變遷的一種靜態的考察，要明瞭漢族士人政治地位變化的實際狀況，我們還需要對他們在北魏政權中的具體活動中予以觀察。北魏政權的行政組織大體可分爲中央和地方兩級，我們也不難知道，中央和地方各級政權的性質不一，其所發揮的作用也就因之而各有差別。中央政府負責行政決策和行政指令的發佈，也負責對地方官員的領導和地方事務的監管，當然，中央政府也是北魏國家社會政治改革的主要執行者。更重要的是，北魏中央政府的權力結構雖以鮮卑貴族爲主，但隨著漢族士人漸漸得到國家任用以及政治改革的展開，漢族士人也成了影響權力結構變遷的重要因素。基於以上考慮，對於漢族士人在北魏中央行政機構中的活動，我們主要考察他們在中央日常行政和禮樂制度等文化方面的具體作爲。

與中央政權不同的是，地方政府的行政需要以完成中央行政指令爲主要目標，他們不僅要保證地方的穩定，同時也要保證國家的賦稅徵收順利進行，以此達成統治穩定的總目標。因此，對於地方政權中的漢族士人，我們一方面需要考察他們在執行中央行政指令方面的努力，同時也需要注意由於各地地理狀況、社會風俗以及族群結構等方面的不同，漢族士人是如何針對不同情況發揮其主動性，並最終完成中央的行政指令。

最後，我們還需要對本文所採取的研究方法略作說明。本文雖然是以漢族士人這一社會群體爲主要研究對象，但我們並未對這一群體進行面面俱到的考察，而是主要集中於他們在社會政治方面的情況進行分析。在具體的研究過程中，本文則以相關的政治制度爲背景，將對漢族士人群體的考察與制度分析結合起來，其目的即在於揭示北魏國家是如何通過建立相關的制度以吸納漢族士人，並最終使之與北魏政權達成政治、文化上的認同與合作。同時，我們也要揭示出漢族士人是如何利用同一套制度促成北魏國家的政治文化轉型。

北魏國家的政治變遷具有明顯的階段性的特點，把握這一點，我們才能較爲清晰地認識到北魏政權如何走向漢化，如何實現政治轉型。我們對漢族士人在北魏政權當中的活動同樣也不能脫離這一總體的時代背景。因而，本文在具體的分析過程中也採取了分時段的研究視角。視角本身也是一種方法，我們也希望通過這種研究方法對漢族士人群體有更爲準確的把握。

漢族士人群體就其總體而言是一個龐大的人群，其中又因爲時間、地域

以及政治的因素而呈現不同的面相。限於資料，我們很難對該群體內部的細節一一考察，因而以該群體某些較爲明顯的共同特徵入手進行考察則不失爲較爲穩妥的辦法。對於漢族士人群體的共同特徵的分析，以統計的辦法運作則較爲有效，本文在該群體任職等方面的統計即是如此。當然，我們需要注意的是，統計分析的結論並不能包含所有相關的信息。因而，本文通過統計而得出的結果只能說是作爲一個大致的參考。不過作爲一個方法工具，統計分析顯然只是提供了一些便利，這並不妨礙我們在統計分析的不太精確的基礎上得出更進一步的結論。

第一章 北魏漢族士人的群體特徵和群體構成

　　北魏時期的社會雖然因爲胡族統治者的存在而與前朝以及同時代的南朝諸政權的性質有所差異，但人們對「士人」一詞指代的群體、該群體的政治——文化屬性以及漢族士人參與政治的方式卻與其他時期、其他地域的政權並無二致。〔註1〕《魏書》卷六○《韓麒麟傳附韓顯宗傳》：「今之州郡貢察，徒有秀、孝之名，而無秀、孝之實。而朝廷但檢其門望，不復彈坐。如此則可令別貢門望，以敘士人，何假冒秀、孝之名也？」此處韓顯宗對於北魏國家秀孝察舉的過程中重門望而不論才學的現象提出批評。韓顯宗的批評也使我們看到，他實際更爲看重和認同士人應當具有的文化屬性。與之同時，韓顯宗將貢舉之人與「士人」並提，這也是著眼於士人與官僚體系的結合。孝文帝在大體完成其改革的舉措之後，曾對其建構的官僚體系有過一番評述。《魏書》卷五九《劉昶傳》：「當今之世，仰祖質樸，清濁同流，混齊一等，君子小人名品無別，此殊爲不可。我今八族以上，士人品第有九，九品之外，小人之官，復有七等。」孝文帝的言論指出了士人在官僚體系中的性質和位置。大體言之，他們居官在九品以上、清流之內。當然，就北魏政治的實際運作來看，我們也不能忽視士人群體在其基本固定的政治形態之下所表現出來的內部的地位差別。

　　在展開研究之前，我們需要對研究對象予以界定。同時，對於他們所具有的群體特徵以及層級結構，也有必要加以說明。以下先爲述之。

〔註1〕 北朝文獻中亦常見士子、士大夫等稱謂，從文獻中的用例來看，他們的意義也與「士人」一詞所指相近。

第一節　北魏漢族士人的群體特徵

　　士自先秦以來就已形成爲一個獨具特點的階層、群體。《春秋穀梁傳‧成公元年》：「古者有四民：有士民、有商民、有農民、有工民。」在國家的等級規劃中，「士」是爵命體制中的一級，是一個壟斷文化的貴族階層。〔註2〕當歷史進入到以皇權體制爲主的秦漢時代以後，社會各階層又面臨著新的政治生態。在與政治的互動中，士人階層又因應時代的變化而形成了新的屬性。在保持其文化屬性的同時，士人與政權以及官僚體制的結合又使其本身注重對官僚身份的強調，士人成了一個集知識份子與國家官僚爲一體的複合形態。〔註3〕魏晉南北朝時期，隨著門閥制度的形成和發展，士人往往與士族等同起來，並在政治上有相應的標準以規定士人的身份和權利。〔註4〕隋唐以降，門閥制度的衰落又使得人們對士人的認同發生新的變化，士人又經歷了從門閥士族向文官，最後向地方精英的轉化過程。〔註5〕可以看到，「士人」是一個歷史性的概念，其內涵往往會隨著社會政治的演進而產生與之相應的變化，〔註6〕唯一保持不變的則是士人的政治──文化屬性。這其實也是士人之爲士人的根本所在。當然，隨著各時代學術潮流、知識體系和社會需求與實踐的演變，士人本身所具有的知識結構也出現了某些改變，但這並不影響其文化屬性的本質。

一、專經與博通：北魏漢族士人的知識結構

　　北魏時期的漢族士人進入北魏政權並逐步獲得政治權利，這一過程的實現雖然與其鄉里社會基礎頗有關係，但士人之爲士人的特性──文化修養和知識儲備──則顯然要起著更爲重要的作用。拓拔氏要統治中國，無論制度

〔註2〕　閻步克：《從爵本位到官本位》，三聯書店，2009年，第21頁。

〔註3〕　參看閻步克：《士大夫政治演生史稿》，北京大學出版社，1996年；于迎春：《秦漢士史》，北京大學出版社，2000年。

〔註4〕　唐長孺：《士人蔭族特權和士族隊伍的擴大》，收入氏著《魏晉南北朝史論拾遺》，中華書局，1983年，第64～78頁。

〔註5〕　參看包弼德：《斯文：唐宋思想的轉型》（劉寧譯），江蘇人民出版社，2001年，第35～81頁；黃正建：《唐代「士大夫」的特色及其變化》，《中國史研究》2005年第3期。

〔註6〕　我們也看到，人們常常用士大夫、名士等詞來指稱士人群體或者士人之中的某一部分。這些詞更多地出現在漢魏時期，他們強調士人是社會意識形態的維護者，是政治體系之外的具有獨立性的社會力量。這類詞雖然不一定能包括所有士人，但對我們認識士人群體的屬性提供了不錯的視角。

建設、政務運作、軍事行動、外交活動以及政治統治，都需要學有專長的漢族士人參與其間，來維持整個體系的正常運轉。那麼，漢族士人應對這種狀況而形成的知識結構又具有什麼特點？

　　首先應該指出的是，漢族士人的知識構成當中應以儒學為主。這是不言而喻的。我們可以注意北魏初期李先的例子。《魏書》卷三三《李先傳》：

> 太祖曰：「卿既宿士，屢歷名官，經學所通，何典為長？」先對曰：
> 「臣才識愚闇，少習經史，年荒廢忘，十猶通六。」

太祖拓跋珪雖為代北胡族，在初識李先之時即將「宿士」與「經學」亦即儒家經典聯繫在一起，表明在時人的觀念中士人熟習儒經是一個常識，這甚至為受漢文化薰染尚淺的胡族所知悉。李先的回答中稱「少習經史」也是漢族士人中進行文化培訓的一般做法。《魏書》卷七二《賈思伯傳》：

> 時太保崔光疾甚，表薦思伯為侍講，中書舍人馮元興為侍讀。思伯
> 遂入授肅宗《杜氏春秋》。思伯少雖明經，從官廢業，至是更延儒生
> 夜講晝授。

賈思伯「少雖明經」一點也表明他的儒學教育是從小即開始進行的。至於他為孝明帝侍講時需要延聘儒生先為自己講授，則是因為他日後未以研習儒經為業，這樣做是為了溫習舊日所學，而不是他對儒學一無所知的臨時應對之舉。毋庸置疑，北魏無論官學與私學，也不論前期或後期，儒學都是傳授的主要內容。《魏書》卷八四《儒林‧孫惠蔚傳》：

> （孫惠蔚）自言六世祖道恭為晉長秋卿，自道恭至惠蔚世以儒學相
> 傳。惠蔚年十三，粗通《詩》、《書》及《孝經》、《論語》；十八，師
> 董道季講《易》；十九，師程玄讀《禮經》及《春秋》三《傳》。周
> 流儒肆，有名於冀方。

孫惠蔚家世以儒學相傳，他也遍習諸經。綜合各方面的情況來看，他對儒經的學習可能來自家學和地方私學的共同教授。孫惠蔚的例子當可說明漢族士人儒學知識的養成過程。不管漢族士人將來從事何業，也不管他們將來的學術興趣會發生何種偏向，在中古社會的時代背景下，儒學知識都具有根基性的作用。關於這一點，顏之推在其家訓中的一席訓誡值得注意。《顏氏家訓》卷三《勉學》：

> 士大夫子弟，數歲已上，莫不被教，多者或至禮、傳，少者不失《詩》、
> 《論》。及至冠婚，體性稍定；因此天機，倍須訓誘。有志尚者，遂

> 能磨礪，以就素業；無履立者，自茲墮慢，便為凡人。人生在世，
> 會當有業：農民則計量耕稼，商賈則討論貨賄，工巧則致精器用，
> 伎藝則沉思法術，武夫則慣習弓馬，文士則講議經書。〔註7〕

顏之推首先說明了士大夫子弟習受儒經的過程，接著他更將傳習儒經看做士人處世的根本志業。精研儒經是士人本職，唯有如此才能取得社會認同。顏之推雖為北朝後期之人，但這段話用來說明北魏時期的漢族士人也未嘗不可。就北魏的實際情況來看，當時的漢族士人雖然並未都專門講議經書，但儒學知識的積累對於他們所具有的意義則是頗為相似的。比如裴粲，他言行舉止高自標置，頗有風儀，然而卻不通經史，因此「頗為知音所輕」，〔註8〕這也說明士人對儒家經義的掌握與否甚至會影響到其社會地位。

北魏時期漢族士人專習儒經，這也成了一個較為突出的現象。《魏書》卷二四《張袞傳》：「（張）袞年過七十，闔門守靜，手執經書，刊定乖失。」又如游肇，「肇外寬柔，內剛直，耽好經傳，手不釋書。治《周易》、《毛詩》，尤精《三禮》」；〔註9〕張普惠，「父曄，為齊州中水縣令，隨父之縣，受業齊土，專心墳典，克屬不息。及還鄉里，就程玄講習，精於《三禮》，兼善《春秋》，百家之說，多所窺覽，諸儒稱之」；〔註10〕董徵，「好古，學尚雅素。年十七，師清河監伯陽，受《論語》、《毛詩》、《春秋》《周易》，就河內高望崇受《周官》，後於博陵劉獻之遍受諸經」。〔註11〕對於儒經的學習，他們或者是專治，或者是兼修；或者是校理經義，或者是利用經義來解決實際的禮制問題，都可以說明在這一部分漢族士人當中儒學知識的位置。專習儒經的局面的形成，一方面來自以傳授儒家經典為主的教育模式的影響，一方面也是國家對利用儒學進行制度建設的需要以及以儒學作為選舉標準之一的國家政策的主導所致。

然而，隨著中古學術發展所產生的影響以及政治變遷等因素的作用，漢族士人的學術志趣也有了新的變化。在專經之外，欲求學之廣博成了北魏時人一種較為突出的追求。能夠博覽廣積之人往往為時人所推重，博學成了漢族士人知識結構的另一種表現形態。但我們若仔細分析北魏時期人們對博學

〔註7〕 顏之推撰、王利器集解：《顏氏家訓集解》，上海古籍出版社，1980年，第141頁。
〔註8〕 《魏書》卷七一《裴叔業傳附裴粲傳》，第1573頁。
〔註9〕 《魏書》卷五五《游明根傳附游肇傳》，第1218頁。
〔註10〕 《魏書》卷七八《張普惠傳》，第1727頁。
〔註11〕 《魏書》卷八四《儒林‧董徵傳》，第1857頁。

的認識，則可以發現，這種博學的知識結構並非是單一的，它至少存在以下三種層面的表現形態：

首先，博通仍是針對儒家經典而言。北魏時期漢族士人修治儒經，當然存在著類似漢代一樣專守一經的情況。如梁祚，「祚篤志好學，歷治諸經，尤善《公羊春秋》、鄭氏《易》，常以教授」，〔註12〕梁祚雖然不是嚴格意義上的專守一經，但他僅擅長《公羊春秋》、鄭氏《易》，其情形也較爲接近漢儒。又《魏書》卷六五《邢巒傳附邢虯傳》：「少爲《三禮》鄭氏學，明經有文思。」邢虯不僅專治《三禮》，而且還專守鄭玄疏義，這就可視爲專經的典型了。與專治《公羊春秋》、《三禮》或專守某家義疏的情況相對的是，遍通諸經及其義疏的顯然也令人稱羨。《魏書》卷三二《封懿傳附封軌傳》：

（封軌）沉謹好學，博通經傳。與光祿大夫武邑孫惠蔚同志友善，
　惠蔚每推軌曰：「封生之於經義，非但章句可奇，其標明綱格，統括
　大歸，吾所弗如者多矣。」

封軌以博通經傳爲務。根據以上孫惠蔚對封軌的褒揚，則封軌的博通不僅表現在對章句的精研，而且對於經義也有深刻的理解。如前所引，在此稱讚封軌的孫惠蔚同樣也是博通諸經。與封軌等博通諸經稍有不同的是，另一類漢族士人同樣追求對經傳的博通，但他們更是通過對經傳義疏之外其他知識的學習和運用來解決儒典經義以及相關典章制度製作中的問題。我們可以崔光爲例。《魏書》卷八二《李琰之傳》：

（李）琰之少機警，善談，經史百家無所不覽，朝廷疑事多所訪質。
　每云：「崔博而不精，劉精而不博，我既精且博，學兼二子。」謂崔
　光、劉芳也。論者許其博，未許其精。當時物議，咸共宗之。

李琰之認爲自己的儒學造詣比堪劉芳、崔光。崔、劉在北魏一直被視爲儒宗，劉芳可暫置不論，崔光則以其博學聞名。〔註13〕這種博學的內涵，或許可以顏之推的概括予以說明。《顏氏家訓》卷三《勉學》：「夫學者貴能博聞也。郡國山

〔註12〕《魏書》卷八四《儒林‧梁祚傳》，第 1844 頁。

〔註13〕關於崔光博學之譽，可舉幾例：（1）《魏書》卷六二《李彪傳》：「高祖宴群臣於流化池，謂僕射李沖曰：『崔光之博，李彪之直，是我國家得賢之基。』」（2）《魏書》卷六四《郭祚傳》：「（孝文帝）嘗以立馮昭儀，百官夕飲清徽後園，高祖舉觴賜祚及崔光曰：『郭祚憂勞庶事，獨不欺我；崔光溫良博物，朝之儒秀。不勸此兩人，當勸誰也？』」可見，在同樣以博聞諸門聞名的孝文帝對崔光也一直以博學許之。

川，官位姓族，衣服飲食，器皿制度，皆欲根尋，得其原本。」根據文獻的記載來看，崔光對於國家的各項禮儀、典章制度以及國史編撰等都曾參與或主持，他也正是對顏之推所列舉的諸項學問的瞭解才能勝任這些工作。顏之推同樣對崔光習經與博學的結合予以讚譽：「洛陽亦聞崔浩、張偉、劉芳，……雖好經術，亦以才博擅名。如此諸賢，故為上品。」〔註 14〕這一類的博學之士，不管是遍通諸經，還是對經義之外的學問廣為鑽研，其知識結構的核心仍是儒家經義，其博通百家的目的則是為了更好地解釋經義或運用儒家經義解決現實問題。

其次，在尊崇儒學的同時，也有對這種專精態度不以為然的現象出現，那就是聲稱學習儒經只是為了增長知聞。《魏書》卷五三《李孝伯傳附李瑒傳》：「（李）瑒俶儻有大志，好飲酒，篤於親知，每謂弟郁曰：『士大夫學問，稽博古今而罷，何用專經為老博士也？』」又《周書》卷三五《崔謙傳》：「（崔謙）歷觀經史，不持章句，志在博聞而已。每覽經國緯民之事，心常好之，未嘗不撫卷歎息。」從李瑒和崔謙以博聞為志來看，在漢族士人當中對待儒學經典顯然存在著與專研章句不同的態度。他們只是將對儒家經典的學習當做知識積累的一部分，或者說只是對儒家經典及其學說有一個基本的瞭解，而並不打算以研習儒經為終身志業。與李瑒等有著類似態度的還有李賢。《周書》卷二五《李賢傳》：

> （李賢年）九歲，從師受業，略觀大旨而已，不尋章句。或謂之曰：
> 「學不精勤，不如不學。」賢曰：「夫人各有志，賢豈能強學待問，
> 領徒授業耶，唯當粗聞教義，補己不足。至如忠孝之道，實銘之於
> 心。」問者慚服。

李賢九歲出言如此，或有史家有意改造之嫌，但這番言論確實是當時一批頗具事功精神的漢族士人的「夫子自道」。他們並非沒有文化，但他們或者可以通過門資等方式獲得政治上的升進，或者更願意選擇通過其它方式來實現自己的各方面的利益。應該說，這樣一批人雖然也是以博聞為名，但他們顯然不以具體的鑽研為目的，其知識的深度也較為有限。當然，這種博聞也不限於經史一途。如夏侯道遷，「雖學不淵洽，而歷覽書史，閑習尺牘，札翰往還，甚有意理」；〔註 15〕張僧皓，「歷涉群書，工於談說，有名於當世」。〔註 16〕顯

〔註14〕顏之推撰、王利器集解：《顏氏家訓集解》，第 170 頁。
〔註15〕《魏書》卷七一《夏侯道遷傳》，第 1583 頁。
〔註16〕《魏書》卷七六《張烈傳附張僧皓傳》，第 1687 頁。

然，這些漢族士人雖不以研習儒經爲主業，他們仍然博覽群書，其目的則無非是保持士人自身的文化屬性。

再次，魏晉南北朝學術突破經學一家而朝向多途發展，也是北魏漢族士人學術研究多樣化的背景。〔註17〕在這種廣求博聞的趨向下，北魏漢族士人也更注意經學以外的其他學術的探討。文學和史學在北魏的發展是眾所周知之事，我們不必細說。至於其他學科，首先是地理之學。《魏書》卷八九《酷吏·酈道元傳》：「道元好學，歷覽奇書。撰注《水經》四十卷、《本志》十三篇，又爲《七聘》及諸文，皆行於世。」酈道元注《水經》，並在《水經注》的序文中略述其撰述緣由：「余少無尋山之趣，長違問津之性，識絕深經，道淪要博，進無訪一知二之機，退無觀隅三反之慧。獨學無聞，古人傷其孤陋，捐喪辭書，達士嗟其面牆。默室求深，閉舟問遠，故亦難矣。」〔註18〕可見，酈道元疏注《水經》的目的仍是爲了廣其聞見，排釋疑惑。

文字之學亦爲北魏士人所重視。《魏書》卷五七《高祐傳》：「（祐）博涉書史，好文字雜說，材性通放，不拘小節。」高祐喜好文字之學，而這仍是與其博覽書史聯繫在一起的。北魏漢族士人中留意文字之學的有不少。比如游肇，「幼爲中書學生，博通經史及《蒼》、《雅》、《林》說」；劉懋，「懋聰敏好學，博綜經史，善草隸書，多識奇字」。〔註19〕以上《蒼》、《雅》、《林》皆屬字書。宣武帝末年，以小學傳家的江式曾上過一份奏章，其中詳述魏晉以來小學發展及字書編撰狀況，我們從其奏文中亦可見當時小學主要以字體、詁訓以及音讀爲主。〔註20〕

陰陽方技之術也同樣是士人研習的內容之一。此在北魏前期似更明顯。北

〔註17〕比如魏晉時期出現的經史分途、文史分途，就使得士人的學術習尚更爲多樣，其知識結構當也因爲學術分途而更形多樣、複雜。相關的論述可參看周一良：《魏晉南北朝史學發展的特點》，收入氏著《魏晉南北朝史論集續編》，北京大學出版社，1991年，第67～84頁。胡寶國：《漢唐間史學的發展》，商務印書館，2003年，第30～72頁；逯耀東：《經史分途與史學評論的萌芽》，收入氏著：《魏晉史學的思想與社會基礎》，中華書局，2006年，第178～194頁。實際上，除了文學、史學獲得長足發展之外，諸如地理、小學、目錄學等等，也有了較爲系統的發展，參看呂思勉：《兩晉南北朝史》，上海古籍出版社，1983年，第1335～1463頁。

〔註18〕酈道元著、陳橋驛校證：《水經注校證》，中華書局，2007年，第1頁。

〔註19〕游肇、劉懋分見《魏書》卷五五《游明根傳附游肇傳》、卷五五《劉芳傳附劉懋傳》，第1215、1229頁。

〔註20〕《魏書》卷九一《術藝·江式傳》，第1961～1965頁。

魏前期的胡族統治者文化水準尙低，對於陰陽、卜筮之術深信不疑，這使得善於此術的漢族士人容易獲得北魏統治者的青睞。此如北魏初期入魏的燕鳳、許謙諸人，陰陽讖緯之術俱爲通解。又如崔浩、高允二人，他們同樣儒學精深，但同樣也將天文、陰陽、術數等納入其習學對象之一。北魏後期明習陰陽術數的也同樣存在。如鹿悆，「好兵書、陰陽、釋氏之學」；刁沖，「學通諸經，偏修鄭說，陰陽、圖緯、算數、天文、風氣之書莫不關綜，當世服其精博」；盧光，「博覽群書，精於《三禮》，善陰陽，解鐘律，又好玄言」。〔註21〕可見，即便是博通經史群籍的儒生，也擅長陰陽之學。

　　佛學義理也成了北魏漢族士人知識結構之一。論者比較南北朝佛教信仰之差異，認爲南方偏向玄學義理的闡發，北方則重宗教行爲的實踐。〔註22〕當然，這種情形也是就整個北朝的佛教信仰的狀況而言。在北方知識階層當中，研讀並講誦佛教義理的現象也時有所見。《魏書》卷七一《裴叔業傳附裴植傳》：「（裴植）少而好學，覽綜經史，尤長釋典，善談理義。」裴植儒、釋兼覽，甚至於佛家義理造詣更深，頗可說明問題。裴植是南朝降人，其知識體系的形成完全有可能受到南朝學風的影響，似乎還不能算作北魏士人典型。《魏書》卷六七《崔光傳》：

　　（崔光）崇信佛法，禮拜讀誦，老而逾甚，終日怡怡，未曾恚忿。……
　　每爲沙門朝貴請講《維摩》、《十地經》，聽者常數百人，即爲二經義
　　疏三十餘卷。

前已述及，崔光以其博通被奉爲儒宗。我們在此卻見到一個誠心向佛的信徒形象，他不僅研讀佛經，還親自注疏並爲僧俗講解佛經。可見佛家義理已經成爲其知識體系中的一部分。崔光之弟崔敬友以及從祖弟崔長文同樣篤信佛教，並以研讀釋典爲務。顯然，崔光兄弟的崇佛已經是一種家族化的現象。〔註23〕又如裴宣，「通辯博物，早有聲譽。……高祖曾集沙門講佛經，因命宣論難，甚有理詣，高祖稱善」，〔註24〕裴宣通辯博物，又能與僧侶論難，

〔註21〕鹿悆、刁沖分見《魏書》卷七九《鹿悆傳》、卷八四《儒林·刁沖傳》，第1761、
　　　　1858頁；盧光見《周書》卷四五《儒林·盧光傳》，中華書局，1971年，第
　　　　807頁。
〔註22〕湯用彤：《漢魏南北朝佛教史》，中華書局，1983年，第350頁。
〔註23〕關於北朝宗教信仰的家族化，參看邵正坤：《北朝家庭形態研究》，科學出版
　　　　社，2008年，第191～208頁。
〔註24〕《魏書》卷四五《裴駿傳附裴宣傳》，第1023頁。

我們也可以推知他當知悉佛理。再如高謙之撰《涼書》，他大概不信佛教，所以對於盛行涼土的佛教有所貶議。「涼國盛事佛道，（謙之）爲論貶之，因稱佛是九流之一家。當世名士，競以佛理來難，謙之還以佛義對之，竟不能屈」，〔註25〕高謙之貶議佛教引來的是當世名士以佛理與其論難，其事頗值得我們注意，這表明對佛教義理的討論已經成爲當時士人研習的課題之一。有趣的是，我們也可以推知，貶議佛教的高謙之對於佛理也並不陌生。高謙之在族屬上是爲高麗族，但他在文化修養上已經高度漢化，我們當然可以將其當做漢族士人佛教信仰方面的一個旁證。漢族士人對佛教義理的研習與其時佛教信仰的盛行有著密切的關係。當然，我們仍有以下兩點需要指出：首先，對佛教義理的討論只是漢族士人個人信仰的組成部分，這對他們的儒學知識以及政治活動並未產生影響，如劉芳少年時因替僧人抄寫經論，「由是與德學大僧，多有還往」〔註26〕，我們從以後劉芳對儒家經義以及典章制度的討論中見到他依據的仍是儒家經典，並沒有證據表明他年輕時與僧侶交往對其儒家思想產生任何影響；其次，儘管漢族士人信仰佛教的人數不少，但對佛教義理予以關注的應該只是其中的一部分，然而我們從整個漢族士人群體著眼考察其知識結構，就不得不將佛教義理視作其知識構成之一。

以上是對北魏時期漢族士人知識結構的分析。在以儒學經典爲基礎構成的知識結構當中，漢族士人依其學術偏好或現實環境的影響等出現了專經與博通的分途，而博通一面，又有不同層面的表現。〔註27〕需要指出的是，我們此處只是對漢族士人知識體系的一種靜態的、總體的描述。實際上，地域的差別以及地域間的交流也會對漢族士人群體內部學術傾向產生一定的影響，其知識結構當然也會發生相應的調整變化。比如河北地區與洛陽地區之間學術志趣的差別，以及北魏後期南朝玄學及文學的北傳，使得崇尚玄學之風也開始在北方地區流行，這些都會影響到北魏漢族士人的知識構成。〔註28〕

〔註25〕《魏書》卷七七《高崇傳附高謙之傳》，第1710頁。
〔註26〕《魏書》卷五五《劉芳傳》，第1219頁。
〔註27〕許倬雲先生亦從國家與社會的關係變遷的背景出發，對中古時期知識份子及其知識結構的變化進行了綱領性的分析。參看氏著《中古早期的中國知識份子》，原載《中國歷史轉型時期的知識份子》，聯經出版公司，1992年，此據許倬雲著：《許倬雲自選集》，上海教育出版社，2002年，第213～219頁。
〔註28〕參看唐長孺：《論南朝文學的北傳》，收入氏著《唐長孺社會文化史論叢》，武漢大學出版社，2001年，第205～232頁；李磊：《六朝士風研究》，2008年，

但總體言之，北魏漢族士人在學術志趣上承魏晉之緒餘，則更偏重於樸實一面，其治學也更注重實際。

二、士大夫行業：北魏漢族士人的社會威望

「行業」一詞在中古時代的文獻中時常出現。《魏書》卷六六《崔亮傳》：「立中正不考人才行業，空辨氏姓高下。」此處即稱中正所考察的爲人才之行業。又如北齊趙彥深爲時主所信賴，負責選舉之事，「自皇建以還，禮遇稍重，每有引見，或升御榻，常呼官號而不名也。凡諸選舉，先令銓定，提獎人物，皆行業爲先，輕薄之徒，弗之齒也。」〔註 29〕這裏即將行業作爲國家選舉官僚的標準之一。「行業」一詞所包涵的內容頗爲廣泛，但在多數情況下更側重於指涉個人的品行德性和日常生活中待人處世的表現。東晉簡文帝之子司馬道生「性疏躁，不修行業，多失禮度，竟以幽廢而卒」；〔註 30〕北魏任城王元澄弟子元世俊，「頗有幹用，而無行業」。〔註 31〕可見，行業不僅是個人的品行修爲，它也與國家的選舉結合在一起，成爲個人能否獲得任官資格的重要憑證。這樣一來，中古時期的士人能否獲得「有行業」的評價對其便具有極爲重要的意義，因爲這不僅爲個人獲得社會的肯定和讚賞，同時也是他們進一步獲得政治上的升進的保證。

與「行業」一詞具有同樣表達效果的語詞同樣存在。《魏書》卷五六《鄭羲傳附鄭嚴祖傳》：「（鄭嚴祖）輕躁薄行，不修士業，傾側勢家，乾沒榮利，閨門穢亂，聲滿天下。」又《魏書》卷六一《畢眾敬傳附畢義暢傳》：「（畢義暢）傾巧無士業，善通時要。」此處之「士業」一詞，從史家對鄭嚴祖與畢義暢二人的評價中可以看出，其含義也主要是指個人立身處世的品德行爲，與「行業」所指涉的意義大體相當。更值得注意的是，「士業」一詞更將其所指稱的對象明確爲士人，表明士人在其個人的品行修養及處世原則上有著一定之規，是士之爲士的本屬所在。另一個將士人的德行與其群體特性結合得更爲緊密的詞則是「素業」。《魏書》卷六六《崔亮傳附崔光韶傳》：

> （崔）光韶以世道屯邅，朝廷屢變，閉門卻掃，吉凶斷絕。誡子孫

武漢出版社，第 327～350 頁。

〔註 29〕《北齊書》卷三八《趙彥深傳》，中華書局，1972 年，第 507 頁。

〔註 30〕《晉書》卷六四《簡文三子·會稽思世子道生傳》，中華書局，1974 年，第 1731 頁。

〔註 31〕《魏書》卷一九《景穆十二王·任城王雲傳附元世儁傳》，第 488 頁。

> 曰：「吾自謂立身無慚古烈，但以祿命有限，無容希世取進。在官以
> 來，不冒一級，官雖不達，經爲九卿。且吾平生素業，足以遺汝，
> 官閥亦何足言也。」

崔光韶於孝文帝遷洛以後步入仕途，直到北魏末年去世爲止。其仕途上的升進我們暫且不論，但他平時的行爲舉止以及因其品行而獲得的地方威望卻值得我們注意。崔光韶本人平日居以素業，他對此也頗爲重視，在其臨終誡言中將此與官閥宦資並論，視其爲處世之長策，並特別囑其子孫要以他所修行的素業相傳。那麼，「素業」一詞究竟何指？《晉書》卷四二《王濬傳》：「（王）濬平吳之後，以勳高位重，不復素業自居，乃玉食錦服，縱奢侈以自逸。」又《北齊書》卷四三《羊烈傳》：「（羊）烈家傳素業，閨門修飾，爲世所稱，一門女不再醮。」看來，謙恭謹持、遵行儒家禮法乃是所謂素業所指內容之一。當然，中古士人存身立家之資當不止於此。南朝梁的范縝深慕裴子野之行業，曾在一份讓官表中稱讚裴子野「家傳素業，世習儒史，苑囿經籍，遊息文藝」。〔註32〕將素業與儒史經籍等並置同論，這也說明文化修養也是士人所著力經營的事業之一。《隋書》卷四六《李雄傳》：「雄少慷慨，有大志。家世並以學業自通，雄獨習騎射。其兄子旦讓之曰：『棄文尚武，非士大夫之素業。』」能夠世代以學業相傳，是時人對於士大夫之家予以稱羨的原因之一，而且這也成了士族群體一種自覺的行爲。李旦批評李雄棄文尚武、不爲學業，正可從這樣一種角度理解。裴子野與李雄的例子相得益彰，從正反兩方面印證了文化修養是爲士人素業之一。簡言之，禮儀與文化，正是「素業」所指。〔註33〕當然，士人之素業不僅是一種個體表現，從上引諸例中我們也不難看到，它更與士人背後的家族聯繫在一起。個體的表現與家族門風，一代之經營與數世之傳習，時人其實是將其視作整體看待，並從這種整體的觀察中評價士人的素業。

其實，無論行業、士業、素業，在中古時期門閥社會的背景下，其意義

〔註32〕《梁書》卷三○《裴子野傳》，中華書局，1973 年，第 442 頁。
〔註33〕張國剛先生從分析「家法」概念由兩漢下至隋唐的歷史演變入手，指出家法由兩漢時期專指儒家經典的章句之學的家世傳承漸變爲魏晉隋唐時期專指士族禮法門風，儒家倫理也在這一過程中由國家意志而向社會和個人倫理規範轉變，參看氏著《漢唐「家法」觀念的演變》，載《史學月刊》2005 年第 5 期。張先生的這一分析則提示我們魏晉隋唐時期儒家經典與日常倫理規範的融合，這也有助於我們理解「士大夫行業」的內涵。

並無不同，都是針對士人、士族而言。他們以文自立，自然人們對其考察時就要對其在文化上、在禮儀上的表現加以評價，而這些辭彙顯然偏向於指涉這樣一個群體以及他們所以異於他人的群體特性。《魏書》卷四三《房法壽傳附房景伯傳》：

> （房）景伯性淳和，涉獵經史，諸弟宗之，如事嚴親。及弟妓亡，
> 蔬食終喪，期不內御，憂毀之容，有如居重。其次弟景先亡，其幼
> 弟景遠期年哭臨，亦不內寢。鄉里爲之語曰：「有義有禮，房家兄弟。」
> 廷尉卿崔光韶好標牓人物，無所推尚，每云景伯有士大夫之行業。

房景伯兄弟之間嚴循儒家教義，家門有禮，這種日常生活中的表現贏得了來自其鄉里基層社會和士族上層的共同讚譽，崔光韶也對房氏家法以「士大夫之行業」予以總結。從房景伯一家的日常禮儀以及社會上對他們的讚譽也可以看出，士大夫之行業不僅是士人群體應該具有並且也是他們特別擁有的日常倫理，作爲一種表率，這也是社會全體所共同崇尚的。

　　士大夫的家門禮法和個體的文化教養是士人著力經營以維持其身份特性的重要內容。這也爲社會各階層所看重。這就意味著士人不僅是以一種良好的倫理秩序來進行其家計經營，他們更將自身關心的視野轉向整個社會，通過這樣一種個人的修養建立與社會的聯繫。士人是社會上的文化精英，他們的言論和舉止都會對社會觀念和行爲產生重要的影響，這無疑是他們與常人相比社會地位較高的原因之所在。同時，他們又必須在日常的言行舉止當中保持一種良好的素養以獲得社會的認可，並以之作爲其社會地位的保障。中古士人就是在這種個人與社會的雙重互動的意義上追求個人以及家族的禮儀門風和文化傳承，這種行動取向就使得士人在與社會的聯繫過程中形成了以他們爲中心的關係格局。谷川道雄先生卓越的研究也揭示出北朝士人積極構建基於儒家理念的倫理秩序，並在自己的親身實踐當中闡釋這套秩序，指導鄉里社會。士人通過對家法門風的改造和維護，對謙和退讓的處世原則的執行以及對宗親鄉黨經濟上的救濟實現了所謂「名望家統治」的豪族共同體。〔註34〕士人的家法門風與他們對社會群體的扶助與指導其實是一個問題的兩個方面。士人通過對社會的救助引致社會對其個人與家族言行舉止的認可與推崇，社會的關注又使得家法門風更加成爲士人群體所具有的特性，而這一切又最終指向士人的社會地位的提高。

〔註34〕參看谷川道雄：《中國中世社會與共同體》（馬彪譯），中華書局，2002 年。

　　北魏時期的漢族士人同樣具有中古士人上述的社會屬性。他們平時所經營的「士大夫之行業」來自當時社會的崇尚的影響，他們尊崇禮與文的舉動顯然是適應這種社會風尚的。《魏書》卷七二《陽尼傳附陽固傳》：「（陽固）丁母憂，號慕毀病，杖而能起。練禫之後，猶酒肉不進。時固年逾五十，而喪過於哀，鄉黨親族咸嘆服焉。」陽固因守喪居禮而受到鄉里社會的讚歎，這種行為在無形中為陽固帶來社會聲望的同時也對鄉里社會觀念產生著相當的影響。又如李祥，「學傳家業，鄉黨宗之」〔註35〕，李祥之父李曾專治儒經，而這種治學傳統又為李祥所繼承，這種世代積累的家學傳統也為鄉里社會所推崇。在史家的論述中，學業與個人的禮儀修養常常是共置一處予以嘉評的，史家的這種論述方式無疑也是時代觀念的一種反映。像陽固和李祥這樣獲得世人讚譽的事例不在少數。如崔浩，「初，浩父疾篤，浩乃剪爪截髮，夜在庭中仰禱斗極，為父請命，求以身代，叩頭流血，歲餘不息，家人罕有知者。及父終，居喪盡禮，時人稱之」〔註36〕；張彝，「彝居喪過禮，送葬自平城達家，千里徒步，不乘車馬，顏貌毀瘠，當世稱之」〔註37〕。北魏漢族士人對門風家法的整飭與遵行也不是對社會風尚被動的適應，這更是他們的主動表達。符合禮儀的舉動使他們成了社會風尚的詮釋者，他們在獲得社會認可與稱讚的同時也推動和指導人們對儒家倫理和文化的履行。

　　同樣，北魏時期漢族士人的家法門風也在他們與社會的聯繫當中得以彰顯。北魏初期宋隱臨終之時以「入順父兄，出悌鄉黨」〔註38〕囑咐子孫，可謂對士人處世基本要求的最好表達。類似的如谷渾，「正直有操行，性不苟合，趣舍不與己同者，視之蔑如也。然愛重舊故，不以富貴驕人，時人以此稱之」〔註39〕。宣武帝時期張烈救濟鄉里的行為則是士人聯繫社會的過程中更為深層的行為。《魏書》卷七六《張烈傳》：「世宗即位，……（張烈）尋以母老歸養。積十餘年，頻值凶儉，烈為粥以食飢人，蒙濟者甚眾，鄉黨以此稱之。」張烈救濟饑民，這同樣也是對儒家倫理的一次具體的實踐。這給他帶來的不僅是如陽固一般在禮儀上被奉為表率，更重要的，這種賑濟行為使得張烈獲得了鄉里社會的支持，建立了基於經濟聯繫的社會基礎。與張烈一樣同樣贏

〔註35〕　《魏書》卷五三《李孝伯傳附李祥傳》，第 1174 頁。
〔註36〕　《魏書》卷三五《崔浩傳》，第 812 頁。
〔註37〕　《魏書》卷六四《張彝傳》，第 1428 頁。
〔註38〕　《魏書》卷三三《宋隱傳》，第 773 頁。
〔註39〕　《魏書》卷三三《谷渾傳》，第 781 頁。

得社會尊重的還有李元忠。《北齊書》卷二二《李元忠傳》:「初（李）元忠以母老多患,乃專心醫藥,研習積年,遂善於方技。性仁恕,見有疾者,不問貴賤,皆爲救療。家素富實,其家人在鄉,多有舉貸求利,元忠每焚契免責。鄉人甚敬重之。」又如盧義僖,「義僖少時,幽州頻遭水旱,先有穀數萬石貸民,義僖以年穀不熟,乃燔其契。州閭悅其恩德。」〔註40〕像盧義僖與李元忠這樣焚契免債,療助鄉黨之事北魏時期還有不少。顯然,漢族士人的這種行爲乃是基於對儒家倫理的踐履,民眾因爲他們的這些行爲而認可他們。無論是在鄉里社會謹守禮儀還是救濟社會,都賦予了漢族士人區別於他群的特性,這種特性使得他們在與鄉里社會的聯繫當中形成了穩固的社會基礎。

在北魏特定的時代背景下,北魏漢族士人經營「士大夫行業」以及其鄉里社會基礎又具有重要意義。拓跋氏即以代人集團爲基礎建立國家,〔註41〕在北魏政權成立之後,以代人集團爲主的胡族勢力一直是北魏政治的主導力量,漢族士人無法像代人集團一樣獲得政治優勢。但是,漢族士人的社會基礎卻賦予他們一種與政治相抗衡的獨立性。這種與基層社會聯繫在一起的獨立性是北魏建國伊始就無法忽視並需認眞對待的,因爲這直接關係著其統治的繼續。漢族士人正是憑藉這種社會獨立性進入政權並逐漸擴大其權利的。

三、幹世與宦達:北魏漢族士人的政治屬性

在重視文化和社會影響的同時,漢族士人與政治更有著密切的關係。這種密切結合的狀況不僅是以漢族士人的文化素養和社會威望爲基礎,也是漢

〔註40〕《魏書》卷四七《盧玄傳附盧義僖傳》,第 1054 頁。

〔註41〕關於代人集團所涵蓋的範圍,康樂先生以爲不僅包括出身籍貫爲「代人」者,還包括宦官、外戚、「賓客」以及寵倖等具有皇帝「私人代表」身分,在政治上、軍事上享有相當權力地位之人,參看氏著《從西郊到南郊》,第 58~67 頁。松下憲一先生也對代人集團進行了考索,他強調代人集團的形成與國家認同之間的聯繫。大體上,松下氏所指稱的代人集團是以北族爲主。參看氏著《北魏代人集團考略》,收入《魏晉南北朝史論文集》,巴蜀書社,2006 年,第 314~318 頁;又《北朝隋唐時代史料中的「代人」》,收入中國魏晉南北朝史學會、武漢大學中國三至九世紀研究所編:《魏晉南北朝史研究:回顧與探索》,湖北教育出版社,2009 年。就上述兩種有關代人集團的界定來看,康樂先生所指稱的代人集團更爲廣義,本文對於漢族士人的考察同樣要涉及到代人集團,但我們對代人集團的界定則傾向於較爲狹窄的角度,其範圍基本同於松下憲一先生的界定。以下行文若無特殊說明,凡涉及代人集團、代人等群體時,其所指均準此。

族士人自身的迫切需要的結果。《北史》卷三八《裴佗傳附裴矩傳》：

> （裴矩）繈褓而孤，及長，好學，頗愛文藻，有智數。世父讓之謂
> 曰：「觀汝神識，足成才士，欲求宦達，當資幹世之務。」矩由是始
> 留情世事。

裴矩仕於北齊，但其伯父裴讓之的這一番叮囑卻是北朝士人對於個人仕途一致的觀念。這在《顏氏家訓》之《涉務》、《省事》諸篇中亦有類似的表述。裴讓之所言「幹世之務」與裴矩的「頗愛文藻」適成對比，乃是指對人情世故的體認以及實際的理事能力。顯然，裴讓之並不認為僅憑文學才華就可以在仕途上顯達，實際的應世能力的具備也十分重要。裴氏自為北朝大族，裴讓之的這番言論卻讓我們看到，北朝士族雖然與政治有著天然的結合，士族之人在仕宦上也有著顯而易見的優勢，但他們與政治體系之間的關係仍是一副頗為複雜的狀況，他們在仕途上的進展也需要個人實際的運作。當然，我們在此不擬將整個北朝納入考察範圍，而是從這一初步的認識出發，對北魏漢族士人的政治屬性予以討論。

　　北魏漢族士人的政治屬性的首要表現則是與官僚體系的聯繫，亦即擁有官職。唐長孺先生在討論魏晉南朝的士族之時曾指出士人是一種社會政治身份，擁有免役和蔭庇的特權，而要保證這種身份和特權，擔任有出身的起家官則是一個起碼的條件。〔註42〕可見，士人雖以其社會屬性獨立於政權之外，但國家賦予的政治權力對其身份的顯現和維持同樣具有不可輕視的影響。這種情況置於北魏社會則更加明顯。北魏前期的政治雖以代北集團的胡族勢力為主導，但漢族士人仍然主要通過任職於中央和地方各級政府以獲得拓跋氏的認同，官職至少成為其士人身份的標識之一。隨著北魏政權政治轉型的展開，官職的重要性日漸凸顯。孝文帝時由官方主持的定姓族的過程中，官職無疑成了衡量士族身份及其門第高低的唯一標準。如此一來，漢族士人要想獲得並維持其士族身份，擔任相應的官職就成了必要條件。李安世之子李謐，經學精通，數辭徵召，隱居不仕，但時人對其的看法卻值得留意。《魏書》卷九〇《逸士·李謐傳》：「（李）謐嘗詣故太常卿劉芳推問音義，語及中代興廢之由，芳乃歎曰：『君若遇高祖，侍中、太常非僕有也。』」李謐雖未仕宦，但劉芳仍以侍中、太常擬之，加上中央及地方各級政府的多次徵舉，這無疑揭示出士人與擔任職官之間在人

〔註42〕唐長孺：《士人蔭族特權和士族隊伍的擴大》，收入氏著《魏晉南北朝史論拾遺》，中華書局，1983年，第64～78頁。

們的心目中往往是具有密切的聯繫的。〔註43〕

士人所獲得的官位對他們的意義，借用川勝義雄先生的話，就是「由政治權利保障的一種身份上的高貴性」。〔註44〕這種對身份的保持就不僅是政治上的，同時也牽涉到其社會地位。不僅是獲得職官，職官的清濁劇閑往往也是士人在意之事。宣武帝時，明亮被授予勇武將軍，對此他頗為不滿，上書請求改授：「臣本官常侍，是第三清。今授臣勇武，其號至濁。且文武又殊，請更改授。」〔註45〕明亮的這一請求及其理由一齊遭到宣武帝的駁斥，宣武帝並認為這種清濁觀念只是明亮的一己之偏見。〔註46〕不管從哪一種角度出發，都可以顯示出明亮藉由職官來保持和彰顯自身地位的意圖。又如袁翻，歷仕漸顯，最後官至安南將軍、度支尚書，上表願以官、號換為金紫光祿大夫，「時天下多事，翻雖外請閑秩，而內有求進之心，識者怪之。」〔註47〕時人所奇怪之處是他反逆眾願，雖居實權之職，卻要求轉任閑位。然而，金紫光祿大夫品高於尚書，則袁翻更在意的是職位品級的高低。職權繫於職官，官職的遷轉會造成權力的失去，所以職權對於個人而言實際上並不穩定。官品則是相對穩定的，其品級的上升也是一較為固定的趨勢，所以袁翻才會亟亟於官品的上升，因為這也意味著其地位的上升。

士人即與官僚體系有密切的聯繫，而仕宦顯然又與其門第相連。我們首先來看郭祚的例子。《魏書》卷六四《郭祚傳》：

> 太和以前，朝法尤峻，貴臣蹉跌，便致誅夷。李沖之用事也，欽（郭）祚識幹，薦為左丞，又兼黃門。意便滿足，每以孤門往經崔氏之禍，常慮危亡，苦自陳挹，辭色懇然，發於誠至。沖謂之曰：「人生有運，非可避也，但當明白當官，何所顧畏。」自是積二十餘年，位秩隆

〔註43〕徐沖考察了漢魏南朝王朝統治秩序與處士之間關係的變遷，他認為兩晉南朝時期隱逸之士已為國家統治秩序所包容，並成為王朝正當價值得以實現的必要條件之一。這對於我們認識李謐的身份性質同樣具有借鑒價值。參看徐沖：《「漢魏革命」再研究》，北京大學博士研究生學位論文，2008 年 6 月，第 65～77 頁。

〔註44〕川勝義雄：《六朝貴族制社會研究》，上海古籍出版社，2007 年，第 4 頁。

〔註45〕《魏書》卷八八《良吏·明亮傳》，第 1904 頁。

〔註46〕宣武帝駁斥明亮的文武清濁的觀念，論者也基本上是宣武而非明亮，因為宣武帝的論說實際上代表了北魏的清濁觀念。參看閻步克：《品位與職位》，第 551～559 頁；陶新華：《北魏孝文帝以後北朝官僚制度研究》，巴蜀書社，2003 年，第 232～256 頁。

〔註47〕《魏書》卷六九《袁翻傳》，第 1544 頁。

重，而進趨之心更復不息。又以東宮師傅之資，列辭尚書，志在封
侯、儀同之位，尚書令、任城王澄爲之奏聞。及爲征西、雍州，雖
喜於外撫，尚以府號不優，心望加大，執政者頗怪之。

郭祚之父曾與崔浩聯姻，也正因爲如此，太原郭氏爲崔浩國史之獄所牽連，
政治上受到嚴重摧殘。就郭祚而言，從旁人的視角來看，這種政治陰影對郭
祚產生了巨大的影響，所以在仕途上郭祚一直保持低調退讓的姿態。然而，
隨著仕宦的逐漸顯赫，郭祚卻一改先前的作風，轉而積極營求官爵，這便難
以爲人所理解。但我們若仔細考察郭祚從政的經歷，則不難發現，郭祚以其
才幹一直爲孝文帝和宣武帝所信用，這是重要的政治資本。另外，北魏後期
的門閥政治也爲郭祚改變姿態提供了條件，郭祚本以太原高門自居。這樣兩
方面的因素就使得郭祚之政治、社會地位得到了提高，先前留存於心的政治
陰影也逐漸升褪，他轉而更加在意其官位的升進。漢族士人的仕宦與其政
治、社會地位的形成和升進密切相關，而上引《郭祚傳》中「執政者頗怪之」
則無非是史家的春秋筆法。其實，像郭祚這種將仕宦與門第聯繫起來的現
象，既是政策所許，也是士人賴以博取高官顯爵的資本，所以士人往仕對此
非常在意。《魏書》卷七一《裴叔業傳附裴植傳》：「（裴）植性非柱石，所爲
無恒。兗州還也，表請解官，隱於嵩山，世宗不許，深以爲怪。然公私集論，
自言人門不後王肅，怏怏朝廷處之不高。」裴植與王肅同爲南朝降人，從門
第上而言也相差無幾，但二者政治上的際遇卻顯見差距。北魏政府不能根據
裴植的門第給以相應的政治待遇，裴植遂以辭官表示不滿。又《魏書》卷六
二《李彪傳》：「郭祚爲吏部，（李）彪爲子志求官，祚仍以舊第處之。彪以
位經常伯，又兼尚書，謂祚應以貴遊拔之，深用忿怨，形於言色，時論以此
譏祚。」李彪本身確爲寒人，但在世人眼中，仕宦漸顯的李彪在門第上已經
有了實質性的提高。但主持吏部的郭祚卻沒能按照門蔭原則授予李彪之子相
應職官，郭祚的做法顯然不符合國家的相關政策。可見，漢族士人的門第是
其仕宦之資，而其宦途又要與其門第相應，門第與仕宦遂具有了相互影響的
關係。

　　士族是一個群體性的概念。東漢末年活躍於政治上的名士，有的成了魏晉
顯貴並因而有了士族身份，但也有名士後人寂寞無聞者。成爲名士並不意味著
其家族就能在政治上自動地躋身士族行列。一則名士身份的獲得主要來自鄉里
社會的評論，這種社會威望的獲得並不等於政治上的地位的確立。一則即便是

士人個人能夠獲得政治上的榮耀，但家族地位的持續卻需要家族成員在社會上、政治上的共同經營。對於北魏社會而言，儘管對於門第的規定有著國家權力的認定和保障，門第士族的政治地位也較爲穩定，但就士人個體言之，其仕途的進展卻因人而異。門第雖然是士人顯赫的政治生涯得以實現的因素之一，但士人自身幹達世務，精心經營也同樣重要。《魏書》卷五八《楊播傳附楊侃傳》：「時（楊）播一門，貴滿朝廷，兒侄早通，而侃獨不交遊，公卿罕有識者。親朋勸其出仕，侃曰：『苟有良田，何憂晚歲，但恨無才具耳。』」楊侃爲楊播之子，若藉家門聲望提早入仕顯然是十分便利之事，而且這確實也是其家族成員的共同意願，但楊侃卻以才能尚缺予以拒絕。史家如此描寫當然意在稱讚楊侃。我們從楊侃的例子中也能看到，交結公卿，早揚聲名，這是漢族士人能夠進入仕途並早獲拔擢的重要條件。《魏書》卷六六《崔亮傳》：

> 及慕容白曜之平三齊，（崔亮）內徙桑乾，爲平齊民。時年十歲，常依季父幼孫，居家貧，傭書自業。時隴西李沖當朝任事，亮從兄光往依之，謂亮曰：「安能久事筆硯，而不往託李氏也？彼家饒書，因可得學。」

崔亮和崔光後來俱成顯宦。但作爲平齊民，他們在入仕之初卻是困難重重，而依託李沖卻使得他們很快獲得了進入仕途的機會。〔註48〕崔光所言也道出了他們希望改變現狀的意圖。《魏書》卷六○《韓麒麟傳附韓子熙傳》：「（韓子熙）少自修整，頗有學識。弱冠，未能自通，侍中崔光舉子熙爲清河王懌常侍，遷郎中令。」韓子熙入仕前的政治、社會狀況要強於崔亮，但他也要通過公卿的舉薦才能獲得出身。顯然，交結或依託當權人物，在漢族士人經營仕途方面確實具有重要意義。比如甄琛，他本人就善於交結當朝權貴並爲家人經營仕途，他結交宣武帝時寵臣趙修，「琛父凝爲中散大夫，弟僧林爲本州別駕，皆託脩申達。」〔註49〕漢族士人遊走公卿之門，依託當權者以求自己以及家族成員的宦達，在北魏社會實是頗爲普遍之事。又如平恒：

> （平）恒三子，並不率父業，好酒自棄。恒常忿其世衰，植杖巡舍側崗而哭，不爲營事婚宦，任意官娶，故仕聘濁碎，不得及其門流。

〔註48〕 崔光和崔亮夠依附李沖，這是遷徙而來的平齊民當中常見的現象，即通過親
　　　　緣、地緣等關係依託朝中顯貴以擺脫不利的處境。崔光和崔亮能夠依附李沖，
　　　　這又緣於崔光在鄉之時與李沖從叔李衍結成婚姻關係的原因。參看《魏書》
　　　　卷九一《術藝・蔣少游傳》，第 1971～1972 頁。
〔註49〕 《魏書》卷六八《甄琛傳》，第 1512 頁。

> 恒婦弟鄧宗慶及外生孫玄明等每以爲言。恒曰：「此輩會是衰頓，何
> 煩勞我！」〔註50〕

平恒爲北魏前期人士。就其門第和仕宦而言，平氏既稱不上魏晉舊族，也不能算作當世高門。但是，從此處行文來看，對於仕宦的追求並無門第上的嚴格限制，〔註51〕而仕宦和婚姻的狀況又與門第的維繫密切相關。平恒不願爲諸子經營婚宦，其親友則對他這種想法極力勸阻，這又從一個側面反映了士人對於婚宦的重視。

　　上述對漢族士人經營仕途的描述應該說還是屬於一種外部的觀察。如果我們深入士人群體內部，則以下一種現象就不能忽視。《北齊書》卷二二《盧文偉傳附盧勇傳》：

> （盧）勇初從兄景裕俱在學，其叔同稱之曰：「白頭（盧景裕）必以
> 文通，季禮（盧勇）當以武達，興吾門在二子也。」

盧同爲盧景裕和盧勇之叔。盧同對盧景裕二人的期許則是從維持家族榮耀的角度出發的。無論「以文通」還是「以武達」，就北魏的實際情況而言，其具體的實現過程都只能通過仕途上的通達、政治上的升進展現出來。盧景裕、盧勇二人一文一武，都獲得盧同的讚賞，並沒有鄙視其中任何一途，這又顯示出北魏士人在仕宦經營上的務實態度。〔註52〕漢族士人對家族中尙未入仕的才俊的稱許比較常見。《魏書》卷八二《李琰之傳》：「（李琰之）早有盛名，時人號曰神童。從父司空沖雅所歎異，每曰：『興吾宗者，其此兒乎？』恒資給所須，愛同己子。」如同盧景裕兄弟，李琰之爲其從父賞識，其興宗之途同樣也不脫仕宦。這種觀念其實自北魏前期就已出現。如太武帝稱讚李孝伯一事。《魏書》卷五三《李孝伯傳》：「（李孝伯）少傳父業，博綜群言。

〔註50〕《魏書》卷八四《儒林‧平恒傳》，第 1845 頁。

〔註51〕侯旭東先生即指出北朝社會普通民眾對於官號爵位的追求是一種普遍的現象，儘管獲得朝廷封授的官職、爵位並不意味著他們實掌其權，但他們看重的是國家封授所蘊含的榮耀，他們甚至不關心究竟是由哪一個政府進行的封授。參看侯旭東：《北朝村民的生活世界》，商務印書館，2005 年，第 355～369 頁。北魏普通民眾對官爵名號的追求雖然與士人的仕途經營不可同日而語，但這種追求官位的共通性無疑也有助於我們理解漢族士人求官心態。

〔註52〕文武才幹同等重視其實是北魏社會一般家族通行的觀念，《魏書》卷七○《傅豎眼傳》所載傅豎眼祖父托夢言志，以其三子或擅長弓馬、或能解文書，「意謂三子文武才幹，堪以駕馭當世」，即可說明北魏漢人家族在仕宦經營中所包涵的整體規劃的意識。

美風儀，動有法度。從兄順言之於世祖，徵爲中散，世祖見而異之，謂順曰：
『眞卿家千里駒也。』」李孝伯千里駒之譽雖出自太武帝之口，但其對李孝
伯的讚譽無疑是對其將來仕途的一種積極的預期。又如盧崇，「少立美名，
有識者許之以遠大」〔註 53〕；裴夙，「儀望甚偉，高祖見而異之。自司空主
簿，轉尚書左主客郎中。時吏部尚書、任城王澄有知人鑒，每歎美夙，以遠
大許之」〔註 54〕。盧崇、裴夙被許之以遠大，這同樣是旁人對其將來作爲的
一種預期，其情形則無異於前述盧同、李沖諸人。以「千里駒」爲喻來對族
中才俊將來的仕途進行預期則在北魏漢族士人當中經常見到。〔註 55〕如孝文
帝稱讚隴西李伯尙以及宋弁、袁翻稱許其弟袁躍、崔孝芬稱讚其弟子崔昂，
〔註 56〕都是漢族士人希望通過個人以及家族成員的仕宦來維持門第的理念
與實踐的自然反應。可以看出，漢族士人重視通過仕宦來維持自身以及家族
的社會政治地位。對家族子弟中的優異者予以關注和期許，則又是希望通過
子弟在政治上的進一步的作爲來振興家族，維持其士族地位的不墜。

　　以上論述中，我們試圖從三個方面分析北魏漢族士人的特點，即其文化
性、社會性和政治性。漢族士人在文化修養上仍以儒家經典爲主要研習對
象，但由於中古學術發展及政治變遷的影響，漢族士人的知識結構也出現了
以儒家經義爲中心的知識水準的多層次、知識構成的多元化的變遷。在日常
生活和處世應對的過程當中，漢族士人注重禮儀規範，注重依照儒家倫理操
持家業和維持鄉里秩序，形成了獨具特點的「士大夫行業」。漢族士人與政
治也存在密切的關係，當然，在北魏社會特殊的政治生態中，漢族士人與政
治的關係則經歷了一個逐漸密切的過程。職官是漢族士人政治屬性的重要標
識，職官因其門第而授，門第也因其職官而變化。因此，漢族士人對於職官
的營求也頗爲積極。通過以上的分析，我們則可以對我們的研究對象做一個
最終的界定。韓昇先生在一篇討論周隋嬗替的文章中對北周官員進行了分
類，他將其分爲依靠軍功的關隴軍將、具有軍事色彩的職事官以及「知識官
員」三類，其中他對「知識官員」的定義爲「以文化見重，主要從事文職的

〔註 53〕　《魏書》卷四七《盧玄傳附盧溥傳》，第 1063 頁。

〔註 54〕　《魏書》卷六九《裴延儁傳附裴夙傳》，第 1530 頁。

〔註 55〕　相關的研究亦表明稱揚家族才俊子弟實爲魏晉南北朝常見的現象。參看方碧玉：
　　　　　《東晉南朝世族家庭教育研究》，花木蘭文化出版社，2009 年，第 33～59 頁。

〔註 56〕　分見《魏書》卷三九《李寶傳附李伯尙傳》、卷六三《宋弁傳》、卷八五《袁
　　　　　躍傳》，第 893、1414、1870 頁；《北齊書》卷三○《崔昂傳》，第 410 頁。

官員」。〔註57〕從我們上述分析中也可以看出，北魏時期的漢族士人與韓昇先生所指稱的「知識官員」頗爲接近，所以我們仍將本文所研究的對象界定爲北魏政府中擁有一定文化知識且以擔任文職爲主的各級漢族官員。

第二節　北魏政權中漢族士人的群體構成

　　中古社會是一個注重門第的社會。門第決定個人的社會地位和政治地位，這在官僚體系當中更是如此。北魏政權雖然帶有胡族政治傳統的因素，但也最終未能擺脫漢族社會政治的影響，不僅通過制定具體的規則形成制度化的門閥政治，同時也通過分定姓族等措施在胡族社會也進行了門第化進程。〔註58〕如果僅就漢族士人的個體方面而言，他們具有良好的文化修養，在北魏政權中擁有一定的官位，這些也是每個漢族士人頗爲一致的地方。但北魏的官僚體制將門第因素納入其對漢族士人的考銓當中，這就使得漢族士人個體基於門第的差別而形成了不同的等級。北魏政權中漢族士人的群體構成也就形成了等級化的特點。

　　毛漢光先生曾對中古士族進行了詳盡的統計分析。他將魏晉南北朝的社會階層分爲士族、小姓和寒素三個階層，其中士族是指三世中官居五品以上者以及史書中明稱大族者，寒素則指素士、農、工、商、兵、其他半自由民及非自由民如奴婢、門客等，小姓則是介於士族和寒素之間的群體，諸如縣姓、地方豪族等。〔註59〕儘管毛先生所採取的數量統計的方法所得出的結論受到過質疑，〔註60〕但相對而言，毛先生的這一分層標準仍然能夠使我們對中古士族的階層構成形成較爲清晰的認識。北魏時期政權中漢族士人的階層構成也大體上符合毛先生所確定的分等標準。不論是胡族政治因素還十分強勢的北魏前期，還是基本上實行漢制的北魏後期，漢族士人也大體上包括了從高門士族到寒素士人的各個階層。

　　由於資料的限制，對於北魏時期政權中的漢族士人的群體構成自然難以

〔註57〕韓昇：《周隋嬗替中的知識官員及至唐初立國理念的演變》，載《文史》第86輯，2009年，第112頁。

〔註58〕關於北魏胡族的分定姓族，可參看淩文超：《四大中正與分定姓族》，載《文史》第83輯，中華書局，2008年，第105～114頁。

〔註59〕毛漢光：《兩晉南北朝士族政治之研究》。

〔註60〕參看韓昇：《中古社會史研究的數理統計與士族問題》，載《復旦大學學報》2003年第5期。

進行量化的分析，我們在此只能根據文獻中相關的記載來對其群體結構進行
大致的勾勒。

首先，漢族士人群體的階層化與其自身的門第地位關係密切。就文化一
方面而言，漢族士人有其共同的性質，對文化的追求、對知識和學問的鑽研
使他們能夠獲得社會認同，並以此進入政權，獲得政治上的發展。然而，在
門閥政治依然盛行的北魏社會，政權中的漢族士人在政治上的發展又受到其
門第出身的影響，或因門第高貴而仕宦顯赫，或因出身寒微而難以升進，這
便構成一種以門第為基礎的階層化特點。至於門第的劃分，則主要是通過建
立九品中正制的辦法，由熟悉各地門第、人物的中正予以具體操作。北魏前
期，門第的評定依據魏晉舊籍，到孝文帝以後，門第評定更以入魏官爵為主
要依據，並予以明確的制度化。〔註61〕門第評定在確定士族等級之時，也確
定了他們在政權中的官爵地位。孝明帝時，清河王元懌在一份奏章中提到：

> 孝文帝制，出身之人，本以門品高下有恆，若準資蔭，自公卿令僕
> 之子，甲乙丙丁之族，上則散騎秘著，下逮御史長兼，皆條例昭然，
> 文無虧沒。〔註62〕

這份奏章明確指出士人的起家之官以其門第為準，不同等級的門第士人獲得
起家官的品級、清濁是頗有差別的。元懌所言雖然是孝文帝改制以後之事，
但孝文帝以前漢族士人的起家當也大體遵循與此相同的原則。起家官在漢族
士人的仕宦生涯中意義重大，這不僅是北魏國家對其門第的肯定，在門閥政
治的背景下，這同樣也會影響到他們日後仕途上的發展。門第既然與士人的
政治利益相聯繫，那作為集中體現他們政治利益的官職就不能簡單視之。起
家官依門第而授，它也反過來初步確定了漢族士人在政權中的政治地位。進
一步言之，門第的高低影響到漢族士人的仕宦，而漢族士人獲得的官職又體
現其門第地位，北魏政權中的漢族士人的群體結構就形成了以門第為基礎、
以官職為表徵的階層化特點。

其次，不同門第等級的漢族士人在政治上的發展也不一樣。漢族士人在
政治上的發展差別可以從兩個方面進行觀察。一方面，漢族士人在仕途上的
升進速度不同。高門士人不僅起家官優顯，他們在職官的遷轉、官品的累進
上保持著較快的速度，寒門士人則很難享受到這種政治上的便利。如劉桃符

〔註61〕參看唐長孺：《論北魏孝文帝定姓族》。
〔註62〕杜佑：《通典》卷一六《選舉四·雜議論上》，中華書局，1984年。

爲中書舍人，十年不遷職〔註63〕；常景爲門下錄事，「淹滯門下數歲，不至顯官」〔註64〕。另一方面，漢族士人在仕途上所能達到的最高職官也存在明顯的階層性。在國家相關政治制度的規定下，高門士人能夠將其門第優勢轉化爲政治優勢，同時，他們也能有效利用各種政治資源，從而使自己能夠位居高顯，擁有較大的政治權勢。《魏書》卷五三《李孝伯傳附李安世傳》：

> 興安二年，高宗引見侍郎、博士之子，簡其秀俊者欲爲中書學生。（李）安世年十一，高宗見其尚小，引問之。安世陳說父祖，甚有次第，即以爲學生。高宗每幸國學，恒獨被引問。詔曰：「汝但守此至大，不慮不富貴。」

李安世出自趙郡李氏，本是漢族高門。文成帝對李安世許以富貴，這不僅是因爲他機敏善對，其門第出身自然也是重要原因；文成帝的許諾也不能作爲針對李安世的個別事例看待，結合李安世的門第出身，我們可以將其看做漢族高門士人政治發展的典型代表。我們在以後的研究當中也能看到，北魏中央高級文官也大體上爲高門士人所佔據。〔註65〕就原則上而言，寒門士人也可憑藉其學識才能而致身通顯，但我們必須看到，門第意識已經融入北魏的日常政治運作當中，寒門士人因爲難以獲得掌控政治資源的高門士人的認同，他們在仕途上的發展自然受到限制。總之，北魏政權中的漢族士人以門第和官職區分其等級層次，而他們在仕途上的發展也使得門第高低與官職形成正相關的關係，即高級官職大體由高門士人擔任，而寒門士人獲得的官職和政治權勢則相應地降低。顯然，不同門第的漢族士人在政治上的不同發展又進一步鞏固了這種層級化的結構特徵。

最後，從漢族士人的入仕情況來看，門第士人在選舉過程當中一直頗佔優勢，這樣一種狀況就使得政權中的漢族士人雖然能夠包括各個階層，但大體上則以門第士人占主要部分。閻步克先生從察舉一途入手考察北魏士人的入仕情況，他的研究中即指出，以秀才和學校二途入仕的士人當中，漢族姓族子弟要占大多數，這也充分體現了北魏察舉制度的特權性、士族化色彩的

〔註63〕《魏書》卷七九《劉桃符傳》，第 1757 頁。

〔註64〕《魏書》卷八二《常景傳》，第 1802 頁。

〔註65〕閻步克先生考察北魏的察舉制度，他指出北魏門第士人大多通過秀才、學校二途入仕，通過秀才、學校二途入仕者大體上仕宦顯赫，他們在北魏後期以及東魏北齊、西魏北周的中高級官吏當中要占重要的比重。參看氏著：《察舉制度變遷史稿》，第 259～265 頁。

濃重。〔註 66〕察舉制度成了漢族門第士人入仕的重要途徑，這也由孝文帝延興二年（472 年）六月的一道詔書得到體現。《魏書》卷七《高祖紀》：

> （延興二年六月）丙申，詔曰：「頃者州郡選貢，多不以實，碩人所以窮處幽仄，鄙夫所以超分妄進，豈所謂旌賢樹德者也。今年貢舉，尤爲猥濫。自今所遣，皆門盡州郡之高，才極鄉閭之選。」

「門盡州郡之高，才極鄉閭之選」的政策既是對北魏前期漢族士人漸漸恢復和發展的門第政治的認可和延續，也爲北魏後期的選舉制度與門閥制度的結合奠定了基礎。北魏後期，不光察舉制度偏向於門第士人，門第士人還能通過門蔭制度進入官僚體系，這是門第低微的寒門士人所無法企及的。如此一來，在推行門閥政治的北魏社會，門第士人在選舉上頗具優勢，他們進入仕途的路徑更爲寬廣和便利，這也使他們能夠在人數上占到較大的比重。

楊舒之墓誌記載了他成爲太尉府僚佐的經過：「永平初載，望府啓建，僚佐之選，妙盡時英。以君爲伏波將軍，參太尉高陽王府事。」〔註 67〕此之高陽王當指元雍，永平年間他正爲太尉。〔註 68〕楊舒出身弘農楊氏，他能夠成爲太尉府佐原因多多，但其門第背景自然是國家選置太尉僚佐時需要考慮的因素之一。如果我們再考察一下李遵爲相州軍府僚佐的經過，則北魏國家在選舉官僚時重視門第出身的事實便更爲清晰。據李遵的墓誌所載：「高陽王，帝之季弟，作鎮鄴都，傍督鄰壤。望府綱僚，皆盡英胄。君首充其選，爲行參軍署法曹。處煩綿載，匡弼唯明，滯理斯通，吏無停業。」〔註 69〕此處之高陽王同樣是指元雍，他於太和十九年至二十三年出牧相州。〔註 70〕元雍所選置的相州府佐「皆盡英胄」，這同樣也是將門第作爲重要標準了。李遵出身隴西李氏，其家族背景自然也符合相州府佐的選置標準。以上楊舒和李遵的墓誌在敘其爲公府/州府僚佐之時都強調他們因其門第而獲選任，這一方面是對當時的門第觀念的一種實際反映，另一方面這也透露出高門士人在中央和地方的官僚體系中頗佔優勢，他們也因此把持了從中央到地方各級政權中的

〔註 66〕 參看閻步克：《察舉制度變遷史稿》，第 259～265 頁。

〔註 67〕 參看趙超：《漢魏南北朝墓誌彙編》，天津古籍出版社，2008 年，第 95 頁。

〔註 68〕 萬斯同：《魏將相大臣年表》，中華書局，《二十五史補編》本，1955 年，第 4511 頁。

〔註 69〕 參看趙超：《漢魏南北朝墓誌彙編》，第 164 頁。

〔註 70〕 參看吳廷燮：《元魏方鎮年表》，中華書局，《二十五史補編》本，1955 年，第 4589 頁。

重要職位。更進一步言之，這也從實際的案例中體現了北魏國家政權中漢族士人當中以高門士人佔據多數的結構特徵。

我們還需要注意的是，北魏政權中漢族士人的這種群體結構及其相關特徵的形成，既受到國家政策的影響，同時漢族士人也努力維護和聲張門第觀念，這是漢族士人的層級化特徵得以形成的政治和社會背景。

北魏前期漢族士人整體政治地位頗受限制，所以他們之間的階層區分還不是特別明顯。北魏後期的門閥政治當中，漢族士人的社會政治地位有了顯著提高，門第在社會生活和官僚體系當中的作用越來越大，這也就使得先前隱而不顯的士人群體的階層區分通過制度、仕宦、婚姻、文化以及社會交往等途徑而頗為明顯。士人群體當中既有出身一流大族如清河崔氏、太原王氏、隴西李氏等家族者。他們基本上穩居北魏漢族士人所能達到的政治最高位，如崔浩、李沖、崔光、崔亮等人。他們是中央高級文官的主要擔任者，在婚姻和社會交往上也自成一體，並因此而形成中央化的士族圈。高門士人之下的則是社會政治地位較次的漢族士人，他們在仕宦上的狀況則要遜於高門士人。相應地，其婚姻和社會交往的層次和範圍也更多的具有地域性的色彩。北魏政權中的漢族士人的最下層則是被目為寒人的階層，他們沒有門第上的優勢，能夠進入北魏政權的原因則更多的是因為他們的文才。《北史》卷三四《高閭傳》：

> （高）閭早孤，少好學，博綜經史，下筆成章。少為車子，送租至平城，修刺詣崔浩。浩與語奇之，使為謝中書監表。明日，浩歷租車過，駐馬呼閭，諸車子皆驚。閭本名驢，浩乃改為閭，而字焉，由是知名。

關於高閭入仕之前的記載，《北史》要詳於《魏書》。我們從上面這一段記載中也可以判斷高閭的出身當屬寒素之列。從他本名為「驢」、少年為車子等信息中，我們可以看出，這說明他至少是一般平民，他之所以能夠得到崔浩的賞識也完全是因為他的文學才華。高閭後來位至中書監，這對於寒素出身的士人而言已屬特例。以上三個層次的漢族士人當中，前兩個階層的漢族士人雖有門第之別，但仍可視作士族內部的等級劃分，他們是北魏政權中漢族士人的主要組成部分。寒素士人進入北魏政權的路徑既窄，他們所占的比例相應就偏小。

北魏漢族士人的階層區分主要與其政治相聯繫，因而北魏國家的相關政策就是造成這一層級化的主要原因。當然，北魏國家對士人的階層區分並不是其首創，這也是沿襲魏晉以來的政治傳統。魏晉時期門閥政治以及區分門第高下、

品評士人等級的九品中正制得以形成，它們也並不因爲西晉政權的垮臺而消失。門閥政治下的漢族士族已經成了社會政治的核心，即便是隨後社會動盪的十六國時期，各胡族也得仰仗漢族士人的力量以維護其統治，所以門閥政治與九品中正制度在不少胡族政權當中仍得實行。比如後趙政權就曾先後以五品、九品典定士族，以區分漢族士人門第高下並依此加以任用。〔註71〕顯然，魏晉門閥政治的傳統在十六國時期得到一定程度的恢復和延續，這也爲北魏國家區分士人等級、推行門閥政治奠定了社會和制度基礎。北魏前期大體上也以州郡爲單位設立中正一職，以之品定士人及其門第。獻文帝時詔令高允等討論設立地方官學事宜，高允在相應的奏章中對地方官學學生的人選提出了建議：「學生取郡中清望，人行修謹，堪循名教者，先盡高門，次及中第。」〔註72〕高允提議中「先盡高門，次及中第」一句當是以中正所評定的士人門第爲言，這也說明漢族士人之間的層級化的群體結構不僅是一種社會觀念，他也確實落實到了實踐層面。孝文帝改定官制、分定姓族，則更將漢族士人的等級劃分與職官聯繫起來。首先是改定官制。《魏書》卷五九《劉昶傳》：

> 當今之世，仰祖質樸，清濁同流，混齊一等，君子小人，名品無別，
> 此殊爲不可。我今八族以上，士人品第有九，九品之外，小人之官，
> 復有七等。

這是孝文帝於太和十九年大選百官之時所說的一番話，其中也清楚地表明了要以官職區分士人等級的意圖。士人依其門第等級獲得相應官職，而官職之流內流外與清濁之分又反過來證明士人等級的高下。至於分定姓族，孝文帝同樣依據官職來確定士族門第等級，並首次將門第等級的評定行諸條文，從而形成制度化的門第制度。這就使得漢族士人，包括高門士人和小姓士人的層級化有了更爲清晰的形式。《隋書》卷三三《經籍志二》：「後魏遷洛，……其中國士人，則第其門閥，有四海大姓、郡姓、州姓、縣姓。」此處所言則更具體地描述了漢族士人基於門第劃分的等級結構。北魏後期，漢族士人的等級結構依然得到各種政策的強化，如宣武帝永平二年制定的五等諸侯選式，〔註73〕這些措施保證了門第士人在北魏政權中漢族士人的主體地位，而那些寒素士人則只能通過文學才能等進入仕途。即便如此，他們在仕途上的

〔註71〕 參看張旭華：《九品中正制略論稿》，中州古籍出版社，2004 年，第 247～260 頁。
〔註72〕 《魏書》卷四八《高允傳》，第 1078 頁。
〔註73〕 《魏書》卷八《世宗紀》，第 209 頁。

進展也頗為有限。總之，北魏政權中漢族士人的群體構成雖包括各個階層，但由於北魏國家政策的作用，士族成了這一群體的主要組成部分，而地位次下的寒門士人在這一群體當中實居次要地位。

與漢族士人階層劃分相伴的則是階層間的流動性不足。這既有制度上的限制，而士族控制社會政治資源無疑是主要原因。宋德熹先生曾指出唐代柳芳對孝文帝分定姓族的討論有過於形式化和僵化的部分，孝文帝對胡、漢姓族採取了不同的標準，其中對於漢人士族的部分，雖然大體上以三代官閥為評定門第等級的標準，但這一標準實際上並未嚴格遵行。〔註74〕宋先生的這一觀點實際上是對柳芳姓族論的性質予以判斷，我們也並不能由此就推定北魏漢族士人不重門第等級。儘管也有學者提出中古士族內部存在著巨大的流動性，〔註75〕但我們還是應該看到，士族的門第等級不僅是政治制度予以規定和維護的，他也深深地融入人們的日常生活中。士人個體或其家族的門第評定無處不在。門第的上升或下降需要長時間的積累才能出現，所以我們雖然不應完全否定士族內部存在一定的流動性，但也不能將其過於放大。毛漢光先生的研究亦表明，士族內部這種等級差別依然十分明顯，即使到了唐代，統治階層當中仍以高門士族佔據主要成分，這與南北朝社會並無多大差別，其他小姓和寒素之間與南北朝相比僅呈現極少的流動性。〔註76〕

士人之社會、政治地位因門第而區分高下，門第的觀念在北魏時期便根深蒂固。尤其是孝文帝分定姓族之後，門第的高低更與其政治利益形成緊密的聯繫，注重門第的區分無疑就更具現實意義。北魏國家的官僚體系雖以吸納門閥士族為主，但我們也要看到，北魏國家在中央和地方等不同層面對於門第不高的士人同樣也有不同程度的吸收。當然，官僚群體中這種包含不同層次的漢族士人的格局卻並不能消泯人們觀念上的隔閡。《魏書》卷六二《李彪傳》：

> （李）彪雖與宋弁結管鮑之交，弁為大中正，與高祖私議，猶以寒地處之，殊不欲微相優假。彪亦知之，不以為恨。及弁卒，彪痛之無已，為之哀誄，備盡辛酸。郭祚為吏部，彪為子志求官，祚仍以舊第處之。彪以位經常伯，又兼尚書，謂祚應以貴遊拔之，深用忿

〔註74〕參看宋德熹：《北魏姓族分定初探》，收入陶希聖先生九秩榮慶祝壽論文集編輯委員會編：《國史釋論》，食貨出版社，1987年，第43～54頁。

〔註75〕參看范兆飛：《魏晉之際的黨派分野與士族升降》，《復旦學報》2009年第5期。

〔註76〕參看毛漢光：《唐代統治階層的社會變動》，臺灣政治大學高級研究生畢業論文，1968年，吉林大學圖書館藏油印本，第35～43頁。

怨，形於言色，時論以此譏祚。祚每曰：「爾與義和（宋弁）志交，豈能饒爾，而怨我乎？」

李彪以一介寒士而漸獲優賞，由中書教學博士起家，最後升至御史中尉，並兼度支尚書。若按照任官級別來品定其門第，則李彪也應當居於「貴遊」之列，但事實並非如此。對於李彪門第首先存有成見的是宋弁。《魏書》卷六三《宋弁傳》：「（宋）弁與李彪州里，迭相祗好。彪為秘書丞，弁自中散彪請為著作佐郎。」由於同為相州人士，地域情結使得李彪與宋弁之間關係良好，在仕宦上也有相互援舉之事，但這種良好的私人關係卻並不能使李彪獲益。宋弁在孝文帝時曾主持「定四海士族」〔註 77〕之事，上引材料中所謂宋弁對於李彪「猶以寒地處之，殊不欲微相優假」，當即針對此事而言。可見，士人之間的門第之見殊為堅深。郭祚主持吏部之時仍舊排抑李彪，如果按照郭祚的解釋，則李彪不能獲得門第上的上升乃是因為他與宋弁交好的關係。但我們同時也應該看到，郭祚本人同樣也是以魏晉舊門自視，〔註 78〕其深厚的門第意識同樣不利於李彪政治地位的上升，郭祚排抑李彪就不僅僅是因為他與宋弁之間的衝突所致。〔註 79〕應該說，李彪的例子頗為全面地說明了北魏時期的門第結構及其特點。漢族士人之間的門第劃分有著較為清晰的層級結構，門第觀念也影響到他們的現實的政治運作。其次，促成門第形成的因素很多，但不管怎樣，士人的門第一旦獲得社會的認同，其地位就難以改變。高門士族能夠長久維持其政治、社會優勢自不必說，而門第較低的士人要想改變現狀，獲得政治、社會地位上的上升也頗為困難。

李彪的遭遇並非僅見。北魏時期的士人借助門閥政治實現其自身的政治利益，他們也尤為注意保持自身在士族內部的地位。《魏書》卷七二《賈思伯傳附賈思同傳》：「初，（賈）思同之為（青州）別駕也，清河崔光韶先為治中，自恃資地，恥居其下，聞思同還鄉，遂便去職。州里人物為思同恨之。」賈思同係青州齊郡益都人，其家族是為青州豪望。崔光韶是崔亮從父弟，〔註 80〕清河崔

〔註 77〕 《魏書》卷六三《宋弁傳》，第 1514 頁。

〔註 78〕 《魏書》卷六四《郭祚傳》，第 1427 頁。

〔註 79〕 《魏書》卷六三《宋弁傳》：「時大選內外群官，並定四海士族，弁專參銓量之任，事多稱旨。然好言人之陰短，高門大族意所不便者，弁因毀之；……高祖以郭祚晉魏名門，從容謂弁曰：『卿固應推郭祚之門也。』弁笑曰：『臣家未肯推祚。』」宋弁主持士族品定，對於高門大族頗有貶毀，大概郭祚一門亦未幸免，這從孝文帝的言語中可以窺見，故宋弁與郭祚之間的矛盾當因於此。

〔註 80〕 《魏書》卷六六《崔亮傳附崔光韶傳》，第 1482 頁。

氏自是北魏一流士族，其家族地位自在齊郡賈氏之上。治中、別駕同爲郡僚綱紀，但治中居首，崔光韶不願居賈思同之下，也正是因爲其「資地」高於賈思同。崔光韶的離任引發了青州士族的震動，「州里人物爲思同恨之」，賈思同的門第得不到崔光韶的認可應該是他們爲之遺憾的原因所在。因爲門第崇高而不願人居其前之事，我們還可以舉出博陵崔纂。《魏書》卷五七《崔挺傳附崔纂傳》：「熙平初，（崔纂）爲寧遠將軍、廷尉正。……時太原王靜自廷尉監遷少卿，纂恥居其下，乃與靜書，辭氣抑揚，無上下之體。又啓求解任。」王靜當爲被時人目爲恩倖一類的王睿之弟子。〔註81〕王睿一族本身門第不高，雖然居官顯赫，但卻是因時主寵信而偏得賞遇，這種情況本來就爲嚴守士族素業的士人所不齒。比如滎陽鄭儼，他因靈太后寵倖而權勢顯赫，〔註82〕宗室元順就曾指責他：「卿是高門子弟，而爲北宮幸臣，僕射李思沖尚與王洛誠同傳，以此度之，卿亦應繼其卷下。」〔註83〕鄭儼以高門子弟而憑恩倖求進尚不爲士人認可，像王靜這類情況就更不必說。崔纂以位居王靜之下爲恥，一方面是因爲時人對於恩倖者的偏忌，一方面也是以身爲高門子弟而自負。孝明帝時，出身寒微的張普惠被授以尚書右丞一職，他也遇到了與上述賈思同、王靜等人相同的尷尬：

> 尚書諸郎以（張）普惠地寒，不應便居管轄，相與爲約，並欲不復
> 上省，紛紜多日乃息。〔註84〕

張普惠地寒望輕，尚書諸郎對於北魏政府的這一任命以「罷工」相抗，不願屈受張普惠的管轄，其中所包含的門第歧視不言而喻。

　　總之，北魏政權中的漢族士人由門第不同的各層次士人所組成，但在門閥政治的背景下，他們又形成了以門第爲基礎、以官職爲表徵的層級性特點，權力高層由高門士人把持，寒門士人則相對難獲高位，權勢較低。也是因爲門第政治的影響，高門士人掌控著政治資源，他們進入政權以及在政權中的發展具有優勢，因而在任職數量的對比上，高門士人顯然要佔據多數。這種群體結構受到北魏政治的影響，漢族士人對門第觀念的重視和維護也促進了這一群體結構的形成。

〔註81〕《魏書》卷九三《恩倖・王睿傳附王靜傳》，第 1995 頁。
〔註82〕《魏書》卷九三《恩倖・鄭儼傳》，第 2007 頁。
〔註83〕《北史》卷一八《景穆十二王・任城王雲傳附元順傳》，中華書局，1974 年，第 664 頁。
〔註84〕《魏書》卷七八《張普惠傳》，第 1739 頁。

第二章　漢族士人的入仕和起家

　　拓跋氏與中原漢族士人的關係，既不能簡單地以利用與被利用的模式加以規範，也不能過於強調二者之間的合作與利益分配的關係。應該說，隨著拓跋集團對中原地區統治的建立和深入，拓跋政權與掌控中原地方勢力的漢族士人之間的關係也經歷了一個變化的過程。在拓跋集團一面，最初確實是抱著利用的心態來聯結漢族士人，但隨著長期的磨合與互滲，胡、漢雙方在社會觀念、政治理念以及統治實踐等方面漸漸趨於一致。拓跋集團的分化、漢族士人政治地位的上升則使得政治利益的分配因為參與群體的擴大化和複雜化而日益繁雜。對於漢族士人而言，進入官僚體系，擔任各種職官，從實踐層面來影響北魏政治，從而提高自己的政治地位、實現自己的政治利益，這不僅是一種個人動機，也是整個士人群體的共同行動。這也意味著對北魏政治的改造就不僅是一種局部的、偶然的行為，它更多的是一種影響全局並有其發展規律的歷史過程。

　　漢族士人的仕途是一個豐富多彩的進程。就總體而言，他們常常要在各類職官之間遷轉，其所擔任的既有實職官，也有散官；既有中央官，也有地方官。通過兼任、領職、加官等方式，他們往往也是一身而居數職，這不僅形成了種種制度，而且他們也通過這些方式來確定自己的官僚身份和政治地位。一般而言，他們的官品是逐級上升的，官也是越做越大。就具體的個人而言，除開極少數特例外，漢族士人不可能一直擔任中央或地方各級職官，他們的仕宦生涯就是在中央各類職官以及地方各級行政長官及其僚佐之間不斷遷轉。當然，漢族士人的仕途首先是在北魏整體的政治制度體系的背景下展開的，其中自然有其規律可尋。這也是今後我們可以著力探討的問題。我

們此處則首先探討北魏時期漢族士人的起家問題，主要考察其入仕的途徑以及起家官的問題。至於他們以後擔任的具體職官，則在以後的兩章從中央職官和地方職官兩個方面分別進行考察。

在進入具體的分析之前，我們仍需對兩個概念加以說明，即入仕和起家官。

入仕是指通過國家認可的選官管道獲得相應的選官資格並由國家正式任命職官的過程。入仕則意味著官吏獲得了一種身份和權利。瞿同祖先生即指出，對於中國古代的官吏而言，官職是一種身份，是一種權利，官職或因各種原因喪失，但其權利和身份則是永久擁有的。〔註 1〕這種身份和權利的具體內涵則十分豐富，官吏不僅能夠獲得免役、官當以及家屬的蔭任等特權，〔註 2〕他同時也使士人得到社會地位的提升。與本文以下的論述較爲密切的是，一旦完成入仕的程式，則白身士人就成了國家法定的官吏。他們就能按照先行設定的制度安排進行官職的遷轉升降，並隨著官職的升遷增加相應的特權。入仕的概念從兩漢到魏晉南北朝時代則經歷了一個指涉範圍逐漸縮小的過程。兩漢時期，官吏的來源大致分爲中央選舉和郡縣自辟屬吏兩類，而郡縣屬吏與中央選用官吏一樣可以通過功次逐漸升遷，〔註 3〕因而任職郡縣也常常被視作出仕。這也顯示出兩漢時期官、吏的區別還不甚明顯。遲至魏晉南北朝時期，由於門閥社會的興起和士族與官僚體制的緊密結合等因素的影響，官職區分清濁的觀念和流內流外的區別由一種社會習慣逐漸演變成成文的制度。這又進一步促進了官、吏的分途。不能獲得中央任命的職官如北魏的州主簿、郡功曹之類更多的只具有「吏」的性質，也即具體的辦事人員，他們不被納入國家的官僚體系，自然就不能在現有的官僚體系內進行功次的積累和職官的升轉。即便是入了仕，獲得了國家正式職官的身份，其職官的遷轉以及相應的權利還會受到職官清濁、流內流外制度的影響。

起家官即指中央授予士人的首任官職。「起家」一詞漢代即已出現，但多

〔註 1〕 瞿同祖：《中國法律與中國社會》，中華書局，2003 年新 1 版，第 235 頁。

〔註 2〕 對於官吏吏所具有的特權，相關的論述可參看顧江龍：《兩晉南北朝與隋唐官僚特權之比較》，載《史學月刊》2007 年第 12 期；閻步克：《從爵本位到官本位》，三聯書店，2009 年，第 178～203 頁。

〔註 3〕 漢代官吏通過察舉孝廉而獲升遷僅占少數，更多的則是通過功次積累來完成官職的升遷，參看大庭修：《秦漢法制史研究》（林劍鳴等譯），上海人民出版社，1991 年，第 442～457 頁；蔣非非：《漢代功次初探》，載《中國史研究》1997 年第 1 期；卜憲群：《西漢東海郡長吏升遷考述》，載《商丘師專學報》1999 年第 1 期。

半是指因各種原因免官復起的。如漢成帝時陳咸爲東郡太守，「坐爲京兆尹王章所薦，章誅，咸免官。起家復爲南陽太守」；〔註4〕東漢時朱俊爲光祿大夫，「以母喪去官，起家，復爲將作大匠」。〔註5〕當然，漢代也有稱官僚的首任爲起家的，但那還比較少見。遲至魏晉南北朝，起家的概念越來越明確，就是指由中央直接任命或由中外各級行政長官薦舉而經中央正式任命的一種任職形態。魏晉南北朝時期對於官吏的起家也存有大量其他的說法：釋褐、釋巾、解巾、解褐、脫巾、初爲、初除以及出身等，其與「起家」一詞一樣，都是意指官吏由中央授予的首任職官。若以北魏孝文帝官制改革之後的情形言之，起家官即應指首次擔任的流內官。魏晉南北朝時代門閥制度的盛行使得門第出身之人更注重其各方面特殊利益的保持和實現。作爲仕途的起點，起家官對於肯定自身之門第以及以後的仕宦都有重要意義，因而自然引起士人的注意。魏晉南朝門第士人對於起家官的重視向來爲人所熟悉，比如「上車不落則著作，體中何如則秘書」一語是指南朝士人所重視的起家官秘書郎和著作郎。總的說來，南朝士人起家之官以清閒爲主要標準，重視其官之清濁，即要符合並彰顯其門第出身，也有利於其將來仕途的進展。北朝社會在孝文帝以後能夠大體遵行漢制，亦推行門閥制，官制中亦有三清九流的劃分。但由於胡族因素的介入，北朝士人的門第觀念也還有別於南朝的地方，他們更具有務實的精神，這反映在職官的選任上則是北朝士人注重職官的清望和權力的結合。因而，北朝漢族士人擔任的起家官就有不同於南朝的地方。

顯然，對於北魏時期的漢族士人而言，我們可以根據其首任職官是由國家授予還是地方行政長官自辟來確定士人的入仕與否。需要說明的是，北魏前期由於胡族因素的強勢，其職官制度的胡族化色彩仍然十分明顯。在這種境況下，我們雖然也使用入仕、起家官等概念來分析此一時期漢族士人的仕宦，但其職官體系的特殊性使我們並不能在較嚴格的意義上使用這些概念。

第一節　漢族士人的入仕途徑

羅新本先生在一篇討論兩晉南朝的入仕途徑的文章中，將這一時期士人入仕途徑歸納爲察舉秀孝、州郡縣佐吏積功升遷入仕、國子太學生考試入仕、

〔註4〕　《漢書》卷六六《陳萬年傳附陳咸傳》，中華書局，1962年，第2901頁。
〔註5〕　《後漢書》卷七一《朱俊傳》，中華書局，1965年，第2310頁。

公府掾屬升遷入仕以及直接入仕等方式，並認爲此一時期唯有直接入仕一途歷久不衰，其他諸途皆呈衰敗之勢，他並將直接入仕一途描述爲「不經任何科目和考試，不需任何履職經歷而步入國家正式品官的行列之中」。〔註6〕需要指出的是，魏晉南朝這些「直接入仕」的人群雖然沒有太學生考試、秀孝對策一樣的程式，他們同樣也需要某種資格認定才能入仕，因而，「直接入仕」的歸納未免流於表面。就入仕途徑一方面而言，南北朝多有相似之處。北魏社會同樣也有許多「直接入仕」的現象，然而需要指出的是，南北朝時期的士人要想獲得官職，首先就需要某種資格的認定。比如通過州郡察舉獲得秀才、孝廉的身份，通過中正的評定鄉品獲得選官的資格。所以所謂的直接入仕只能是相對其他入仕途徑而言。對於北魏士人的入仕途徑，我們同樣難以認可「直接入仕」的涵蓋性。

學界對於南朝各類人士的入仕途徑的考察頗多關注，但卻少有對北朝人士入仕途徑的論述。鑒於此，我們以下試以北魏時期的漢族士人爲對象，考察他們的入仕途徑，北朝後期分裂局面的東魏北齊與西魏北周在政治制度上仍以沿襲北魏爲主，因而他們吸收漢族士人入仕的途徑也沒有多大的變化。

（一）秀孝察舉

秀孝察舉一途是兩漢以來國家選拔人才的主要方式，也是民間士人進入國家政權中的重要管道，一直爲兩漢以降的前科舉時代的各個政權所沿用。魏晉南朝雖然崇尚門第，但秀孝察舉仍得以繼續推行。北方地區即便是社會動盪不安、胡族交替統治的情況下，秀孝察舉仍得以爲胡族統治者所使用。北魏拓跋政權建立之初就開始了對漢族士人的吸收，而秀孝察舉作爲一種制度化的舉才方式似乎也建立得頗早。《魏書》卷一○五《天象志》：「（神䴥四年九月），有詔徵范陽盧玄等三十六人，郡國察秀、孝數百人，且命以禮宣喻，申其出處之節。」此處盧玄等徵士與「郡國察秀、孝數百人」顯然不是同一類性質的舉士，而對此數百人冠以秀、孝之名則表明秀孝察舉至遲在神䴥四年時已經在北魏統治境內展開。就史料所見北魏秀孝察舉的情況而言，漢族士人仍是察舉的秀才、孝廉的主體，他們大多在品行、學識、才能等方面獲得了良好的評價，給人印象深刻。

秀孝的察舉以其實際居住地爲主，由被舉之人居住地所在的州刺史向中

〔註6〕羅新本：《兩晉南朝入仕道路研究之一：兩晉南朝的直接入仕》，載《西南民族學院學報》1986 年第 4 期。

央舉薦，這是顯而易見的事實。如孝文帝太和初年李寶之子李彥舉為司州（平城）秀才，〔註7〕這當是因為李寶歸順北魏後徙居平城的結果。同樣，神䴥年間入魏的司馬靈壽之子司馬祖珍也被舉為司州秀才。〔註8〕秀孝由實際居住地的刺史加以舉薦也通行於整個北魏時期。北魏前期已如上舉，北魏後期亦不例外。《周書》卷三八《柳虬傳》：「柳虬字仲蟠，司會慶之兄也。年十三，便專精好學。……孝昌中，揚州刺史李憲舉虬秀才。」柳虬籍望河東，這在其兄長柳慶的本傳中亦有明確表述，卻被舉為揚州秀才，這似與相關的舉薦原則不符，但實際上河東柳虬一支已經遷居淮南。《周書》卷二二《柳慶傳》：「柳慶字更興，解人也。五世祖恭，仕後趙，為河東郡守。後以秦、趙喪亂，乃率民南徙，居於汝、潁之間，故世仕江表。……父僧習，齊奉朝請。魏景明中，與豫州刺史裴叔業據州歸魏。」可見，柳虬被舉為揚州刺史仍是遵循既定原則的做法。

秀孝察舉以州郡為起點。魏晉南北朝時期，秀、孝察舉的主持者也有了明確的分野，所謂「郡察孝廉，州舉秀才」的方式已經確立，北魏自不例外。《魏書》卷八四《儒林傳序》：「州舉茂異，郡貢孝廉，對揚王庭，每年逾眾。」〔註9〕州郡對於察舉秀孝也十分慎重。北魏時期，內外百官舉薦人才或是職責所在，或為朝廷所命，都不失為國家賦予他的一項重要權力，但舉人者同樣也要承擔「舉人不當」的責任。《魏書》卷一五《昭成子孫·常山王遵傳附元昭傳》：「尚書張彝引（元昭）兼殿中郎。高祖將為齊郡王蘭舉哀，而昭乃作宮懸。高祖大怒，詔曰：『阿倪愚駿，誰引為郎！』於是黜彝白衣守尚書，昭遂停廢。」張彝推薦元昭為殿中郎，元昭在喪儀中因違制之舉而被廢免，張彝也自然受到牽連而降黜官職。《魏書》卷五七《崔挺傳附崔勉傳》：「後太尉、豫章王蕭贊啟（崔勉）為諮議參軍，郎中如故。以舉人失衷，為中尉高道穆奏免其官。」可以想

〔註7〕　《魏書》卷三九《李寶傳附李彥傳》，第888頁。

〔註8〕　《魏書》卷三七《司馬叔璠傳附司馬靈壽傳》：「（靈壽）子祖珍，年十五，舉司州秀才。解褐員外散騎侍郎。年十八，先父卒。」司馬靈壽死於太和九年，據此也不難得知司馬祖珍所舉之司州當指平城時代之司州。

〔註9〕　州郡分別察舉秀才和孝廉在魏晉南北朝時期常見。《晉書》卷四四《劉寶傳》：「郡察孝廉，州舉秀才，皆不行。」又如《晉書》卷九四《譙秀傳》：「郡察孝廉，州舉秀才，皆不就。」可見，秀、孝察舉的分管已成明顯的事實，而北周宣帝宣政元年頒佈的九條詔書更將此事作為定規。《周書》卷九《宣帝紀》：「八曰，州舉高才博學者為秀才，郡舉經明行修者為孝廉，上州、上郡歲一人，下州、下郡三歲一人。」

見，地方上舉薦來的秀才、孝廉若名實不符，其推舉的地方長官自然難辭其咎，所以州郡長官對於欲向中央推薦的秀孝似乎需要先行察考。《魏書》卷四三《房法壽傳附房景先傳》：「太和中，（房景先）例得還鄉，郡辟功曹。州舉秀才，值州將卒，不得對策。」房景先被本州舉爲秀才，卻因刺史之亡而不得對策，此「不得對策」當指本州舉行的策試而言。此若與北齊儒生馬敬德的經歷相比或更爲清楚。《北齊書》卷四四《儒林‧馬敬德傳》：

> （馬敬德）教授於燕、趙間，生徒隨之者甚眾。河間郡王每於教學
> 追之，將舉爲孝廉，固辭不就。乃詣州求舉秀才，舉秀才例取文士，
> 州將以其純儒，無意推薦。敬德請試方略，乃策問之，所答五條，
> 皆有文理。乃欣然舉送至京。依秀才策問，唯得中第，乃請試經業，
> 問十條並通。

在被以秀才向中央推薦之前，馬敬德正是接受了本州刺史舉行的考核，刺史確定其符合秀才的舉薦標準之後才予以推薦。北齊制度仍是以對北魏定制的沿襲爲主，故秀孝察舉中的一些制度規定和相應的做法當與北魏保持著一脈相承的關係。北魏州郡長官當也有事先考察擬薦秀孝的做法，李訢爲相州刺史時所上奏疏亦可作爲明證。《魏書》卷四六《李訢傳》：

> 臣今重荷榮遇，顯任方岳，思闡帝猷，光宣於外。自到以來，訪諸
> 文學，舊德已老，後生未進。歲首所貢，雖依制遣，對問之日，懼
> 不克堪。

李訢爲相州刺史是在獻文帝時，此奏是他建議北魏國家有必要設立地方官學時舉出的原因。雖然「對問之日，懼不克堪」有可能是針對中央的策問而言，但我們也可以由李訢的敘述推測出，正是因爲李訢事先對所薦舉的秀孝親自做過考核、查訪，他才能知道這些舉薦的人才有可能不符合中央的選舉標準。

州郡舉薦秀、孝至京，中央政府仍要組織相應的策問。〔註10〕終北魏一朝，對州郡舉薦的秀、孝的考察則成了中書省的任務。《魏書》卷八四《儒林‧孫惠蔚傳》：「太和初，郡舉孝廉，對策於中書省。時中書監高閭宿聞惠蔚，稱其英辯，因相談，薦爲中書博士。」可見，對孫惠蔚的策問即出中書省主持，而這還是太和初年的事情。可以推定，中書省策試秀、孝是北魏前期通行的辦法。《魏書》卷六五《邢巒傳》：「有司奏策秀、孝，詔曰：『秀、孝殊

〔註10〕楊希珍先生認爲策問分對策和設策兩種，可從。參看氏著《北魏的察貢推舉制度》，載《文史哲》1989 年第 5 期。

問，經權異策，邢巒才清，可令策秀。』」邢巒本傳於邢巒出使蕭齊之後順敘此事，《資治通鑑》將邢巒使齊的時間定在太和十七年。〔註11〕如此，我們也可將這次策秀孝的時間大致確定在太和十七年或稍後。邢巒使齊之後即轉爲中書侍郎。而由此條材料可知，北魏對於秀才與孝廉的考察標準是大不相同的，秀才重其權變，孝廉則問其經義。〔註12〕不僅如此，對於主持策問的考官也有相關資質的考量，邢巒因其「才清」，才被推舉策問秀才。邢巒策問秀才的事情正發生在孝文帝人力改革之際，因此，我們也不妨認爲這可能作爲一項定制而在北魏後期得到推行。

　　經過中央相關部門的策試之後，州郡所察舉的秀才與孝廉才能得到國家的職官授任，他們也由此起家入仕。然而，至少有以下幾點會影響到地方秀才、孝廉的入仕：

　　首先，北魏對於秀孝策問的成績會有相應的等級劃分，並根據這一劃分結果來決定是否授官以及授官的品級。我們常見到稱某人舉秀才「對策上第」、「對策高第」、「射策高第」、「射策甲科」之類的描述，這應該就是其秀才對策所考定的品級。《魏書》卷九《肅宗紀》：「（熙平元年二月），癸亥，初聽秀才對策，第居中上已上，敘之。」北魏秀才策試，大概也類如曹魏定九品，分上上、上中、中上諸品。對於孝廉的策試結果同樣也有品級的劃分。《魏書》卷九三《恩倖‧徐紇傳》：「少好學，有名理，頗以文詞見稱。察孝廉，對策上第，高祖拔爲主書。」又如劉桃符，「舉孝廉，射策甲科，歷碎職。」〔註13〕可見，北魏孝廉的品級評定可能與秀才的評定採取同一套辦法，品級評定的依據則是其試經的成績。這在北齊時更爲明顯。「諸郡俱得察孝廉，其博士、助教及遊學之徒通經者，推擇充舉。射策十條，通八以上，聽九品出

〔註11〕《資治通鑑》卷一三八齊永明十一年正月。
〔註12〕崔亮行停年格，其外甥劉景安在致崔亮的一封規諫信中也提到北魏對秀才、孝廉的推舉標準。《魏書》卷六六：「亮外甥司空諮議劉景安書規亮曰：『……而朝廷貢秀才，止求其文，不取其理；察孝廉，唯論章句，不及治道；立中正，不考人才行業，空辨氏姓高下。』」秀才重其文學，孝廉論其章句，與《邢巒傳》中提到的主管部門的奏摺相比，劉景安的評議當然也可以放在秀孝察舉制度的發展變遷的格局中來理解，而對於秀才、孝廉的不同察舉標準在北朝後期更是一種慣例。關於北魏後期秀才察舉對文學的強調亦可參看宋燕鵬：《略論北朝後期秀才選舉中的文學因素》，載《南京曉莊學院學報》2008年第1期。
〔註13〕《魏書》卷七九《劉桃符傳》，第1757頁。

身，其尤異者亦蒙抽擢。」〔註14〕對於秀才的授官，北魏可能採取較爲嚴格的規定，即對策達到上第的方可授職。這項規定在孝明帝即位之初才有所鬆動，上引孝明帝下令秀才對策第居中上以上即可敘官的材料即可證明。實際上，這一措施實爲尙書考功郎中陽固提出來的。《魏書》卷七二《陽尼傳附陽固傳》：「肅宗即位，除（陽固）尙書考功郎，奏諸秀孝中第者聽敘，自固始。」可以看出，自孝明帝以後，秀才策試居中第以上即可敘官。北魏孝廉的授官是否也有此放鬆則不太清楚。秀孝察舉雖爲士人入仕途徑之一，但是否能夠授官以及授官的品級則受其策試成績的影響。

　　其次，秀孝察舉仍受門第的影響。北魏雖然自孝文帝以後建立了制度化的門閥制度，門第之人有其相應的入仕途徑，然而他們仍舊重視對秀孝入仕的參與。這種情況早在北魏前期就已經存在。《魏書》卷六〇《韓麒麟傳附韓顯宗》：

> 今之州郡貢察，徒有秀、孝之名，而無秀、孝之實。而朝廷但檢其門望，不復彈坐。如此則可令別貢門望，以敘士人，何假冒秀、孝之名也？

韓顯宗上此奏疏是在「既定遷都」之後，這說明上述他所揭示的門望侵佔秀孝察舉名額的現象當在北魏前期已經形成並擴展成了令人擔憂的社會問題。根據閻步克先生的考察，北魏時期秀才選舉的家族化特徵較爲明顯，士族大姓在秀才選舉中要占較大比重。〔註15〕這只是秀孝選舉與門第結合的一個方面，實際上北魏秀才和孝廉的人群分化也可以說明問題。北魏秀才選舉中士族大姓占了較大比重，孝廉選舉雖因材料較少而情況難明。但從現有的資料來看，被選爲孝廉者大多出身寒微。如劉道斌，「舉孝廉，入京，拜校書郎，轉主書」；馮元興，「領僚孝廉，對策高第，又舉秀才。時御史中尉王顯有權寵，元興奏記於顯，召爲檢校御史」；李彪，「家世寒微，少孤貧，有大志，篤學不倦。……遂舉孝廉，至京師館而受業焉」；李業興，「雖在貧賤，常自矜負，……後爲王遵業門客。舉孝廉，爲校書郎。」〔註16〕上舉孝廉應舉者的身份低微不僅來自其家族本身，至於其入仕之後所歷職官也可見證其由於門第寒素而在仕宦經營上的艱難。

〔註14〕《北齊書》卷四四《儒林傳序》，第 583 頁。

〔註15〕閻步克：《察舉制度變遷史稿》，第 261～263 頁。

〔註16〕以上劉道斌至李業興諸人分見《魏書》卷七九《劉道斌傳》、卷七九《馮元興傳》、卷六二《李彪傳》、卷八四《儒林·李業興傳》，第 1757、1760、1381、1861 頁。

（二）特科徵召

漢代對民間賢能的吸收機制，除了常規的察舉孝廉、茂才等之外，還時常會以一些特殊科目如賢良、文學、有道等選舉民間人才，以彌補察舉制存在的不足或修正常規方式積久而生的弊端。〔註 17〕樓勁、劉光華先生在論述兩漢的選官體系時認為，兩漢官僚選用都可以納入以薦舉——甄核為核心的薦舉體系，這一體系包括特科徵召、保舉以及秀孝察舉等方式，兩漢社會的仕進管道形成了以察舉為主、多途並用的狀態。這套體系仍為以後的朝代所沿用，並「將被今後的歷史一再證明是帝國整套官僚選拔體制的一個最富特色和想像力的內容」。〔註 18〕北魏時期雖然在社會、政治各方面已大不同於漢代，但在對民間才學顯異的漢族士人的吸收利用方面，同樣通過詔令以專門的科目予以徵召。我們雖然不能將其完全與漢代制度相比擬，但其中所具有的漢制遺義也斑斑可見，故我們仍以特科徵召名之。

北魏自統治華北地區開始，就注重對各地才學之士的徵召。《魏書》卷二《太宗紀》：「（永興五年二月），詔分遣使者，巡求雋逸，其豪門強族為州閭所推者，及有文武才幹、臨疑能決，或有先賢世冑、德行清美、學優義博、可為人師者，各令詣京師，當隨才敘用，以贊庶政。」此永興五年詔書中所列文武才幹、先賢世冑、德行清美、學優義博、可為人師諸目既可視為特科徵召。特科徵召最為集中的一次，就現有文獻來看，無疑以神麚四年為最顯。這次徵召共得 35 位漢族士人，從其身份來看，北魏國家更注重他們所具有的學識和聲望，其門第因素卻不是考慮的重點。此後，特科徵召也一直進行。如封琳，「顯祖末，本州表貢，拜中書博士」〔註 19〕；邢巒，「負帙尋師，家貧屬節，遂博覽書傳。有文才幹略，……州郡表貢，拜中書博士」〔註 20〕。封琳與邢巒究以何科表貢不得而知，但這種特詔徵舉的方式還是為北魏政府所沿用卻是肯定的。孝文帝時更是下詔嚴申州郡表貢。《魏書》卷七《高祖紀》：「（延興二年六月）丙申，詔曰：『頃者州郡選貢，多不以實，碩人所以窮處幽仄，鄙夫所以超分妄進，豈所謂旌賢樹德者也。今年貢舉，尤為猥濫。自今所遣，皆門盡州郡之高，才極鄉閭之選。』」可見，門望、才學以及德行等

〔註 17〕黃留珠：《秦漢仕進制度》，西北大學出版社，1985 年，第 179～199 頁。
〔註 18〕樓勁、劉光華：《中國古代文官制度》，中華書局，2009 年，修訂本，第 100～103 頁。
〔註 19〕《魏書》卷三二《封懿傳附封琳傳》，第 763 頁。
〔註 20〕《魏書》卷六五《邢巒傳》，第 1437 頁。

一直是北魏行用特科徵召以來尤爲關心的項目。

孝文帝時特科徵召的詔令還有幾次，延興三年，「力田孝悌，才器有益於時，信義著於鄉閭者，具以名聞」；太和十八年，「詔冀、定二州民：……孝悌廉義、文武應求，具以名聞」；太和二十年，「詔諸州中正各舉其鄉之民望，年五十以上守素衡門者，授以令長」；太和二十一年，「其孝友德義、文學才幹，悉仰貢舉」。〔註21〕儘管我們不知道詔令推行的效果如何，但可以肯定的是，特科徵召在孝文帝時還在繼續推行。但至此以後，特科徵召的事情便越來越少見。究其原因，門閥制度建立以後，門閥士族壟斷選舉應該是關鍵所在。選舉由門閥士族操縱，宣武帝在正始二年四月的一道詔書中所指責的「中正所銓，但存門第，吏部彝倫，仍不才舉」〔註22〕的情況則正是他們操縱選舉的最好明證。這種操縱其實是門閥士族實現自身政治利益並且能夠掌控之的表現之一。在門閥體系已成既成事實的情況下，北魏國家便不能以注重才望兼資的特科徵召貿然打破其利益格局，因而與門閥制度精神相左的特科徵召勢必難以順利推行。

（三）以學校入仕

自漢代國家設立太學開始，進入太學的學生就能通過經義考試、射策等獲得國家職官的授予。魏晉南朝國學生員同樣有此一途入官。北魏時期同樣注意學校教育，而且也將國學生員視作國家官吏的一個重要來源。當然，由於制度建設的完善以及社會政治的發展變化，北魏以學校入仕一途在北魏前期表現較爲明顯，孝文帝以後此一途徑則日漸萎縮。

北魏自創制伊始就特別注意學校的建設。《魏書》卷八四《儒林傳》：「太祖初定中原，雖日不暇給，始建都邑，便以經術爲先，立太學，置五經博士生員千有餘人。」在拓跋珪平定中山、遷都平城之後，繼續加強教育制度的完善，就成了他開國建制的一項重要內容。《魏書》卷二《太祖紀》：「（天興二年三月）甲子，初令《五經》群書各置博士，增國子太學生員三千人。」比起剛開始的太學規模，天興二年的規制完善了博士的設置，爲「五經」各設博士，同時生員的員額也有大幅提高，由原來的一千人增加到三千人。道武帝拓跋珪興建太學的這一舉措，實際上仍是仿效漢族制度設置的學校。太學在此具有國子學的性質。至遲到明元帝時，太學又改稱中書學。太武帝時，

〔註21〕《魏書》卷七《高祖紀》，第 139、175、179、181 頁。
〔註22〕《魏書》卷八《世宗紀》，第 199 頁。

又於平城之東別起太學。至此，北魏前期逐形成了太學與中書學並設的中央官學體系。《魏書》卷二《世祖紀》：「（始光三年）二月，起太學於城東，祀孔子，以顏淵配。」又《魏書》卷八四《儒林傳》：「世祖始光三年春，別起太學於城東。」比較這兩處記載，《儒林傳》多一「別」字，這就表明在此之前北魏並沒有設立太學，或者說太學和國子學是合為一處、並無分別的。太武帝起立太學，就形成了中書學在內、太學在外的格局，與西晉時期中央官學制度頗為相似。北魏前期的學校建設的完善則仍要到獻文帝時建立地方官學為止。《魏書》卷八四《儒林傳序》：「顯祖天安初，詔立鄉學，郡置博士二人，助教二人，學生六十人。後詔：大郡立博士二人，助教四人，學生一百人；次郡立博士二人，助教二人，學生八十人；中郡立博士一人，助教二人，學生六十人；下郡立博士一人，助教一人，學生四十人。」〔註23〕至此，北魏前期完成了從中央到地方的學校建設。

　　北魏後期的學校體制大體仍襲前期體制。孝文帝遷都洛陽，對中央官學則做了一些調整。《魏書》卷四八《儒林傳序》：「太和中，改中書學為國子學，建明堂辟雍，尊三老五更，又開皇子之學。及遷都洛邑，詔立國子太學、四門小學。」此處之皇子之學，設於太和遷都之前，當即隨後出現的皇宗學。有論者以為皇宗學即遷洛後的四門小學。〔註24〕北魏後期雖然規劃了這樣一套太學、國子學和四門小學並立的中央官學體系，但實際上國學的營建卻大費周章，直到孝明帝正光年間國學館舍才得以建成。同時，設立國子學生員額並開展講學活動也直到此時才開始進行。〔註25〕北魏後期中央官學教育的

〔註23〕《魏書》卷六《顯祖紀》：「（天安元年）己酉，初立鄉學，郡置博士二人、助教二人、學生六十人。」比照同書《儒林傳序》的這段記載，我們可以知道天安元年九月下詔所設立的鄉學只是初步的舉措，而以後下詔按照郡的大小級別設置教員和學生則是鄉學設置的進一步完善。另外，「後詔」云云，這也是根據高允等的建議而具體完善的，參見《魏書》卷四八《高允傳》。不管怎樣，鄉學體系的建立和完善都是在獻文帝時期實現的。

〔註24〕姚宏傑：《北魏皇宗學與四門小學略論》，載《教育的傳統與變革——紀念《教育史研究》創刊二十周年論文集（二）》，2009年，中國期刊網重要會議論文資料庫。姚先生認為北魏將皇宗學改為四門小學，其用意是要仿效《周禮》所言。

〔註25〕關於國學校舍的修建，據《魏書》卷八《世宗紀》所載，宣武帝時曾就此事發佈過三次詔令。正始元年（504）下令開始營繕國學，但似乎未見具體行動。到正始四年（507），又下令修建三學，但進展卻非常緩慢。到延昌元年（512）還在嚴敕有司限期完工。三學生員卻少見記載。《魏書》卷八四《儒林傳序》：「神龜中，將立國學，詔以三品已上及五品清官之子以充生選。未及簡置，

衰敗則與北魏前期形成了明顯的對比。〔註26〕

　　北魏前期中央官學較為發達，這尤其是以中書學的表現為突出。中書學更成了漢族士人進入仕途的一條重要途徑。這種特點也當與中書學本身與政治的緊密關係有關。首先，成為中書學生需要一定的身份限制。《魏書》卷四《世祖紀》：「（太平真君五年正月），詔曰：『自頃以來，未宣文教，非所以整齊風俗，示軌則於天下也。今制自王公以下至於卿士，其子息皆詣太學。』」這是太武帝時發佈的一道詔書。它規定了太學生的入學條件為自王公以下至於卿士的各級官貴之子。太學生如此，我們也由此可以推出中書學生的入學條件。《魏書》卷五二《索敞傳》：「涼州平，入國，以儒學見拔，為中書博士。……京師大族貴遊之子，皆敬憚威嚴，多所成益。」此處所謂「京師大族貴遊之子」，當指居於平城的胡漢官僚士族，他們是中書學生的主要來源。當然，地方上的漢人士族子弟也有到平城入中書學學習的。如范陽李訢，〔註27〕勃海高道悅，〔註28〕他們的家族在地方上也具有強大的政治和社會勢力。需要指出的是，北魏前期胡、漢官僚群體自身的素質及價值取向不同，胡族重武，而漢族尚文；同時，就胡漢官僚子弟的入仕特徵來看，北魏前期胡族子弟多

仍復停寢。正光二年，乃釋奠於國學，命祭酒崔光講《孝經》，始置國子生三十六人。暨孝昌之後，海內淆亂，四方校學所存無幾。」可見，孝明帝神龜年間有過一次流產的國學生員選置，到正光二年孝明帝行釋奠之禮時才正式設立國學生員，而此處也僅提到國子學生。北魏後期三學博士雖屢見於文獻，但他們進行講學授業的本職工作者卻不多見。《魏書》卷五三《李孝伯傳附李郁傳》：「自國學之建，諸博士率不講說，朝夕教授，惟郁而已。」這當是對北魏後期中央官學教學活動的最好說明。當然，這種狀況的出現也構成了北魏後期中央官學教育衰敗的原因和表現之一。

〔註26〕對於北魏後期官學的研究文獻有張憲華：《北魏官學初探》，載《蘭州大學學報》1988年第2期；余世明：《北朝的學校及學校教育》，載《貴州大學學報》1992年第2期；黃清敏：《魏晉南北朝教育制度論述》，福建師範大學博士學位論文，2003年；姚宏傑：《北魏皇宗學與四門小學略論》。上述諸文雖然談及北魏後期中央官學的教育狀況，但僅有姚宏傑先生客觀指出北魏後期中央三學──國子學、太學、四門小學──教育的衰敗事實。

〔註27〕見《魏書》卷四○《李訢傳》。李訢之父李崇先為後燕石城太守，太武帝延和初年親討和龍，李崇率郡歸降，太武帝命其為北幽州刺史，當是仍使李崇留駐原地。李崇後來派遣李訢入都，或者是以其為質子。

〔註28〕見《魏書》卷六二《高道悅傳》。高道悅本傳記其為遼東新昌人，到其父高玄起時始遷居勃海修縣。高道悅雖籍屬遼東，但他們的族屬當為漢族。關於高道悅一族遷徙以及其族屬的細緻考察可參看仇鹿鳴：《「攀附先世」與「偽冒士籍」》，《歷史研究》2008年第2期。

以武官侍從起家爲主，而漢族士人子弟則多以文職如祕書中散、主文中散等爲起家官，所以，中書學生中仍以漢族士人子弟爲主體。

其次，對於中書學生的遴選也一直是統治者十分重視的事情。各代君主不僅經常視察中書學，他們也常常親自主持中書學生的遴選。《魏書》卷五三《李孝伯傳附李安世傳》：「興安二年，高宗引見（中書）侍郎、博士之子，簡其秀俊者欲爲中書學生。」文成帝這次是從各位中書博士、侍郎之子中選擇學生，李安世就是在這次被選爲學生的。楊穎的墓誌也記錄他成爲中書學生的方式：「高祖孝文皇帝初建辟雍，選入中書學生。」〔註29〕可見，他同樣也是通過遴選才得以進入中書學的。這也表明這種由各代君主遴選中書學生的方式也常常出現。除此之外，中書學生還有其他的入學途徑：以父任入選，這樣的實例可舉王嶷，王嶷之父即王憲；被推薦入學，游明根於鄉里苦學，「（游）雅稱薦之，太武擢爲中書學生」；〔註30〕特詔選入也是一種不可忽視的方式，如谷渾，「在官廉直，爲世祖所器重，詔以渾子孫十五以上，悉補中書學生」，〔註31〕谷渾子孫中爲中書學生的有谷季孫和谷洪，應該就是太武帝這一詔書下達時選入的。以上所舉的中書學生的入選方式或者不能完全包括當時的實際狀況，許多世家大族的子孫多有成爲中書學生的記錄。如李寶一族就有李韶、李彥、李沖等人，博陵崔鑒一族就有崔合、崔秉、崔廣等人。他們的入學方式我們難以得知，但從上述的入學途徑我們可以看出，在一定的資格限制下，中書學生的遴選頗受統治者關注。

再次，對於漢族士人而言，中書學不僅是教育子弟的重要場所，也是安排子弟政治出路、提高家族政治地位的重要途徑。一般認爲，中書學生與中書學改國子學之後的國子學生一樣具有品級。據《魏書·官氏志》之《前職令》所載，國子學生爲第七品中，中書學生的品級當準此，因此成爲中書學生就已入仕。我們對此則持保留意見，其原因有三：第一，《前職令》雖然是對北魏前期官職的總結，但總體而言，前職令所反映的官制改革應該是一次以模仿漢制爲主導思想但並不徹底的改革，所以中書學生是否具有官品實難遽斷；第二，大體上，中書學生入學年齡一般在十三——十五歲之間，在學期間主要以研習儒家經典爲業，並不參與國政的討論或具體的行政事務；第

〔註29〕 趙超：《漢魏南北朝墓誌彙編》，第 61 頁。
〔註30〕 《北史》卷三四《游雅傳附游明根傳》，第 1252 頁。
〔註31〕 《魏書》卷三三《谷渾傳》，第 781 頁。

三，更確切地說，成爲中書學生乃是一種入仕資格的獲得，從中書學生的來源來看，其性質頗含門蔭的色彩，中書學生經過一段時間的學習之後即可授以職任，無須像察舉秀孝一樣需要策試經義才能獲得任職。

中書學生會遷轉爲各類職官，其遷轉也很有特點，我們分析如下：

首先，轉爲中散諸職是比較常見的遷轉序列。我們統計所見以中書學生遷爲中散諸職者爲 19 人，占文獻中可知的所有中書學生中近一半的比例。《魏書》卷五三《李沖傳》：「顯祖末，爲中書學生，……高祖初，以例遷秘書中散，典禁中文事。」李沖「以例」遷爲秘書中散，就是對中書學生官職遷轉的最好印證，說明中書學生入爲中散諸職至少是一條不成文的習規。中散主要是直宿禁中的具有各類專長的職官，他們類似漢代的郎官，服侍禁中。有的分遣到各機構服務，則成爲秘書中散、太僕中散之類。〔註 32〕中書學生遷爲中散和秘書中散的事例較多，這也表明他們內侍左右，主要以「典禁中文事」爲主。供職內朝歷練了他們的才幹，也積累了仕宦的資歷，爲日後的行政打下了基礎，他們也由此轉任中央各行政部門或地方州府長官、僚佐之類。

其次，由中書學生轉爲博士也是較爲常見的。他們大多在中書學繼續負責教學工作或臨時參與國家各項事務。一部分中書學生因爲品學兼優，往往會被遴選出來服侍太子或者教授太子經書。谷渾之孫谷洪爲中書學生，「世祖以洪機敏有祖風，令入授高宗經」；〔註 33〕盧度世，「爲中書學生，應選東宮」；〔註 34〕司馬金龍，「顯祖在東宮，擢爲太子侍講」。〔註 35〕在新帝即位時往往會因爲「舊恩」將一些以前爲太子時服侍他的人員超擢升職，中書學生中有此經歷者也往往因此獲益。如谷洪在文成帝即位後即被任爲散騎常侍、南部長。

再次，也有一些中書學生轉爲秘書郎、公府主簿、州府僚佐等職。但這並非常見，而且也主要發生在孝文帝官制改革前後。

中書學生的遴選和遷轉具有一套較爲特別、固定的程式。這是北魏前期日益發展完善的官僚政治的產物。這也成了漢族士人進入北魏官僚機構的一條比較榮耀、穩妥的入仕途徑。

比起中書學這條入仕途徑而言，北魏前期的漢族士人通過其他學校入仕

〔註 32〕 鄭欽仁：《北魏官僚機構研究》，第 141～253 頁。
〔註 33〕 《魏書》卷三三《谷渾傳附谷洪傳》，第 781 頁。
〔註 34〕 《魏書》卷四七《盧玄傳附盧度世傳》，第 1045 頁。
〔註 35〕 《魏書》卷三七《司馬楚之傳附司馬金龍傳》，第 857 頁。

的例子就比較少見。比如以太學生入仕，道武帝時有張蒲之子張昭，「天興中，以功臣子爲太學生。太宗即位，爲內主書」〔註36〕。鄧淵之子鄧穎，「爲太學生、稍遷中書侍郎。世祖詔太常崔浩集諸文學，撰述國書，穎與浩弟覽等俱參著作事。」〔註37〕則他爲太學生時當在太武帝時。另有范紹，他以學生入仕的情況就顯得較爲複雜。《魏書》卷七九《范紹傳》：「太和初，充太學生，轉算生，頗涉經史。十六年，高祖選爲門下通事令史。」范紹歷經太學、算學，最後被選爲門下通事。這也說明，儘管相關記載稀少，但太學同樣也構成了漢族士人以學校入仕的一個部分。需要指出的是，北魏後期以學校入仕的途徑卻因爲官學教育本身的萎靡以及門蔭入仕等的影響而大爲削減，我們很難見到漢族士人通過國學生員的身份入仕的記載。

北魏地方官學初建之時，對於其學生的人選，高允和李訢都曾提供過建議。《魏書》卷四八《高允傳》：「學生取郡中清望，人行修謹，堪循名教者，先盡高門，次及中第。」又《魏書》卷四六《李訢傳》：「臣愚欲仰依先典，於州郡治所各立學官。使士望之流、冠冕之胄，就而受業，庶必有成。其經藝通明者，貢之王府。」不難看到，對於州郡官學生的選任，高允和李訢的意見頗爲一致，都強調以地方上的名望子弟爲主。這一建議當爲獻文帝所接納。以州郡體制爲主的中原社會無疑是以漢族爲主體，其官學生員則主要吸納地方漢人士族子弟。北魏地方官學建立之後，北魏國家也將相關規定納入《學令》。《魏書》卷一九《景穆十二王·南安王楨傳附元英傳》：

> 謹案學令：諸州郡學生，三年一校，所通經數，因正使列之，然後遣使就郡練考。臣伏惟聖明，崇道顯成均之風，蘊義光膠序之美，是以太學之館久置於下國，四門之教方構於京瀍。計習訓淹年，聽受累紀。然儻造之流應問於魏闕；不革之輩宜返於齊民，使就郡練考，黜其最殿。項以皇都遷構，江揚未一，故鄉校之訓，弗遑正試。致使薰蕕之質，均誨學庭；蘭蕭之體，等教文肆。今外宰京官，銓考向訖，求遣四門博士明通五經者，道別校練，依令黜陟。

元英所引用的《學令》條文以及他的遣使銓考州郡學生的建議頗值得我們玩味。從理論上講，北魏國家對於州郡官學頗爲重視，實際上，也確實執行過對州郡學生的考銓。《魏書》卷三二《封懿傳附封軌傳》：「（封軌）轉考功郎

〔註36〕《魏書》卷三三《張蒲傳附張昭傳》，第779頁。
〔註37〕《魏書》卷二四《鄧淵傳附鄧穎傳》，第635頁。

中，……奏請遣四門博士明經學者，檢試諸州學生。詔從之。」當然，令文的規定以及考銓的具體執行首先是對州郡官學學生學業的督課，但督課的目的當不止此，元英奏疏中所謂的「俊造之流，應問於魏闕；不革之輩，宜返於齊民」當是設立州郡官學以及加強督課的主要目的，亦即通過督課來考察地方官學學生的學習情況，並從中選拔人才。換言之，結合前述高允、李訢對州郡學生選擇對象的建議，北魏地方官學同樣是地方上的名望之家、才學之士起家入仕的途徑之一。

（四）門蔭入仕

門蔭亦可稱作資蔭，是一種蔭庇之法。門蔭制度源於漢代的任子之制，是按照父祖所擁有的的門第、資歷、功勳以及職官等情況，分別授予其子孫相應的官職。宋人馬端臨在討論古代任子制度之時，對於南北朝的任子制度有一段議論，茲錄如下：

> 任子法始於漢，而其法尤備於唐。漢、唐史列傳中，凡以門蔭入仕者，皆備言之，獨魏晉南北史不言門蔭之法，而列傳中亦不言以門蔭入仕之人，何也？蓋兩漢入仕之途，或從辟召，或舉孝廉，至隋唐則專以科目取人，所以漢唐之以門蔭入仕者，皆不由科目與辟召者也。自魏晉以來，始以九品中正為取人之法，而九品所取，大概多以世家為主，所謂「上品無寒門，下品無世族」，故自魏晉以來，仕者多世家。逮南北分裂，凡三百年，而用人之法，多取之世族，如南之王、謝，北之崔、盧，雖朝代推移，鼎遷物改，猶印然以門地自負，上之人亦緣其門地而用之，故當時南人有「三公之子傲九棘之家，黃散之孫蔑令長之室」之說，北人亦有「以貴襲貴，以賤襲賤」之說。往往其時仕者，或從辟召，或舉孝廉，雖與兩漢無異，而所謂從辟召、舉孝廉之人，則皆貴胄也。其起自單族匹士而顯貴者，蓋所罕見。當時既皆尊世冑而賤孤寒，故不至如後世之誇特起而鄙門蔭，而史傳中所以不言以蔭敘入官者，蓋所以見當時雖以他途登仕版，居清要者，亦皆世家也。〔註38〕

馬端臨稱「魏晉南北史不言門蔭之法」，說明他並不認為魏晉南北朝時代推行過如兩漢之任子、唐宋之門蔭之法一樣的資蔭制度。他舉出的理由則是南北

〔註38〕馬端臨：《文獻通考》卷三四《選舉考七·任子》，中華書局，1986 年。

朝世族政治的興盛使得士族選舉制度實際爲世族所控制，此一時期沿用前朝的孝廉、徵辟之途則完全爲社會上層所壟斷，士族入仕之途有保障，故不必從門蔭出身。然而馬氏的論斷早已爲現代史家的相關研究所否定。〔註39〕南北朝時期的門蔭制度仍得以繼續存在，北魏自不例外，它也是北魏漢族士人入仕的重要一途。

　　北魏前期有不少代北勳貴子弟即憑藉父祖功勳、官爵等獲得入仕資格，文獻中也屢見「以功臣子」、「以勳臣子孫」、「以父任」等字樣出現。當然，以北魏前期胡族傳統表現強勁的政治生態而言，這種頗具漢族制度下的門蔭模式的任子方式可能是北族常習，也一直爲北魏國家所推行。北魏前期也有一些漢族士人子弟明確通過這種方式獲得初次任職。如高湖之子高謐，「有文武才度。天安中，以功臣子召入禁中，除中散，專典祕閣」，〔註40〕高允之子高忱也有類似情況。《魏書》卷四八《高允傳附高忱傳》：「（高忱）以父任除綏遠將軍、長樂太守。」對於漢族士人在北魏前期通過門蔭一途入仕的情況，一則材料記載零散，一則北魏前期漢族士人群體在拓跋政權中的地位和權勢還頗受限制，因而門蔭入仕一途恐怕也只能發生在少數得至高位的士族之中。對於大多數漢族士人而言，還遠非一種經常性、制度性的舉措。

　　漢族士人通過門蔭入仕的狀況因孝文帝的改革而得到了改善。孝文帝的改革措施中引人注目的一項則是確立門閥制度。他主要以入魏官爵爲標準，根據胡、漢各集團人士任職的實際情況，將各方納入了一套統一的門閥體系。門閥制度的成立不光是確立天下士族的等級，他同時也意味著相應的政治權利的授予。士族以門蔭入仕就成了正式的制度規定。《魏書》卷一〇八《禮志》：「伏見高祖孝文皇帝著令銓衡，取曾祖之服，以爲資蔭，至今行之，相傳不絕。」這是孝明帝時江陽王元繼在討論元魏宗廟制度時所說的一番話。可以看出，資蔭之制在孝文帝改制以來即著之於令文，並一直得到推行。宣武帝正始二年六月的一道詔令當也是遵行孝文帝資蔭制度的精神而制定的：「先朝勳臣，或身罹譴黜，子孫沉滯；或宦途失次，有替舊流，因而弗採，何以獎勸？言念前績，情有親疏，宗及庶族，祖曾功績可紀而無朝官，有官而才堪

<hr>

〔註39〕關於魏晉南北朝的門蔭之法研究者亦爲不少，張澤咸先生首先指出馬端臨上述論斷的失誤，陳琳國先生則對北魏的資蔭制度進行了專門的討論。分見張澤咸：《唐代的門蔭》，載《文史》第27輯，1986年，第47～59頁；陳琳國：《北魏資蔭制度及其淵源》，載《學術月刊》1987年第4期。

〔註40〕《魏書》卷三二《高湖傳附高謐傳》，第752頁。

優引者，隨才銓授。」〔註41〕詔書本著優禮勳舊，以爲獎勸的宗旨，下令對勳舊之後予以銓授。無官者使其入仕，有官者以其才能予以簡任。而值得注意的是，詔書對於門蔭的範圍也做了較爲寬鬆的規定，恩沾及於庶族。另一則材料同樣值得我們重視。《通典》卷一六《選舉四·雜議論上》：

> 孝明帝時，清河王懌以官人失序，上表曰：「孝文帝制，出身之人，本以門品高下有恆，若準資蔭，自公卿令僕之子，甲乙丙丁之族，上則散騎秘著，下逮御史長兼，皆條例昭然，文無虧沒。自此，或身非三事之子，解褐公府正佐；地非甲乙之類，而得上宰行僚。自茲以降，亦多乖舛。且參軍事專非出身之職，今必釋褐而居，秘著本爲起家之官，今或遷轉以至：斯皆仰失先準，有違明令，非所謂式遵遺範，奉順成規。此雖官人之失，相循已久，然推其彌漫，抑亦有由。何者？信一人之明，當九流之廣，必令該鑒氏族，辨照人倫，才識有限，固難審悉。所以州置中正之官，清定門冑，品藻高卑，四海畫一，專尸衡石，任實不輕。故自置中正以來，暨於太和之日，莫不高擬其人，妙盡茲選，皆須名位重於鄉國，才德允於具瞻，然後可以品裁州郡，綜覈人物。今之所置，多非其人。乞明爲敕制，使官人選才，備依先旨，無令能否乖方，違才易務；並革選中正，一依前軌。庶清源有歸，流序允穆。」靈太后詔依表施行，而終不能用。

清河王元懌的這道表奏當是目前所見對於北魏後期所實行的門蔭之制最爲完全的描述。孝文帝制定門蔭之制時，與魏晉以及唐代的門蔭之法一樣，以官品以及門第來定資蔭的資格以及蔭子任官的標準，所謂「自公卿令僕之子，甲乙丙丁之族，上則散騎秘著，下逮御史長兼」，所言正是此事。其中所指涉的甲乙丙丁之族則包括漢族高門無疑。從元懌的分析中我們也可以看出，資蔭之制是與中正制聯繫在一起的，由中正品定門第高下，評定士人鄉品，中央再依據中正的品評結果授以官職。元懌的表奏也指出資蔭之制隨著時間的發展已形紊亂，其具體的表現則是孝文帝制定的任官辦法及標準不再得到遵行。但是需要指出的是，這並不能否定資蔭制度的繼續實行。

一些事實也表明由於國家的提倡，北魏社會也頗重資蔭。《魏書》卷一四《神元平文諸帝子孫·高涼王孤傳附元天穆傳》：「靈太后詔流人所在，皆置命屬郡縣，選豪右爲守令以撫鎮之。時青州刺史元世俊表置新安郡，以（邢）

杲爲太守，未報。會臺申汰簡所授郡縣，以杲從子子瑤資蔭居前，乃授河間太守。」新安郡太守的選任，青州刺史已經申請以邢杲爲之。北魏政府以資蔭爲擇人原則，否定了刺史的舉薦，不用邢杲而用其從子，這也成了邢杲日後反叛的原因之一。《魏書》卷六五《邢巒傳附邢遜傳》：

> （邢遜）解褐司徒行參軍。襲爵。後遷國子博士、本州中正。因謁靈太后，自陳：「功名之子，久抱沉屈。臣父屢爲大將，而臣身無軍功階級，臣父唯爲忠臣，不爲慈父。」靈太后慨然，以遜爲長兼吏部郎中。

邢遜爲邢巒之子，邢巒死時，邢遜當已入仕。〔註42〕從邢遜自陳「久抱沉屈」來看，他似乎沒有因爲其父的功勳而獲得入仕上的便利，但邢遜通過自陳於靈太后而得到特授則間接地說明子孫的仕宦與父祖的功勳官資之間有著緊密的關係。邢遜所任之國子博士，據後職令爲正五品，而吏部郎中爲正四品。邢遜雖爲長兼吏部郎中，在官品上與正職當也不至相差太遠，所以我們看到，經過這次自訴，邢遜的由國子博士升任吏部郎中，從官品上看，超升了兩大階。邢遜雖然沒有因爲其父的功勳獲得起家的優勢，但在日後的官職遷轉上顯然獲得了特殊的對待。另外一則材料對於認識資蔭制度在北魏官僚制度中的應用也頗具參考價值。《北齊書》卷四五《文苑·樊遜傳》：

> 後崔暹大會賓客，大司馬、襄城王元旭時亦在坐，論欲命府僚。暹指（樊）遜曰：「此人學富才高，佳行參軍也。」旭目之曰：「豈能就耶？」遜曰：「家無蔭第，不敢當此。」

元旭爲大司馬在東魏武定六年（548），〔註43〕樊遜本傳記其次年即徙於邊裔，可見這次崔暹大會賓客當在武定六、七年之間。其時去北魏未遠，而東魏北齊制度一仍北魏。樊遜以「家無蔭第」推辭行參軍之任，這也透露出資蔭制在當時的推行已經成了人所習知之事。

　　實際上，漢族士人因父祖之功勳職位而獲蔭入仕在孝文帝以來也屢屢出現。如司馬金龍之子司馬悅，「年十四，以道訓之冑，入侍禁墀。太和中，司牧初開，綱詮望首。以君地極海華，器識明斷，擢拜主簿」。〔註44〕李安世之子李

〔註42〕邢巒死於延昌三年（514），邢遜死於東魏武定四年，得年56，則他當生於太和十五年（491），邢巒死時邢遜已經24歲，按照一般的情況，他此時當已經入仕。
〔註43〕《魏書》卷一二《孝靜帝紀》，第311頁。
〔註44〕《司馬悅墓誌》，釋文見趙超：《漢魏南北朝墓誌彙編》，第58頁。

謐，「謐以公子徵拜著作佐郎，辭以授弟郁，詔許之」，〔註45〕李安世爵爲趙郡公，則李謐當是以父之爵位入仕。楊播之弟楊舒，「太和中，以勳望之冑而除散騎郎」。〔註46〕宣武帝時，張彝在獻上其所編纂的《歷帝圖》一書時也曾略述其出身：「臣家自奉國八十餘年，紆金鏘玉，及臣四世。過以小才，藉蔭出仕」。〔註47〕魏收起家爲太學博士，他同樣也是以其父功而得除授。〔註48〕以上幾例只是文獻中顯著說明的以門蔭出仕的例子。實際上，漢族士人以門蔭入仕的現象應該是較爲普遍的現象。另一些漢族士人因爲父祖的功勳起家的現象則與一般的門蔭之法略有不同。

首先，邊州刺史的任子制度。《魏書》卷七二《房亮傳》：「（亮）遷前將軍、東荊州刺史。……時邊州刺史例得一子出身，亮不言其子而啓弟子超爲奉朝請。議者稱之。」房亮因爲任邊州刺史而得以獲得任子之權，這則是北魏國家的一項正式規定。房亮此處並非孤例。《魏書》卷六五《邢巒傳附邢晏傳》：「晏篤於義讓，初爲南兗州刺史，例得一子解褐，乃啓其孤弟子子愼，年甫十二，而其子已弱冠矣。後爲滄州，復啓孤兄子昕爲府主簿，而其子並未從官，世人以此多之。」邊州刺史例得一子解褐，從房亮和邢晏的實例來看，確實是一直行用的制度。兩人的事例又傳達給我們更多的關於這一制度的信息，如一任邊州刺史則得任一子出身；任子的範圍也較爲廣泛，至少可以延涉到其兄弟之子。房亮和邢晏是因爲不任自己的兒子而任舉其兄弟之子的特出之行爲獲得時人的贊許。可以想見，北魏漢族士人任爲邊州刺史並蔭子出身的事情當不在少數。〔註49〕邊州地區面對外部勢力的窺視，邊州刺史的職任就不僅是如內地一般治理民事，籌辦軍事力量，加強邊防，以應對外敵入侵當也是他們所要承擔的任務之一。任子出身或許是對他們工作的一種補償。

其次，也有一些漢族士人因爲父祖之戰功等獲得國家的優待而得以起家

〔註45〕《魏書》卷九〇《逸士・李謐傳》，第 1932 頁。

〔註46〕《楊舒墓誌》，釋文見趙超：《漢魏南北朝墓誌彙編》，第 94 頁。

〔註47〕《魏書》卷六四《張彝傳》，第 1429 頁。

〔註48〕《魏書》卷一〇四《自序》，第 2323 頁。

〔註49〕《魏書》卷七九《張普惠傳》：「普惠不營財業，好有進舉，敦於故舊。冀州人侯堅固少時與其遊學，早終，其子長瑜，普惠每於四時請祿，無不減贍給其衣食。及爲豫州，啓長瑜解褐，攜其合門拯給之。」張普惠曾爲東豫州刺史，其地正屬邊州，故張普惠當也有任子起家的權利，只是此處他啓請友人之子獲任解褐是否循此制度則難以知曉，即便是因制任之，這恐怕也只是特例。

入仕。《魏書》卷六〇《程駿傳》：

> 初，（程）駿病甚，高祖、文明太后遣使者更問其疾，敕御師徐謇診視，賜以湯藥。臨終，詔以小子公稱爲中散，從子靈虬爲著作佐郎。……弟子靈虬幼孤，頗有文才，而久淪末役。在吏職十餘年，坐事免。會駿臨終啓請，得擢爲著作佐郎。

程駿死於太和九年。考察程駿的仕宦，其歷職並不顯赫，但北魏政府根據其臨終啓請任其後輩爲官，則很可能是一種恩遇。漢族士人因爲戰功而獲得任子出身的事例也常常見到。《魏書》卷八八《良吏·明亮傳》：「初，（明）亮之在陽平，屬相州刺史、中山王熙起兵討元叉。時幷州刺史城陽王徽亦遣使詣亮，密同熙謀。熙敗，亮詭其使辭，由是徽音獲免。二年，詔追前效，重贈平東將軍、濟州刺史，拜其子希遠奉朝請。」明希遠得以解褐爲奉朝請，乃是因其父在元熙之亂時立有功效。又如孝莊帝時楊侃阻擊元顥，立有戰功，「車駕入都，侃解尙書，正黃門，加征東將軍、金紫光祿大夫。以濟河之功，進爵濟北郡開國公，增邑五百戶，復除其長子帥沖爲秘書郎。」〔註 50〕楊侃之子即因其戰功而獲得起家的便利。蕭寶夤反於關中，其隨從僚佐中封偉伯、高敬猷與關中豪右韋子粲謀爲策反，事發見殺。朝廷爲表彰二人功績，允許二人各任一子出身。而值得注意的是，封偉伯因爲無子，朝廷則允許他轉授其弟封翼，則封翼又屬於因兄弟之功而得以入仕了。〔註 51〕在北魏後期社會日益動盪的情況下，爲固結人心，表彰功勳，北魏國家採取了各種措施，這種授以有戰功的勳臣以任子出身的權利就是其中之一項。《魏書》卷四三《房法壽傳附房景先傳》：

> （房景先）先作《五經疑問》百餘篇，其言該典，今行於時，……符璽郎王神貴答之，名爲《辯疑》，合成十卷，亦有可觀。前廢帝時奏上之。帝親自執卷，與神貴往復，嘉其用心，特除神貴子鴻彥爲奉朝請。

王神貴因爲與房景先辯難經義獲得節閔帝的嘉獎，其子王鴻彥也因其父的著述之功而得起家爲奉朝請。〔註 52〕顯然，王神貴的任子出身又明顯不同於上述楊侃、明亮的經歷。可見，在正式制度規定的門蔭之外，北魏漢族士人還

〔註 50〕《魏書》卷五八《楊播傳附楊侃傳》，第 1183 頁。

〔註 51〕封偉伯等諸人任子出身的具體情況可參看《魏書》卷三二《封懿傳附封偉伯傳》、卷六二《高道悅傳附高敬猷傳》，第 767、1401 頁。

〔註 52〕王神貴所任的符璽郎一職於後職令中居從六品，其職位對其任子出身應該不會起什麼作用。

可以通過多種方式獲得蔭子的機會。

北魏一朝也同魏晉南朝以及隋唐時代一樣推行了門蔭制度。這種制度雖然是漢制的表現形式，但其中的某些方面也與北族政治傳統存在相通之處。門蔭制度不僅表現爲經常性的、制度性的實踐，而且北魏國家也有某些特別的措施作爲門蔭制度的補充。門蔭制度也成了漢族士人一條重要的入仕管道。

（五）以爵位入仕

北魏時期，封賜爵位仍然是十分常見之事。這仍可以孝文帝太和十六年的爵制改革爲界加以分說。孝文改革之前，北魏政府的爵位封授較濫。僅以《魏書》諸帝本紀中的記載而言，自孝文帝以前，我們就能時常看到對某一類人群予以爵位的封授和增級，到孝文帝時甚至還出現數次普賜民爵之事。北魏後期普遍賞賜爵位之事則頗爲少見。北魏前期爵位的封授基本上只是虛封，並無實際食邑，北魏後期則出現了實封和虛封並行的狀況。〔註53〕對於漢族士人而言，他們獲得爵位封賜則主要通過軍功和事功。以軍功而言，隨軍參謀軍事以及親立戰功都可以使他們獲得爵位的封賜。以事功而言，諸如參議律令、參謀遷都、出使等都可以使他們獲得爵位。比較而言，北魏前期漢族士人以事功獲爵的機會則比較常見。與掌握軍政大權的代北勳貴相比，漢族士人的封爵則明顯不及後者，不僅爵級低，其爵位的上升也不及後者迅速和優厚。即便如此，漢族士人仍然十分重視對爵位的擁有。《魏書》卷五二《胡叟傳》：

> （胡）叟死，無有家人營主凶事，胡始昌迎而殯之於家，葬於墓次，即令一弟繼之，襲其爵始復男、虎威將軍。叟與始昌雖爲宗室，而性氣殊詭，不相好附，於其存也，往來乃簡，及亡而收恤至厚，議者以爲非必敦哀疏宗，或緣求利品秩也。

胡叟與胡始昌都是北魏平定赫連夏後的降臣，且爲同宗。胡叟無後，胡始昌爲其經營喪事，又令其弟繼嗣胡叟，襲其爵位。胡始昌的舉動以及時人的相關議論則顯示出爵位與官制之間的關係不僅是實際存在的，而且也是時人積極營求爵位的原因之所在。

北魏時期時人圍繞爵位的授予與傳襲而產生的糾紛常見於史冊，這也提醒我們爵位的授予並不因爲他大體上是虛封就毫無意義。實際上，儘管爵位不一定能帶來直接的經濟利益，但他卻與政治權利、法律特權、社會地位以

〔註53〕張維訓：《略論北魏後期的實封和虛封》，《史學月刊》1984 年第 2 期。

及政治禮遇等有著密切的關係。〔註54〕這是中古國家區分人群並制定相應政策的依據。北魏漢族士人重視爵位問題，上述各個方面的內容當然是他們所熟知的。而以爵位出仕則是爵位所牽涉的政治權利的具體內容之一，也構成了漢族士人的入仕途徑之一。當然，剛剛入仕的漢族士人尚未有事功或軍功的建立，其爵位的獲得大體上來自對父祖兄弟的爵位的傳襲。從某種意義上講，他們的入仕資格的獲得同樣含有門蔭的意義。但北魏國家對其入仕資格以及起家官的評定仍要以其本身所擁有的爵位為依據，所以將其單獨劃為一類入仕途徑也未嘗不可。

對於以爵位入仕的問題引起政府關注並著手加以解決是在宣武帝時期。《魏書》卷八《世宗紀》：

> （永平二年）十有二月，詔曰：「五等諸侯，比無選式。其同姓者出身：公正六下，侯從六上，伯從六下，子正七上，男正七下。異族出身：公從七上，侯從七下，伯正八上，子正八下，男從八上。清修出身：公從八下，侯正九上，伯正九下，子從九上，男從九下。可依此敘之。」

在這份詔書頒佈之前，以爵位敘官應該早已存在，但因為沒有一個可以統一執行的標準，難免會出現一些問題。宣武帝頒佈這份詔書顯然就是要讓以爵位敘官之事得到有序運作。這份詔書從民族和政治身份入手將有爵位之人分作同姓、異姓以及清修三個群體，再按照爵位高低予以授官，其起家官的品級高下就決定於爵位的高低。其中「清修出身」無疑是指漢族士人而言。也必須承認，照此詔書中的規定，漢族士人中以爵位入仕者其起家官品並不高。另外，北魏後期實行五等散爵和開國爵並行的爵制。在《後職令》中，兩套爵制與官品相連並按正從交叉分佈於第一品到從五品的官品序列當中，此一爵位敘官的標準對此是否有規定則不得而知。

從北魏時期各種爵位傳授的實例來看，長子繼承制是得到承認並較為穩定執行的爵位傳襲方式。以庶子或兄弟繼承以及爵位回授的方式雖然也能見到，但那畢竟是在國家特許的情況下才能實現。實際上，持爵者若無子繼承，則其爵位往往會被削除。由於爵位傳授的這些特點，我們則可以推斷，漢族士人中擁有爵位者當不至於太多，而能夠傳襲爵位並以爵位入仕者當以家中長子居多。

〔註54〕 參看楊光輝：《漢唐封爵制度》，學苑出版社，2002年，第159～230頁。

（六）以挽郎入仕

挽郎爲出殯之時牽引靈柩邊行邊唱挽歌之人。《晉書》卷二○《禮志中》：「漢魏故事，大喪及大臣之喪，執紼者挽歌。新禮以爲挽歌出於漢武帝役人之勞歌，聲哀切，遂以爲送終之禮。」唱挽歌乃是送終之禮的一個組成部分。設置挽郎的具體時間不詳，但到魏晉以後，遇國之大喪例選挽郎。東晉成帝咸康七年，皇后杜氏崩，「有司又奏，依舊選公卿以下六品子弟六十人爲挽郎，詔又停之。」〔註55〕此後孝武帝皇后王氏崩，「有司奏選挽郎三十四人，詔停之。」〔註56〕雖然兩次都是下詔停止遴選挽郎以示儉葬，但這些信息也表明，大喪之時遴選挽郎已經成了一項定規。挽郎的選擇範圍頗爲嚴格，人數亦不少。也許正是因爲挽郎的選擇限定在「公卿以下六品子弟」的範圍內，這一舉措漸漸與士人的仕宦聯繫起來。至少到蕭梁時，挽郎已經成了士人起家途徑之一。《隋書》卷二六《百官志上》：「陳依梁制，年未滿三十者，不得入仕。唯經學生策試得第，諸州光迎主簿，西曹左奏及經爲挽郎得仕。」即稱「陳依梁制」，則說明梁代已經將挽郎定爲特許的入仕授官的途徑之一。發展到唐代，挽郎已經成了門蔭制度下較爲重要的入仕途徑。〔註57〕

北魏的挽郎最早見於宣武帝時期。如寇儁，「以選爲魏孝文帝挽郎，除奉朝請」。〔註58〕挽郎的設置應該與孝文帝對喪葬禮儀循漢制進行的改革有關。就現有的資料來看，北魏唯有孝文帝、宣武帝、孝明帝三帝之喪有相關的挽郎的記載。至於挽郎的選擇標準、人數等情況則無從查考，但結合同一時期南朝的相關制度來看，北魏的挽郎之制應與之相似。北魏對於挽郎的選擇頗重其門第。如檀翥，「好讀書，解屬文，能鼓琴，早爲琅邪王誦所知。年十九，以名家子爲魏明帝挽郎。」〔註59〕也重其學業和名望。如博陵崔悛，「善於容止，少有名望，爲當時所知。初爲魏世宗挽郎，釋褐太學博士」〔註60〕；勃海刁柔，「少好學。綜習經史，尤留心禮儀。性強記，至於氏族內外，多所諳悉。初爲世宗挽郎，

〔註55〕 《晉書》卷二○《禮志中》，第633頁。
〔註56〕 《晉書》卷二○《禮志中》，第633頁。
〔註57〕 關於唐代挽郎入仕的研究，可參看黃正建：《唐代的齋郎與挽郎》，載《史學月刊》1989年第1期；劉琴麗：《再論唐代的齋郎與挽郎》，載《江漢論壇》，2005年第9期。
〔註58〕 《周書》卷三七《寇儁傳》，第657頁。
〔註59〕 《北史》卷七○《檀翥傳》，第2433頁。
〔註60〕 《北齊書》卷二三《崔悛傳》，第333頁。

出身司空行參軍」。〔註61〕由於北魏後期仿照魏晉南朝所行用的挽郎制度以士族子弟爲主要選用對象，因而，它已經從一種單純的禮儀安排發展到與士人的仕宦具有了密切關係的制度。漢族士人被選爲挽郎，並以之爲途徑獲得出身，這就成了漢族士人的起家方式之一。從現有的相關記載來看，漢族士人以挽郎入仕，其獲得的起家官也主要以奉朝請、公府、軍府僚佐以及員外散騎侍郎等官職爲主。

（七）其他入仕途徑

以上所列幾種入仕方式是北魏漢族士人中常見的入仕途徑。除了上述六種途徑之外，還有一些比較特殊、比較少見的入仕方式。

首先，尚主入仕。逯耀東先生曾對北魏拓跋氏與中原士族的婚姻進行過專項研究，其中也專門對拓跋帝室公主的婚姻狀況進行過統計和分析。〔註62〕逯先生的分析表明，北魏時期元氏公主與代北人士的婚姻要占多數。至於與中原士人的婚姻，其情形也較爲複雜。歸附北魏的東晉南朝皇室成員與公主結成婚姻的有不少。如司馬楚之尚河內公主，司馬躍尚趙郡公主，劉昶先後尚武邑公主和平陽公主，蕭寶寅尚南陽公主。這種婚姻與他們的特殊身份有關，其中所包含的北魏國家的政治考慮在在可見。當然，這些南朝皇族成員的入仕也具有特殊性，與公主的婚姻並不是他們入仕的唯一資格。除了東晉南朝的皇族成員之外，北魏公主與中原士族的婚姻也主要集中在上層士族。如范陽盧道裕，「尚顯祖女樂浪長公主，拜駙馬都尉、太子舍人」；〔註63〕盧元聿，「尚高祖女義陽長公主，拜駙馬都尉」。〔註64〕一般而言，漢族士人與公主結成婚姻例授駙馬都尉，此職在前職令爲從四品，在後職令中爲第六品。

其次，以軍功入仕。北魏時期戰事頻繁，通過建立軍勳來獲得爵位的封賜以及增加官位就成了時人提高政治地位常見的辦法。漢族士人雖然是以文職爲主，但仍有不少兼統文武的漢族士人從軍征戰，並通過軍功來提升官爵。《魏書》卷五七《崔挺傳附崔子朗傳》：「（崔子朗）涉獵經史。少溫厚，有風尚。以軍功起家襄威將軍、員外散騎侍郎。」崔子朗就是通過軍功得以入仕的。又如中山杜弼，他也是通過軍功而得以入仕。《北齊書》卷二四《杜弼傳》：

〔註61〕《北齊書》卷四四《儒林·刁柔傳》，第585頁。
〔註62〕逯耀東：《從平城到洛陽》，第181～255頁。
〔註63〕《魏書》卷四七《盧玄傳附盧道裕傳》，第1051頁。
〔註64〕《魏書》卷四七《盧玄傳附盧元聿傳》，第1060頁。

「延昌中，以軍功起家，除廣武將軍、恒州征虜府墨曹行參軍，典管記。」應該說，這些漢族士人的軍功也都是其親身從軍征戰所獲得的。《魏書》卷七二《陽尼傳附陽固傳》：

> 太和中，（陽固）從大將軍宋王劉昶征義陽，板府法曹行參軍，假陵江將軍。昶嚴暴，治軍甚急，三軍戰慄無敢言者。固啓諫，幷面陳事宜。昶大怒，欲斬之，使監當攻道。固在軍勇決，志意閒雅，了無懼色。昶甚奇之。軍還，言之高祖。年三十餘，始辟大將軍府參軍事，署城局，仍從昶鎮彭城，板兼長史。

陽固在從劉昶征義陽之時尚未入仕。儘管他在劉昶軍府中任職法曹行參軍，但那是「板授」，屬於劉昶的個人徵辟，尚未通過中央政府的任命，所以仍不能算作入仕。陽固後來被授予大將軍府參軍事，此時當屬於中央的正式任命。史書雖未言其原由，但從其先前隨劉昶征討中的表現而言，他在從征過程中立有戰功，並且這也成了他此後入仕的資格。可見，漢族士人參與軍事行動並立下的戰功漸漸成了他們獲得入仕資格的重要一途。

再次，公府辟召也是漢族士人入仕的一途。北魏前期雖立太傅、太尉、司徒、司空等上公、三公，但其是否設置和徵辟僚佐則不得而知。公府僚佐設置情況較爲明晰的記載則要等到孝文帝時期。《魏書》卷二四《鄧淵傳附鄧述傳》：「（鄧述）出爲建忠將軍、齊州刺史。初改置百官，始重公府元佐。時太傅元丕出爲幷州刺史，以述爲太傅長史，帶太原太守。」玩文意，此處之「始重公府元佐」亦即就作爲公府首佐的長史而言，但實際上北魏政府對於諸公府佐的徵辟都是十分愼重的。《崔猷墓誌》：「（太和）十七年，高祖鸞駕南轅，創遷河洛。於時三府妙選，務盡門賢。除君司徒行參軍。」〔註65〕三府即指三公府。此處之「創遷河洛，於時三府妙選」與前引之「改置百官，始重公府元佐」相得益彰，也說明孝文帝改革以來公府僚佐的徵辟選用整體上都得到了國家的關心。《魏書》卷七二《陽尼傳附陽固傳》：「正光二年，京兆王繼爲司徒，高選官僚，辟（陽）固從事中郎，加鎮遠將軍。」即稱「高選官僚」，足見公府僚佐地位之重要。通過公府徵辟入仕的漢族士人，其起家官則以參軍事和行參軍爲主。參軍事爲第七品，行參軍則居從七品，也符合漢族士人的起家之規。仍需指出的是，北魏公府徵辟，其府佐的選擇對象是面向所有官僚的，而未入仕者顯然只是公府辟召的一部分。

〔註65〕趙超：《漢魏南北朝墓誌彙編》，第 66 頁。

最後，我們需要指出一點的是，汪征魯先生曾對魏晉南北朝時期的入仕情況做過細緻的統計分析，其中當然包括北魏部分。〔註66〕汪先生的分析主要以入仕的職官爲標準加以區分，這有助於我們對相關問題的具體情況的瞭解。與我們此處的分析相比，以下幾點是需要引起注意的：首先，我們是以漢族士人爲考察對象，所以其入仕途徑則與其群體特徵相關，汪先生以全體仕宦之人爲對象予以考察，自然他所列舉的入仕途徑就更爲多樣；其次，由於史書記載的問題，我們並不能肯定一些傳主的本傳中所出現的首任職官即其起家官，而且，一些特殊的人群如南來降人在北魏政府中的任職似乎也不宜與北魏本朝人員等同視之；再次，入仕的途徑本質上是一種入仕資格的獲得，以職官分類的方式顯然只是一種表象的分析，這並不能說明入仕者具有何種國家認可的任官資格，所以諸如門蔭、爵位入仕的途徑就難免爲其所忽視。

以上我們對漢族士人的入仕途徑進行了考察。漢族士人進入仕途的方式有不少。由於北魏前後時期的政治制度頗爲不同，這也使得漢族士人的入仕途徑帶有時段性的特點。比如特科徵召就在北魏前期大行其道，而在北魏後期則趨向沒落，而門閥制度的確立又使得以門蔭和爵位入仕成了漢族士人獲得入仕資格的主要途徑。即便是能夠爲北魏一朝一直沿用的入仕方式，由於受政治制度的影響，其在不同時段也呈現出不同的特點。比如秀孝察舉一途，北魏前期通過秀孝察舉的尚能包括各個不同階層的漢族士人，北魏後期的秀孝察舉一途則顯然爲世家大族所壟斷。

第二節　漢族士人的起家官及其相關問題

如前所述，在古代社會中，官職不僅是公共行政職權的標示，更重要的是，官職與任職之人——即官僚——的結合就使得官職成了政治權力、經濟利益以及社會地位等多方面的綜合體。作爲仕途的起點，起家官對於官僚日後的發展頗具決定意義。北魏時期的漢族士人處身於同樣的官僚社會當中，他們同樣也會關注自身的起家以及起家官問題。北魏社會本身的特點又使得漢族士人的起家官因歷史時段和個人身份的不同而不同。

與南北朝其他時段一樣，北魏社會同樣也注重士族門閥地位。這種現象

〔註66〕參看汪征魯：《魏晉南北朝選官體制研究》，福建人民出版社，1995 年，第 202 ～240、519～558 頁。

自北魏初建之時即已存在。到孝文帝將門閥觀念予以制度化以後，對門閥的強調就成了北魏社會胡漢士人共同認可的現象。門閥制度的存在對社會政治會產生多方面的影響，其中最爲重要的一項即在官僚體系方面。儘管研究者也試圖強調門閥士族所具有的自立性，但他們與官僚體系的密切聯繫卻是一個不爭的事實。眾所周知，魏晉南北朝時期以九品中正制度品定地方人物，以作爲中央政府銓選官吏的依據，而門閥士族對政治資源的把持又使得九品中正制成了專崇門第的選舉制度。這在北魏時期同樣如此。《魏書》卷二七《穆崇傳附穆亮傳》：

> 于時，復置司州，高祖曰：「司州始立，未有僚吏，須立中正，以定
> 選舉。然中正之任，必須德望兼資者。世祖時，崔浩爲冀州中正，
> 長孫嵩爲司州大中正，可謂得人。公卿等宜自相推舉，必令稱允。」

孝文帝的言語可以說明北魏前期即已設立中正一職，其職任當也是專司品第人物，爲中央銓選提供依據。《魏書》卷七《高祖紀》：「(太和二十年三月)，丁丑，詔諸州中正各舉其鄉之民望，年五十以上守素衡門者，授以令長。」孝文帝的這道詔令也充分說明北魏中正的職責也正同於魏晉以來的中正所司。張旭華先生也指出，北魏中正制在品第人才方面發揮了巨大作用，尤其是在孝文帝以降，州郡中正的作用得到全面發揮，爲中央和地方的職官銓選順利進行奠定了基礎。中正職權也通過直接參與分定姓族、吏部銓選以及負責訂正僞冒勳簿等事務而獲得進一步擴張。〔註67〕可以說，北魏中正在品定和推薦人才方面一直發揮著重要作用。當然，隨著門閥制度的確立，北魏中正制也成了士族高門把持的政治工具。文獻中所見到的中正官絕大部分爲各地士族擔任，中正選舉也全重門第。〔註68〕無論漢族士人通過哪條途徑進入仕途，他同樣需要經過中正的品定，而品定的結果也就成了國家授予不同品級、不同清濁的起家官的依據。這不僅是針對北魏統治下的漢族士人，就是南來降人也是如此。如北魏國家就曾設立過揚州大中正，王肅和裴植就曾任過此職，〔註69〕這當是專門負責南朝降人的品第的。總之，北魏社會同樣是

〔註67〕 參看張旭華：《九品中正制略論稿》，第261～307頁。

〔註68〕 張旭華先生統計北魏擔任過中正官者共計155人，而且中正的選任也具有門閥化、士族化的傾向，參看氏著《九品中正制略論稿》，第263～269頁。毛漢光先生早年的研究也對北魏中正官的任職情況進行過統計，他指出北魏一朝中正官以士族居者占81.2%，參看氏著《兩晉南北朝士族政治之研究》，第104頁。

〔註69〕 分見《魏書》卷六三《王肅傳》、卷七一《裴叔業傳附裴植傳》，第1408、1570

一個門閥社會，在選舉制度方面也以九品中正制為主，漢族士人的起家官的授予同樣需要以中正品第為依據，這是我們事先需要說明的。

一、北魏前期漢族士人的起家官

　　北魏自拓跋珪立國之始即有漢族士人如燕鳳、張袞、張恂以及許謙等人前來投奔。他們主要居於代北以及附近地區，地域上的接近使得當地漢族士人與拓跋氏相互之間維持著較為熟悉的關係，投奔北魏也是他們在社會動盪之際維持家庭以及家族生存的自然選擇。拓跋政權接納了這批漢族士人，並為其授予官職。如許謙為右司馬、張袞為左長史，二人在拓跋珪左右「參贊初基」，〔註70〕《魏書》卷二四《張袞傳》：「袞常參大謀，決策幃幄。」此即就張袞在登國年間的主要活動而言。可見，所謂的「參贊初基」無非就是為拓跋珪的各項政治、軍事以及外交活動等出謀劃策。北魏政權初建之時所吸納的漢族士人實際上大多是以謀臣策士的身份處身朝堂。北魏初建之時的制度粗疏，諸事草創，關於士人入仕以及起家官等概念自然尚未形成，更遑論付諸制度！

　　皇始至天興初年（396～398），北魏初定河北，各項制度也相繼建立，對漢族士人的吸納也進一步展開。北魏政府首先面臨的問題就是，他將要吸收的漢族士人大多在後燕政權中有過仕宦經歷，以何種方式使其在一個新的政權中任職會最為妥當？《魏書》卷三三《張蒲傳》：「太祖定中山，寶之官司敘用者，多降品秩。」拓跋氏既要顯示對後燕政權中的漢族士人的尊重，認可他們以前的仕宦的資歷，又要體現北魏國家對他們的征服意義，二者頗為矛盾。「降品敘用」顯然成了解決這一矛盾的有效方式，至於此法所依據的職官品秩為何但可置而不論。由於史料的限制，我們沒有更多的材料來證實北魏這一對待後燕降臣的措施，但其得到具體執行應該是沒有疑問的。

　　如果將起家官以及「起家」的含義放寬，〔註71〕將後燕降臣在北魏的初始任職也看做起家之官也未始不可。因為隨著後燕政權的滅亡，後燕降臣所

　　　　頁。
〔註70〕《魏書》卷二四《許謙傳》，第611頁。
〔註71〕宮崎市定先生稱：青年初任官吏稱作「起家」，參看氏著：《九品官人法研究》，第64頁。就個人而言，後燕降臣在北魏政權中獲得的第一任官職顯然不是他們的初仕之官，但新政權中雖會考慮降臣個人的前朝任職，而在計算他們的官資以及日後的升遷卻肯定是以新朝的仕宦經歷為主。

憑藉以完成官資積累和職官遷轉的制度環境也隨之消亡，他們被北魏政權所接收，實際上又是在一種新的制度環境中開展其仕宦生涯。比起魏晉之時的「起家」而言，他們在前朝的資歷顯然還是一個需要北魏國家參考的因素，這使得他們的起家官多少帶有一點特殊性。這可以本文第三章表 3.2 所列的情況來做具體的說明。從表 3.2 中所列在後燕政權中任過職的漢族士人的情況來看，他們入魏的時間不一，原因各異，所獲得的任職也就頗有差別。首先，從他們入魏之時北魏授予的職官種類來看，既有中央尚書省、散騎省、門下省等部門的職官，也有地方各類行政長官。其任職多種多樣，很難說有一定之規。其次，降臣之中有一些具有主動歸附的情節。如高湖，「（慕容）寶走和龍，兄弟交爭，湖見其衰亂，遂率戶三千歸國」；〔註72〕酈紹爲慕容寶濮陽太守，「太祖定中山，以郡迎降，授兗州監軍」，〔註73〕這些人多爲地方首長，他們的主動歸附顯然爲拓跋氏所歡迎，所以一般仍讓他們任職原地，給與的待遇也較爲優厚。最後，北魏國家對於降臣中的才學之士較爲關注。如崔玄伯、封懿、崔逞以及宋隱等人。他們大多被授以中央臺省職官。就這些後燕漢族降臣進入北魏政權的初仕職官而言，北魏政府十分注意區分人群，能夠根據其具有的才學、社會勢力等不同的特點妥爲授職。而這些初授之官又成了這樣一批具有降臣身份的漢族士人在北魏政權中仕途的起點。

當然，隨著拓跋氏的統治逐步深入，對於漢族士人的吸收和安置也要逐步推進，相關的制度也要逐漸完善。儘管北魏前期漢族士人對於拓跋氏頗有牴觸，「是時東方罕有仕者」〔註74〕，但這種狀況並不是一成不變的。《魏書》卷四八《高允傳附高變傳》：

> （高）推弟變，字季和，小字淳于，亦有文才。世祖每詔徵，辭疾
> 不應。恒譏笑允屈折久宦，栖泊京邑。常從容於家。

高變爲高允之弟，他對高允的嘲笑並不是因爲他做了胡族政權的官，而是因爲他未能在仕途上有所進展。〔註75〕高變的這種看法值得我們玩味。一方面，

〔註72〕《魏書》卷三二《高湖傳》，第 751 頁。
〔註73〕《魏書》卷四二《酈範傳》，第 949 頁。
〔註74〕《魏書》卷九四《閹官·仇洛齊傳》，第 2013 頁。
〔註75〕中村圭爾先生則認爲高變對高允的嘲笑「可以與京城和故里、官人與非官人兩極之間的搖擺的門閥貴族階層的自我認識和價值觀聯繫在一起」。參看氏著《魏晉南北朝時期的城市與官人》，收入井上徹、楊振紅主編：《中日學者論中國古代城市社會》，三秦出版社，2007 年，第 95～116 頁。

十六國時期胡族紛入中原引起的社會動亂加重了胡漢衝突情緒，然而就是在這種氛圍中仍有大量北方士族爲保門戶計，仍要與胡族政權合作，並爲這種合作尋找合理性，〔註76〕這些活動實際上會逐步減輕胡漢之間的民族隔閡。北魏承十六國餘緒，其統治區域內的漢族士人爲維持家族發展考慮，就仍需要在北魏政權中謀得官職，繼續保持合作的局面，民族矛盾的影響並非無處不在。另一方面，拓跋氏自建立政權以來，對官僚制度的建設也逐漸完善，不僅士人的入仕、起家有了一定之規，職官的遷轉也有了具體的規範。《魏書》卷五《高宗紀》：

> （和平三年）冬十月丙辰，詔曰：「朕承洪緒，統御萬國，垂拱南面，委政群司，欲緝熙治道，以致寧一。夫三代之隆，莫不崇尚年齒。今選舉之官，多不以次，令班白處後，晚進居先。豈所謂彝倫攸敘者也！諸曹選補，宜各先盡勞舊才能。」

文成帝下詔要求官吏銓選宜「先盡勞舊才能」，從其詔文中也可以看出這一原則實際上早已推行，只是因爲選官「多不以次」的違規操作才使得文成帝需要下詔對已定的銓選原則予以強調。這一詔文從一個側面反映出北魏前期已經形成了面向官僚全體的職官升遷制度，儘管會受到一些限制，但大體上漢族士人是可以通過在官場的綜營而在一定程度上實現自己各方面利益的。上述兩方面的論述大概就是高變何以嘲笑高允未能因宦致顯的原因所在了。

拓跋氏在實現對中原的統治之後，對漢族士人的吸收和利用作爲一項重要的國策也隨之積極展開，而相應的政治待遇的確立也作爲一種共識而爲拓跋統治者和漢族士人所接受並付諸實踐，對漢族士人起家官的重視也日益凸顯。除了各方歸附的降人之外，北魏前期中央政權中的漢族士人則主要來自通過秀孝察舉、特科徵召等方式招徠的各地人士及其後代，他們成了北魏政權中漢族士人的主體。同時，漢族士人世代相繼的仕宦經歷又使得他們與中央政權的關係日益密切。以官宦爲基礎的門閥士族也在這種世代爲官的形勢下日漸形成。

北魏前期漢族士人的起家官也頗具特點。首先，由於北魏前期還處於一個擴張領土的過程之中，大批從征服之地歸附的漢族士人需要北魏政府妥爲

〔註76〕 參看楊洪權：《兩晉之際士族移徙與「門戶之計」淺論》，載《武漢大學學報》1998年第1期。羅新先生對華北士族在五燕政權中的仕宦的考察則爲漢制士人「門戶之計」的觀點提供了更爲深入的研究，參看氏著《五燕政權下的華北士族》，載《國學研究》第四卷，北京大學出版社，1997年，第127～155頁。

安置，他們進入新政權之時勢必不能與北魏國家統治下的原有的漢族士人一例看待。比如表 2.1 中所列從隴右和河西地區歸附的漢族士人。他們或者因為本身所具有的地方勢力而授予守令之職，如表中所列寇讚、崔寬等人，而李寶更是因為其特殊的政治地位而受到北魏政權的優待。河西、隴右地區的漢族士人更多的則是進入中、秘二省，被授予中書博士、著作佐郎等職，負責教學、編纂國史等工作。這雖然與北魏前期漢族士人的起家之例有相似之處，但北魏政府對他們的安排更多的是出於安置、利用降人的總體考慮，並非一種正常的起家之例。這種現象在我們隨後將要討論的南朝降人的起家問題時也有更為明顯的表現。

其次，對於從河北各地徵召或舉薦而來的士人，就家族背景而言，他們大部分都是首次進入北魏政權，當然，也有一些士人父祖曾在北魏政府中任職，而中書博士一職則成了這批漢族士人當中最為固定和常見的起家官。若進一步考察這些以中書博士起家的漢族士人的特點，則不難發現經明行修是他們較為一致的共性，至於他們的家族背景則顯然不是北魏政府考慮的重點。中書博士一職不見前後職令。若與和其性質較為接近的國子博士一職相比，國子博士於太和前職令中居從五品上，中書博士的品秩或與之相當，如此，則中書博士是為品級較高的起家官。當然，這些通過秀孝察舉或特科徵召的漢族士人當中也有以他職起家者。如邢祐，「少有學尚，知名於時。徵除著作郎，領樂浪王傅。後假員外散騎常侍，使於劉彧」〔註77〕。與邢祐一樣以著作郎或著作佐郎起家的還有韓顯宗、邢產、李叔胤、陽尼、封軌等人。值得注意的是，他們基本上都是在文成帝以後入仕的，這當與北魏於文成帝和平元年重置史官有關。〔註78〕根據太和前職令所示官品，著作郎為五品上，著作佐郎為從五品上，二者官品同樣不低。其他如裴宣被舉為秀才，「高祖初，徵為尚書主客郎」〔註79〕，前職令中尚書郎為從五品中；邢虬，「舉秀才上第，為中書議郎」〔註80〕，前職令中中書議郎為五品中。以上是通過特召和秀孝

〔註77〕《魏書》卷六五《邢巒傳附邢祐傳》，第 1449 頁。據《魏書》卷一九《樂浪王萬壽傳》，拓跋萬壽於和平三年封王，又《魏書》卷六《顯祖紀》：「（皇興五年三月），詔假員外散騎常侍邢祐使於劉彧。」則邢祐入仕時間在和平三年至獻文帝皇興五年之間。

〔註78〕《魏書》卷五《高宗紀》：「（和平元年六月），崔浩之誅也，史官遂廢，至是復置。」

〔註79〕《魏書》卷四五《裴駿傳附裴宣傳》，第 1023 頁。

〔註80〕《魏書》卷六五《邢巒傳附邢虬傳》，第 1450 頁。

入仕的漢族士人起家的幾種主要職官，他們大多分佈在五品和從五品之間，雖然前職令所列職官及其官品不一定能夠說明北魏前期的情況，但這種分佈也大體反映了這類漢族士人起家的總體趨勢。

漢族士人入仕於北魏政府，其獲得的不僅是自身職位的上升，他們同時也能獲得蔭子入仕的機會。《魏書》卷三三《賈彝傳附賈秀傳》：「時（賈）秀與中書令勃海高允俱以儒舊見重於時，皆選擬方岳，以詢訪見留，各聽長子出為郡守。」賈秀後來堅決推辭國家的這種恩賜，而高允之子則因此獲得出仕機會，「以父任除綏遠將軍、長樂太守」〔註81〕。高忱因門蔭入仕的例子也並非偶見。《魏書》卷四九《李靈傳附李恢傳》：「高宗以恢師傅之子，拜員外散騎常侍、安西將軍、長安鎮副將，進爵為侯，假鉅鹿公。」李恢之父李靈，李靈曾經被選舉教授高宗經書。李恢正因其父與新即位的高宗的這層關係而得美授。同樣的情況亦見於谷洪。《魏書》卷三三《谷渾傳附谷洪傳》：「（谷洪）少受學中書。世祖以洪機敏有祖風，令入授高宗經。高宗即位，以舊恩為散騎常侍、南部長。」以上都是屬於不次拔擢的情況。實際上，漢族士人的子孫入仕起家也有著較為普遍的方式。他們通過中書學生、太學生、爵位、門蔭等途徑獲得入仕資格，而他們的起家官則主要以中書博士和中散諸職為主。〔註82〕太和前職令中錄有一些中散官及其官品：中散庶長，從第四品上；侍御中散，第五品上；中散，第五品中。漢族士人所擔任的秘書中散、主文中散等職則不見於職令的記載，其官品也無從推測，而漢族士人中以此二職為起家官的又要占多數。北魏前期的中散諸職大體上屬於內侍官，而根據其性質又可分為文、武二類，受過良好的家學或官學教育的漢族士人子弟主要是以文職性的中散諸職為起家之選。

最後，需要注意的是，自孝文帝即位以來，漢族士人的起家官雖仍以中書博士和中散諸職為主，但隨著北魏各項行政機構的發展完善，他們的起家官也出現了多樣化的趨勢。如高道悅，「年十五，除中書學生，拜侍御史，遷主文中散」〔註83〕；崔廣，「初為中書學生。高祖時，殿中郎中」〔註84〕；崔

〔註81〕《魏書》卷四八《高允傳附高忱傳》，第 1090 頁。

〔註82〕關於中書博士以及中散諸職的論述，參看本文第三章第一節、第二節的相關論述。

〔註83〕《高道悅墓誌》，釋文見趙超：《漢魏南北朝墓誌彙編》，第 104 頁。又《魏書》卷六二《高道悅傳》：「道悅少為中書學生、侍御主文中散。」所敘與墓誌相合，但「侍御」後少一「史」字，《魏書》當據墓誌補正。

秉，「太和中，爲中書學生，拜奉朝請」〔註85〕；韓興宗，「年十五，受道太學。後司空高允奏爲秘書郎，參著作事」。〔註86〕我們在此就見到侍御史、殿中郎中、奉朝請、秘書郎諸職，可見，孝文帝以後漢族士人的起家官的擴展反映出他們已經更廣泛地分佈於中央各機構當中。

綜上所述，北魏前期的漢族士人的起家官可以說形成了若干種較爲固定的模式，每種模式都有其一定的對身份和入仕途徑的限定。漢族士人則據此獲得與之對應的起家官。這些起家官就其本身的性質而言則是以文職性的職官爲主。而到孝文帝前後，漢族士人的起家官在固定的模式上又出現了一定的突破，其起家官的種類也越來越多，涉及的機構也越來越多。進而言之，北魏前期漢族士人的起家官的格局及其變化又是與當時的政治格局以及制度變革的現狀相聯繫的。

表2.1　北魏前期漢族士人的起家官

任職者	入仕時間	起家官	首次轉任職官	入仕途徑	資　料　來　源
張昭	明元帝初	內主書	幽州刺史	以功臣子爲太學生	《魏書》卷三三《張蒲傳附張昭傳》
寇讚	明元帝時	魏郡太守	南雍州刺史	後秦歸順	《魏書》卷四二《寇讚傳》
李順	明元帝時	中書博士	中書侍郎		《魏書》卷三六《李順傳》
公孫軌	明元帝時	中書郎	尚書		《魏書》卷三三《公孫表傳附公孫軌傳》
韋閬	太武帝時	咸陽太守	武都太守	徵士	《魏書》卷四五《韋閬傳》
崔寬	太武帝時	岐陽令	弘農太守	涼州歸順	《魏書》卷二四《崔玄伯傳附崔寬傳》
趙逸	太武帝時	中書侍郎	赤城鎮將	赫連夏歸順	《魏書》卷五二《趙逸傳》
胡方回	太武帝時	北鎮司馬	中書博士	赫連夏歸順	同上《胡方回傳》

〔註84〕《魏書》卷四九《崔鑒傳附崔廣傳》，第1106頁。
〔註85〕《魏書》卷四九《崔鑒傳附崔秉傳》，第1104頁。
〔註86〕《魏書》卷六〇《韓麒麟傳附韓興宗傳》，第1333頁。

宗欽	太武帝時	著作郎		涼州歸順	同上《宗欽傳》
段承根	太武帝時	著作郎		涼州歸順	同上《段承根傳》
索敞	太武帝時	中書博士	扶風太守	涼州歸順	同上《索敞傳》
殷仲達	太武帝時	秘書著作郎		涼州歸順	同上《殷仲達傳》
公孫質	太武帝時	中書博士	尚書	中書學生	《魏書》卷三三《公孫表傳附公孫質傳》
賈秀	太武帝時	中書博士	中書侍郎		同上《賈彝傳附賈秀傳》
裴駿	太武帝時	中書博士	中書侍郎	軍功補任	《魏書》卷四五《裴駿傳》
高濟	太武帝時	中書博士	楚王傅		《魏書》卷四八《高《允傳附高濟傳》
高欽	太武帝時	秘書中散		中書學生	《魏書》卷五七《高祐傳附高欽傳》
張誕	神䴥四年	中書侍郎	通直散騎常侍	徵士	《魏書》卷二四《張袞傳附張誕傳》
宋宣	神䴥四年	中書博士	行司隸校尉	徵士	《魏書》卷三三《宋隱傳》
杜銓	神䴥四年	中書博士	散騎侍郎	徵士	《魏書》卷四五《杜銓傳》
盧玄	神䴥四年	中書博士		徵士	《魏書》卷四七《盧玄傳》
高允	神䴥四年	中書博士	中書侍郎	徵士	《魏書》卷四八《高允傳》
李靈	神䴥四年	中書博士	中書侍郎	徵士	《魏書》卷四九《李靈傳》
游雅	神䴥四年	中書博士	東宮內侍長	徵士	《魏書》卷五四《游雅傳》
李孝伯	太武帝時	中散	秘書奏事中散	徵召	《魏書》卷五三《李孝伯傳》
李祥	太武帝時	中書博士	淮陽太守	州郡表貢	《魏書》卷五三《李孝伯傳附李祥傳》
宋溫	太武帝時	中書博士		徵士	《魏書》卷三三《宋隱傳》
李敷	眞君二年	中書博士	中散	中書學生	《魏書》卷四六《李訢傳》
李寶	眞君五年	外都大官	懷荒鎮將	涼州歸順	《魏書》卷三九《李寶傳》

張靈符	眞君八年	中書博士	中書侍郎		《魏書》卷三三《張蒲傳附張靈符傳》
高閭	眞君九年	中書博士	中書侍郎	徵召	《魏書》卷五四《高閭傳》
盧度世	太武帝末	中書侍郎			《魏書》卷四七《盧玄傳附盧度世傳》
李訢	太武帝末	中書博士	徐州刺史	中書學生	《魏書》卷四六《李訢傳》
張白澤	文成帝初	中散	殿中曹給事中		《魏書》卷二四《張袞傳附張白澤傳》
游明根	文成帝初	東宮主書	都曹主書	中書學生	《魏書》卷五五《游明根傳》
趙柔	文成帝初	著作郎		涼州歸順	《魏書》卷五二《趙柔傳》
程駿	文成帝初	著作佐郎	著作郎	涼州歸順	《魏書》卷四五《程駿傳》
谷洪	文成帝初	南部長	南部尚書	中書學生	《魏書》卷三三《谷渾傳附谷洪傳》
李璨	文成帝時	秘書中散	定州別駕		《魏書》卷四九《李靈傳附李璨傳》
唐和	文成帝時	濟州刺史	內都大官	涼州歸順	《魏書》卷四三《唐和傳》
司馬金龍	文成帝時	中散	太子侍講	中書學生	《魏書》卷三七《司馬楚之傳司馬金龍傳》
裴修	文成帝時	秘書中散	主客令	中書學生	《魏書》卷四五《裴駿傳附裴修傳》
高忱	文成帝時	長樂太守		以父任	《魏書》卷四八《高允傳》
高懷	文成帝時	任城王雲郎中令	太尉諮議參軍		同上
高祐	文成帝時	中書博士	中書博士	中書學生	《魏書》卷五七《高祐傳》
辛紹先	文成帝時	中書博士	神部令	涼州歸順	《魏書》卷四五《辛紹先傳》
李恢	文成帝時	長安鎮副將		高宗以師傅之子特拜	《魏書》卷四九《李靈傳附李恢傳》
李承	文成帝末	滎陽太守		涼州歸順	《魏書》卷三九《李寶傳附李承傳》

鄭羲	文成帝末	中書博士	中書侍郎	秀才	《魏書》卷五六《鄭羲傳》
高謐	獻文帝初	中散	秘書郎	以功臣子招入禁中	《魏書》卷三二《高湖傳附高謐傳》
崔衡	天安元年	內秘書中散	內都坐令		《魏書》卷二四《崔玄伯傳附崔衡傳》
李安世	獻文帝初	中散	主客令	中書學生	《魏書》卷五三《李孝伯傳附李安世傳》
公孫睿	獻文帝時	儀曹長	南部尚書	東宮吏	《魏書》卷三三《公孫表傳附公孫睿傳》
邢祐	獻文帝時	著作郎	平原太守	徵召	《魏書》卷六五《邢巒傳》
唐玄達	獻文帝時	華州刺史		涼州歸順	《魏書》卷四三《唐和傳附唐玄達傳》
崔辯	獻文帝時	中書博士	武邑太守	徵拜	《魏書》卷五六《崔辯傳》
李崇	獻文帝時	主文中散		李誕之子	《魏書》卷六六《李崇傳》
韋珍	獻文帝時	京兆王子推國常侍	尚書南部郎		《魏書》卷四五《韋閬傳附韋珍傳》
封琳	獻文帝末	中書博士	中書侍郎	本州表貢	《魏書》卷三二《封懿傳附封琳傳》
李沖	獻文帝末	秘書中散	內秘書令	中書學生	《魏書》卷五三《李沖傳》
李彪	孝文帝初	中書教學博士	秘書丞		《魏書》卷六二《李彪傳》
李徵拜彥	孝文帝初	中書博士	諫議大夫	司州秀才	《魏書》卷三九《李寶傳附李彥傳》
李茂	孝文帝初	長安鎮都將	西兗州刺史	襲父爵	同上《李寶傳附李茂傳》
李輔	孝文帝初	中書博士	司徒議曹掾		同上《李寶傳附李輔傳》
李佐	孝文帝初	常山太守	懷州刺史	奉使稱旨	同上李寶傳附李佐傳
郭祚	孝文帝初	中書博士	中書侍郎	秀才	《魏書》卷六四《郭祚傳》
裴宣	孝文帝初	尚書主客郎	尚書都官郎	秀才	《魏書》卷四五《裴駿傳附裴宣傳》

劉模	孝文帝初	校書郎	中書博士		《魏書》卷四八《高允傳附劉模傳》
游肇	孝文帝初	內秘書侍御中散	都官從事	中書學生	《魏書》卷五五《游明根傳附游肇傳》
崔廣	孝文帝時	殿中郎中	通直散騎侍郎	中書學生	《魏書》卷四九《崔鑒傳》
高道悅	孝文帝時	侍御史	主文中散	中書學生	《魏書》卷六二《高道悅傳》
邢產	孝文帝時	著作佐郎	中書侍郎	秀才	《魏書》卷六五《邢巒傳》
崔挺	孝文帝時	中書博士	中書侍郎	秀才	《魏書》卷五七《崔挺傳》
盧淵	孝文帝時	主客令	給事黃門侍郎	襲父盧淵侯爵	《魏書》卷四七《盧玄傳附盧淵傳》
鄧羨	孝文帝時	侍御史	齊州征虜長史	中書學生	《魏書》卷二四《鄧淵傳附鄧羨傳》
公孫邃	孝文帝時	南部長	南部尚書	選部吏，積勤	《魏書》卷三三《公孫表傳附公孫邃傳》
賈儁	孝文帝時	秘書中散	荊州刺史	襲父爵	《魏書》卷三三《賈彝傳附賈儁傳》
李岡	孝文帝時	中散	下大夫		《魏書》卷三六《李順傳附李岡傳》
房宣明	孝文帝時	中書博士	中書議郎		《魏書》卷四三《房法壽傳》
崔景儁	孝文帝時	中書博士	侍御史	徵拜	《魏書》卷五六《崔辯傳》
韋崇	孝文帝時	中書博士	司徒從事中郎		《魏書》卷四五《韋閬傳附韋崇傳》
韋纘	孝文帝時	秘書中散	侍御中散	中書學生	同上《韋閬傳附韋纘傳》
邢巒	孝文帝時	中書博士	員外散騎侍郎	州郡表貢	《魏書》卷六五《邢巒傳》
邢虬	孝文帝時	中書議郎	尚書殿中郎	秀才	同上《邢巒傳附邢虬傳》
李韶	延興中	儀曹令	給事黃門侍郎	中書學生	《魏書》卷三九《李寶傳附李韶傳》
杜洪太	延興中	中書博士	下邳太守		《魏書》卷四五《杜銓傳》
甄琛	太和初	中書博士	諫議大夫	秀才	《魏書》卷六八《甄琛傳》

李平	太和初	通直散騎侍郎	太子舍人	彭城王李嶷之子	《魏書》卷六五《李平傳》
盧敏	太和初	議郎			《魏書》卷四七《盧玄傳》
韓顯宗	太和初	著作佐郎	兼中書侍郎	秀才	《魏書》卷韓麒麟傳附韓顯宗傳
韓興宗	太和初	秘書郎	秘書中散	太學生	《魏書》卷六○《韓麒麟傳》
李宣茂	太和初	中書博士	司空諮議		《魏書》卷四九《李靈傳附李宣茂傳》
陽藻	太和初	中書博士	廷尉正	秀才	《魏書》卷七二《陽尼傳附陽藻傳》
李叔胤	太和中	著作佐郎	廣陵王諮議	舉秀才	《魏書》卷四九《李靈傳》
陽尼	太和中	著作郎	國子祭酒	州郡表薦	《魏書》卷七二《陽尼傳》
李虔	太和初	秘書中散	驃騎長史	中書學生	《魏書》卷二九《李寶傳附李虔傳》
李憲	太和五年	秘書中散	散騎侍郎		《魏書》卷三六《李順傳附李憲傳》
李秀林	太和中	中書博士	頓丘相		同上李《順傳附李秀林傳》
李叔虎	太和中	中書博士	中書議郎		《魏書》卷七二《李叔虎傳》
李叔寶	太和中	頓丘國郎中令	太常丞	秀才	同上《李叔虎傳附李叔寶傳》
路景略	太和中	中書博士	尚書郎		同上《路景略傳》
盧尚之	太和中	議郎	征東諮議參軍		《魏書》卷四七《盧玄傳》
封軌	太和中〔註87〕	著作佐郎	尚書儀曹郎		《魏書》卷三二《封懿傳附封軌傳》
司馬悅	太和中	司州主簿	司空司馬	年十四，以道訓之冑，入侍禁墀	司馬悅墓誌〔註88〕

〔註87〕《魏書》卷三二《封懿傳附封軌傳》：「與光祿大夫武邑孫惠蔚同志友善。」又據同書卷八四《孫惠蔚傳》所示，孫惠蔚被舉為孝廉而入仕是在太和初年，封軌與其「同志友善」，那封軌入仕的時間當於孫惠蔚相差不遠，至少當在孝文帝改革之前。

〔註88〕趙超：《漢魏南北朝墓誌彙編》，第58頁。

崔秉	太和中	奉朝請	徐州安東錄事參軍	中書學生	《魏書》卷四九《崔鑒傳附崔秉傳》
鄭道昭	太和中	秘書郎	主文中散	中書學生	《魏書》卷五六《鄭羲傳附鄭道昭傳》
鄧宗慶	不詳	中散	尚書	中書學生	《魏書》卷二四《鄧淵傳附鄧宗慶傳》
鄧靈珍	不詳	秘書中散		中書學生	同上《鄧淵傳附鄧靈珍傳》
谷季孫	不詳	秘書中散	中部大夫	中書學生	《魏書》卷三三《谷渾傳附谷季孫傳》
司馬纂	不詳	中書博士	司州治中		《魏書》卷三七《司馬楚之傳》
韋眞喜	不詳	中書博士	中書侍郎		《魏書》卷四五《韋閬傳》
李遴	不詳	侍御中散	東宮門大夫		《魏書》卷四六《李訢傳附李遴傳》
李璞	不詳	中書博士	太常卿		同上《李訢傳附李璞傳》
李蘊	不詳	秘書中散	侍御中散	中書學生	同上《李訢傳附李蘊傳》
李憑	不詳	秘書主文中散			《魏書》卷四九《李靈傳附李憑傳》
崔鑒	不詳	中書博士	中書侍郎		《魏書》卷四九《崔鑒傳》
崔合	不詳	主文中散	太尉諮議參軍	中書學生	同上
胡醜孫	不詳	秘書郎	中散	中書學生	《魏書》卷五二《胡方回傳》
鄭懿	不詳	中散	尚書郎		《魏書》卷五六《鄭羲傳附鄭懿傳》

二、北魏後期漢族士人的起家官舉隅

北魏自孝文帝改革以後，制度丕變，胡漢雙方對文物制度的改革使得胡族政治模式少有孑遺。北魏國家一改前期偏重武力的特點，轉而朝向文治，其行政機構的文職化就更爲明顯。國家行政重心的轉型則爲以文化特性見長的漢族士人帶來更多更廣泛的任職機會，這與北魏前期漢族士人起家官呈現出的略爲固定和狹窄的狀況相比已大爲不同。與任職的廣泛與多樣化趨勢同時進行的是，北魏國家又以一套層級繁密而有序的官品體系和職官遷轉原則將各個職官納入其中，這樣也就爲處身官僚體系中的士人的仕途的起始和展

開提供了可以精細評判的規範。就漢族士人的起家官而言，儘管其任職可以多種多樣，但人事部門結合其入仕途徑以及其他相關因素，又將其起家官品限定在一定範圍之內。這樣一來，漢族士人的起家官則既有其靈活性，又能遵行一定的規範。

以下，我們則試圖在上述背景下對北魏後期漢族士人的起家官予以考察。當然，我們並不打算對漢族士人的各個起家官一一窮舉，而是試圖以漢族士人起家時擔任較多也更具代表性的職官爲中心，對其起家即起家官的相關問題予以說明。

（一）奉朝請

奉朝請一職，太和前職令爲正六品下，後職令爲從七品。該職的性質，見於劉知幾的分析。《通典》卷二九《職官十一·武官下》：「奉朝請無員，本不爲官，漢東京罷省，三公、外戚、皇室、諸侯多奉朝請。奉朝請者，奉朝會請召而已。」可見，自漢代以來，奉朝請從「奉朝會請召」的一種授予公卿貴戚的國家禮遇轉變成了正式的職官。儘管太和前職令中錄有奉朝請一職，但在北魏前期我們卻並未見到擔任過奉朝請的實例。《魏書》卷一一二《官氏志》：「（太和）十一年八月，置散官員一百人，朝請員二百人。」此處之「朝請」或即奉朝請之省名，那麼奉朝請當始設於太和十一年。奉朝請的員額設置頗大，北魏官制改革之後雖無明文，但從北齊於集書省下置奉朝請二百四十人來看，[註89] 北魏後期的奉朝請人數當也不會太少。我們在表 2.2 的統計中也看到，北魏後期以奉朝請起家的漢族士人爲 99 人，其數量遠超其他種類的起家官，當可作爲明證之一。

從北魏的實際狀況來看，奉朝請雖爲大多數士人的起家之官，但它顯然只是士人培養資望或等候實職選授所居之官。這在孝文帝授予韋彧奉朝請一職時可以看出：

> 會高祖孝文皇帝定鼎嵩瀍，親簡人門，太和十九年，欽公高辯，顧謂僕射李思沖曰：才明如響，可除奉朝請，令悠遊道素，以成高器。
> [註90]

孝文帝讓韋彧或「悠遊道素」，這當是對奉朝請一職性質的最好說明。孝文帝時

〔註89〕《隋書》卷二七《百官志中》，中華書局，1973 年，第 754 頁。
〔註90〕《韋彧墓誌》，釋文見羅新、葉煒：《新出魏晉南北朝墓誌疏證》，中華書局，2005 年，第 128 頁。

也有拓跋疏屬元平起家爲奉朝請,「年廿弱冠爲奉朝請。優遊華僚,逍遙自得,風韻超奇,聲隨日舉」〔註91〕,從元平「優遊華僚,逍遙自得」亦可見此職乃是積資養望之位。無論是就個人還是就家族而言,漢族士人以奉朝請爲起家之選的要占到不小的比例。一般情況下,奉朝請實爲士人起家的優選。《北史》卷三六《薛辯傳附薛聰傳》:

> 於時,孝文留心氏族,正定官品,士大夫解巾,優者不過奉朝請。

可見,以奉朝請爲一般士人的起家首選則從孝文帝著手開始改革之時就成了定規。奉朝請在大多數情況下是士人的起家之官,但也有從他職遷任奉朝請的。《魏書》卷三二《高湖傳附高眞傳》:「(高眞)初除侍御史,拜奉朝請、員外散騎侍郎。」高眞的起家官當爲侍御史,屬第八品,尚低於奉朝請。孝明帝時,馮元興由檢校御史再遷而至奉朝請,〔註92〕需要注意的是,馮元興本爲寒門士人,這應該是他經過多次遷轉才能達到奉朝請的原因所在,因此,以奉朝請爲起家官也是有著門第限制的。又如涼州降人之後江式。《魏書》卷九一《術藝·江式傳》:

> (江式)初拜司徒長兼行參軍、檢校御史,尋除殄寇將軍、符節令。
>
> 以書文昭太后尊號諡冊,特除奉朝請,仍符節令。

江式之父江彊是在太武帝平定涼州之後內徙代郡的,這之後他因上書學之法及書籍得授中書博士,後來歷官秘書郎、趙郡太守,官做得並不大。江式的家族屬寒門無疑,而值得注意的是,江式被授以奉朝請還是因爲書錄文昭太后尊號諡冊而得到特別的除授,這也說明奉朝請一職對於門第的強調。

漢族士人中以奉朝請起家者大多是經明行修、文學優贍或才幹優渥之人。如武功蘇湛,「少有器行,頗涉群書。年二十餘,舉秀才。除奉朝請,領侍御史」;高允之孫高綽,「沉雅有度量,博涉經史。太和十五年拜奉朝請」;崔楷,「美風望,性剛梗,有當世幹具。釋褐奉朝請」;裴伯茂,「少有風望,學涉群書,文藻富贍。釋褐奉朝請」。〔註93〕諸如此類,不一而足。綜觀文獻中所見北魏一朝以奉朝請起家的人士當中,漢族士人要占大多數,代人集團或其他非代人集團的胡族少有以奉朝請起家者。以武幹見長的人士也少有起家爲奉朝請的。前引

〔註91〕 《元平墓誌》,釋文見趙超:《漢魏南北朝墓誌彙編》,第143頁。
〔註92〕 《魏書》卷七九《馮元興傳》,第1760頁。
〔註93〕 以上蘇湛至裴伯茂諸人分見《魏書》卷四五《韋閬傳附蘇湛傳》、卷四八《高允傳附高綽傳》、卷五六《崔辯傳附崔楷傳》、卷八五《文苑·裴伯茂傳》,第1017、1091、1253、1872頁。

孝文帝評價韋彧「才明如響」，在某種程度上也不妨看做奉朝請的選授標準。從家族的角度看，漢族士族中以奉朝請起家的亦復不少，如趙郡李氏就有李蕭、李暾、李育、李仲琁、李同軌、李瑾、李遵等人，京兆韋氏也有韋禎、韋歊之、韋彧、韋鴻、韋嵩遵等人，而河東柳氏則有柳慶和、柳永、柳暢、柳儁起諸人。〔註94〕家族中成員以奉朝請起家也是對其家族所具有的文化性的一種標識。就個人而言，以奉朝請起家是諸多文化士人的常見入仕職官之一，而被授以奉朝請也即肯定了漢族士人所具有的文才和學識。

　　我們對文獻中以奉朝請起家的漢族士人之後的職官遷轉也進行了考察。從可考的信息來看，以從奉朝請向公府僚佐的遷轉最為常見，計 23 例；其次則是遷為員外散騎侍郎，計 12 例；再次則為地方軍府、州府僚佐，計 11 例，轉為尚書諸曹郎的則有 8 例。其他轉為王國官、秘書郎、著作郎、步兵校尉等職官的也偶爾見之，我們不再羅列。從以上幾個主要的遷轉職官而言，其官品大致分佈在八、七品之內。由於北魏職官遷轉仍以「積階漸進」〔註95〕為基本原則，儘管會有一些特殊的或個人的因素，但從總體而言，漢族士人在擔任奉朝請之後仍需要一個循階而上的過程，故其職官的遷轉才會呈現上述傾向。實際上，就其所轉任的公府、軍府僚佐而言，也是以各類參軍、掾屬為主，基本上未見有擔任公府、軍府上佐的。

（二）太學博士等學官

　　從文獻中反映的情況來看，北魏後期擔任過學官的基本上以漢族士人為主。毋庸置疑，北魏時期，學官的性質要求擔任者深諳儒家經典、錘煉學識才能。一些具體的案例也表明，他們不僅負責教授學生的本職工作，還要參與禮儀、律曆以及圖書編纂等各項文物制度和文化工作的討論和具體運作事宜，這些顯然是大多數漢化尚未徹底、文化修養相對較低的胡族人士難以勝任的工作。北魏後期漢族士人擔任各類學官，既有以之為起家官者，也有從他職遷轉而來，而各類學官當中又以太學博士為起家官的情形較為常見。

　　根據相關的記載，北齊時太學博士屬國子寺，置員十人。〔註96〕北齊制

〔註94〕　以上趙郡李氏分見《魏書》卷三六《李順傳》、卷四九《李靈傳》諸人附傳，京兆韋氏見《魏書》卷四五《韋閬傳》諸人附傳，河東柳氏見《魏書》卷四五《柳崇傳》中諸人附傳。

〔註95〕　《郭定興墓誌》，釋文見羅新、葉煒：《新出魏晉南北朝墓誌彙編》，第 95 頁。

〔註96〕　《隋書》卷二七《百官志中》，第 757 頁。

度一仿北魏，則北魏後期的太學博士的設置亦當准此。太學博士的擔任者要求經明行修，漢族士人中以之爲起家官者無疑符合這一要求。《北齊書》卷三五《劉禕傳》：「（劉）禕性弘裕，有威重，容止可觀，雖昵友密交，朝夕遊處，莫不加敬。好學，善《三禮》，吉凶儀制，尤所留心。魏孝昌中，釋巾太學博士。」劉禕居行有禮，性有威儀，又能研精《三禮》之學，可說是漢族士人中以太學博士起家的典型。〔註97〕又如裴敬憲，「少有志行，學博才清，撫訓諸弟，專以讀誦爲業。澹於榮利，風氣俊遠，郡徵功曹不就，諸府辟命，先進其弟，世人歡美之。司州牧、高陽王雍舉秀才，射策高第，除太學博士。」〔註98〕裴敬憲的表現也略同於劉禕。當然，南北朝學術的發展又使得太學博士的選任在以經學修養爲主要標準的同時也能吸納具有其他才學的士人。《魏書》卷六五《邢巒傳附邢晏傳》：「（邢晏）美風儀，博涉經史，善談釋老，雅好文詠。起家太學博士。」邢晏不僅經學博通，而且在文學和佛學方面也有良好的造詣。他以太學博士起家的標準就與前述劉禕、裴敬憲等人顯呈差異。又如崔勉，「頗涉史傳，有几案才。正光初，除太學博士」，〔註99〕崔勉當也具有經學修養，但相對而言，他似乎在史學和几案之才方面表現突出。實際上，北魏後期還有不少以秀才而起家爲太學博士的，如裴景融、盧觀、邢臧以及曹道等人。若注意到北魏後期秀才策試重其文才這一點，則也不難看出北魏後期太學博士的選用以經學爲主要標準的同時又能兼顧其他方面的學識才能，頗具靈活性的特點。

我們所統計到的以太學博士起家的漢族士人共計29位。從其身份上看，既有來自當時各地的名門望族之家的。如博陵崔氏就有崔儉、崔勉、崔纂和崔季良等三人，河東裴氏也有裴景融和裴敬憲二人，范陽盧氏也有盧懷祖、盧辯、盧觀等三人。也有一些寒門人士。如曹昂，「齊郡曹昂，有學識，舉秀才。永安中，太學博士、兼尚書郎」。〔註100〕以學官起家者的隨後的遷職則以公府僚佐中的祭酒、列曹參軍和行參軍爲主，這種情況共有7人。其他遷職則有員外散騎侍郎、著作佐郎、侍御史、秘書郎等，大體上以六品到七品官爲主。

比起以太學博士爲起家官的數量來，以國子博士、國子助教等官職起家

〔註97〕 北朝無論公私都重視《三禮》的傳授，相關的論述可參看張鶴泉師：《略論北朝儒生對〈三禮〉的傳授》，載《社會科學戰線》2009年第7期。
〔註98〕 《魏書》卷八五《文苑・裴敬憲傳》，第1870頁。
〔註99〕 《魏書》卷五七《崔挺傳附崔勉傳》，第1269頁。
〔註100〕 《魏書》卷七九《馮元興傳附曹昂傳》，第1761頁。

的漢族士人則極爲少見。以國子博士起家者惟見盧景裕。《魏書》卷八四《儒林・盧景裕傳》：「前廢帝初，（盧景裕）除國子博士，參議正聲，甚見親遇，待以不臣之禮。」〔註101〕國子博士爲正五品官，當非一般漢族士人可以企及的起家之官。以國子助教起家的漢族士人則有曹世表、宋世景、裴志、劉蘭諸人，則大體上屬於寒門人士了。國子助教的選用則重視候選者經學的修養。《魏書》卷八八《良吏・宋世景傳》：「（宋世景）與弟道璵下帷誦讀，博覽群言，尤精經義。族兄弁甚重之。舉秀才，對策上第，拜國子助教。」又如劉志，「少好學，博涉群書，植性方重，兼有武略。魏正光中，以明經徵拜國子助教。」〔註102〕以四門博士起家的也只見董紹、董徵二人。

（三）公府僚佐

公府僚佐的選用過程中，府主擁有舉薦之權，而最終的任命仍操之於國家手中，儘管有些時候這種任命難免流於形式。至於公府僚佐的選用標準，候選者的門第是重要的一條。代人穆纂起家爲太尉行參軍，其墓誌描述其獲任情形：「皇子高陽王之爲太尉公，盛簡門彥，以備行參軍。時有結駟而求者。君高枕而應顯命。」〔註103〕志文雖難免諛文，但穆氏爲代北勳貴望族則毫無疑問，穆纂以門彥入府當也符合事實。穆纂的墓誌中也顯示出公府僚佐也是時人十分重視的一類職官，所謂「結駟而求」，可見一斑。《魏書》卷五八《楊播傳》：「（楊）津爲司空，於時府主皆引僚佐，人就津求官，津曰：『此事須家兄裁之，何不見問？』」時人向楊津求官，當然是希望他能夠向人事部門加以舉薦。公府僚佐之所以能成爲眾人爭求之職，這又與其清望的性質是分不開的。

公府開設，府主對於其府佐的選用擁有較大的自主權，其府佐的選用也是面向內外百官的。剛入仕的漢族士人要想以公府僚佐爲起家官則面臨以下問題：首先，不論如何，漢族士人的起家官品是有限制的，公府僚佐在流內的最高位司徒、太尉長史，爲從三品，最低者爲司徒、太尉參軍督護，爲第九品，顯然，漢族士人需要選擇適合其起家官品的僚佐方才能夠出任。其次，由於府主對府佐選用的許可權頗大，漢族士人要想成爲公府僚佐，其本身的

〔註101〕 盧景裕以國子博士起家的事情亦見於《洛陽伽藍記》卷一景林寺條：「范陽人也。性愛恬靜，丘園放教。學極六經，說通百氏。普泰初，起家爲國子博士。雖在朱門，以注述爲事，注周易行之於世也。」參看楊衒之著、楊勇校箋：《洛陽伽藍記校箋》，中華書局，2006年，第60頁。

〔註102〕 《周書》卷三六《裴果傳附劉志傳》，第649頁。

〔註103〕 《穆纂墓誌》，釋文見趙超：《漢魏南北朝墓誌彙編》，第121頁。

門第、個人聲望以及與府主的私人關係顯然都會成爲影響因素。《魏書》卷七七《辛雄傳》：

> 正始初，除（辛雄）給事中，十年不遷職，乃以病免。清河王懌爲司空，辟户曹參軍，攝田曹事。懌遷司徒，仍隨授户曹參軍。並當煩劇，諍訟填委。雄用心平直，加以閑明政事，經其斷割，莫不悅服。懌重之，每謂人曰：「必也無訟乎，辛雄其有焉。」由是名顯。懌遷太尉，又爲記室參軍。

辛雄雖然不是以公府僚佐爲起家官，但從其隨清河王元懌數轉爲府佐一點來看，辛雄自身所具有的吏能是他能夠獲得元懌信任和重視的重要原因。其實，府佐的才能和聲望也是與一府之名聲聯繫在一起的。如汝南王元悅爲太尉，王昕以太尉騎兵參軍起家，元悅對其甚爲看重，曾稱「府望惟在此賢」。〔註104〕

從我們所統計的相關信息來看，北魏後期漢族士人以公府僚佐起家的部分中，其起家官也主要是以三公之主簿、列曹參軍以及行參軍爲主。

（四）地方軍府僚佐

漢族士人以地方軍府僚佐爲起家官的情況略同於公府僚佐，門第、聲望仍是一個重要的選用標準。如高陽王元雍爲相州刺史，李遵爲其府法曹行參軍：「高陽王，帝之季弟，作鎮鄴都，傍督鄰壤。望府綱僚，皆盡英胄。君首充其選，爲行參軍署法曹。」〔註105〕李遵也正是以此職起家。當然，軍府僚佐有層級之分，軍府上佐如長史、司馬品級較高，一般也不會成爲士人起家之官，任此職者需要相應的資歷積累，所以由他職遷轉而來更爲常見。軍府低級僚佐如列曹參軍、行參軍等才有士人以之爲起家官。與公府僚佐不同的是，北魏後期地方刺史、郡守甚至縣令都帶軍號，並能以之開府置佐。這樣一來，北魏各地所開軍府在數量上就遠遠超過公府，這也爲預備入仕的漢族士人提供了大量起家之官。有趣的是，儘管軍府因府主所帶軍號而有品級的不同，但漢族士人以軍府僚佐起家仍有其自身的規律：一則其起家官是以各級軍府僚佐中的列曹參軍爲主，二則他們出仕的軍府之府號一般分佈在二品至從三品之間，且大多是地方刺史所開的軍府。

〔註104〕《北齊書》卷三一《王昕傳》，第 415 頁。
〔註105〕《李遵墓誌》，釋文見趙超：《漢魏南北朝墓誌彙編》，第 164 頁。

（五）秘書郎與著作佐郎

北魏後期，著作佐郎的選用仍以實際所具有的才學為主，他並沒有成為高門大族壟斷的起家之位。《北史》卷三六《薛辯傳附薛聰傳》：「太和十五年，（薛聰）釋褐著作佐郎。於時，孝文留心氏族，正定官品，士大夫解巾，優者不過奉朝請，聰起家便佐著作，時論美之。」可見，以著作佐郎起家並非經常性的現象。《魏書》卷六九《裴延儁傳》：「（裴延儁）涉獵墳史，頗有才筆。舉秀才，射策高第，除著作佐郎。」裴延儁實有才學，他也是通過秀孝察舉而入仕拜官的。實際上，通過秀孝察舉而以秘書郎和著作佐郎起家者也有不少。如邢產，「好學，善屬文。少時作《孤蓬賦》，為時所稱。舉秀才，除著作佐郎」。〔註106〕《周書》卷三五《崔謙傳》：「（崔謙）深沉有識量。歷觀經史，不持章句，志在博聞而已。每覽經國緯民之事，心常好之，未嘗不撫卷歎息。孝昌中，解褐著作佐郎。從太宰元天穆討邢杲，破之。」崔謙頗具經世致用的意識，他以著作佐郎起家，又從元天穆征討，這也為北魏時期漢族士人的事功精神提供了一個註腳。

至於以秘書郎起家的漢族士人當中，則門第之家以之起家的較為突出。如李伯尚，「少有重名。弱冠除秘書郎。高祖每云：『此李氏之千里駒。』」〔註107〕，李伯尚即出自四姓高門，他頗為孝文帝所看重，則其自身的才具識望無疑也為他以秘書郎起家起到了相應的作用。《魏書》卷四七《盧玄傳附盧義僖傳》：「（盧義僖）早有學尚，識度沉雅。年九歲，喪父，便有至性。少為僕射李沖所歎美。起家秘書郎。」即為李沖所賞識，則盧義僖也當與李伯尚具有類似的起家資質。當然，我們也不能忽視勢族子弟以秘書郎起家者。如甄琛二子甄楷與甄侃就是以秘書郎起家的。《魏書》卷六八《甄琛傳附甄侃傳》：「（甄侃為）郡功曹，釋褐秘書郎。性險簿，多與盜劫交通。」又《魏書》卷六八《甄琛傳附甄楷傳》：「（甄楷）粗有文學，頗習吏事。」可見二人文才粗略，品行不端，實難與上述李伯尚、盧義僖相比。

總體說來，北魏後期漢族士人以秘書郎與著作佐郎起家的情況略同於南朝。著作佐郎重其才具，而秘書郎雖然也吸納才學之士，但難免為勢家子弟所充斥。當然，這一類起家官在北魏後期漢族士人的起家官中並非居主要地

〔註106〕《魏書》卷六五《邢巒傳附邢產傳》，第1449頁。
〔註107〕《魏書》卷三九《李寶傳附李伯尚傳》，第893頁。

位，這與南朝士人起家官「上車不落則著作，體中何如則秘書」〔註108〕的特點相比，又有所不同。

以上所列舉的幾類職官基本上是北魏後期漢族士人當中較爲常見的起家官。當然，漢族士人的起家官還包括王國官以及侍御史等，但其數量遠不及以上諸類職官。其相關情況參看表2.2。表2.2是對漢族士人起家官的種類以及相關的任職人數的一個初步統計。從表中所反映的起家官官品來看，他們大多分佈在第六品至第八品之間，而又以從六品、第七品以及從七品三個品級更爲密集。起家官的種類也大致以以上所列舉的學官、集書省官、公府僚佐以及軍府僚佐爲主。從以上對這些職官性質及其選舉標準的分析來看，無論從國家意志還是個人意願的角度來觀察，漢族士人的起家官在彰顯其門第的同時也注重實際的權責。閻步克先生曾就南、北朝的清濁觀念進行比較，他指出北朝由於其政治發展的特點使得士人頗具事功精神，反映在官僚制度上就是他們對「清華」的理解更看重其是否權尊責重、職事切要。〔註109〕顯然，北魏後期漢族士人在起家官的選擇上也基本上符合這一特點。

表2.2 北魏後期漢族士人起家官一覽

	學　官		集書省官		公府僚佐		軍府僚佐		其　他	
從四品					司空諮議參軍	1				
第五品	國子博士	1	員外散騎常侍	2						
從五品									太子洗馬	3
第六品					主簿	5				
					太尉中兵參軍	1				
從六品					列曹參軍	7	第二品將軍功曹參軍	2		
							從二品將軍功曹參軍	2		

〔註108〕這是蕭梁時代的一句諺語，反映的是其時士人起家官的特點。牛潤珍先生曾撰文指出，南朝梁的士官選任更重其才學，這使得高門甲族子弟實際上很少願意出任著作佐郎等史官，而更多的則是以秘書郎起家。這種看法對於我們廓清相關的誤解當有助益。參看牛潤珍：《釋「上車不落則著作」》，載《史學史研究》2001年第3期。

〔註109〕閻步克：《品位與職位》，中華書局，2002年，第547～559頁。

品	官	數	官	數	官	數	官	數
第七品			員外散騎侍郎	14	參軍	12	第二品將軍列曹參軍	5	著作佐郎	6
							從二品將軍主簿	1	秘書郎	4
							從三品將軍錄事參軍	1		
從七品	太學博士	29	奉朝請	99	行參軍	16	從二品將軍列曹參軍	3	王國常侍	12
	國子助教	4					第三品將軍主簿、列曹參軍	11		
							從三品將軍列曹參軍	5		
第八品									王國侍郎	2
									侍御史	4
									殿中侍御史	1
從八品 第九品	四門博士	2							檢校御史	1
從九品									侯國中尉	1
									校書郎	3
不詳			員外郎	7					別駕治中	3
			通直郎	2						
			散騎郎	1						

三、南朝降人的起家官問題 [註110]

北魏自南向拓展國土以來，就與南朝諸政權開始了正面接觸，這種接觸不僅是軍事上的進攻與防守，對於對方邊境文武的招附也一直伴隨著南北雙方的國際關係之演變而發展變化。自南投附的漢族士人就成了北魏國家需要妥為處置的人群，他們身份複雜，既有出身東晉南朝皇族者，也有盤踞一方的義武將官；他們的投附既有政治鬥爭的因素，也有純為自身利益考慮者，或是因為戰敗被降。對於北魏國家而言，對他們的吸收和安排一方面有利於北魏文物制度的建設，一方面也是一種國際政治的考量。對於南朝降人的綜

〔註110〕明元帝泰常二年入魏的司馬休之等數百人是從後秦輾轉而來的，他們大多是在東晉末年政治鬥爭中的失勢者，嚴格說來，他們仍屬於東晉政權而歸附北魏者，但他們入魏時已近東晉政權易主之時，為行文方便起見，我們不妨將他們與後來歸附北魏者一起以「南朝降人」視之。

合考察已見於相關的研究中，〔註111〕我們此處則主要考察其在北魏的仕宦情況。

從整體上看，南朝降人在北魏的仕宦經歷大體上與北魏本朝漢族士人沒有太多差別，但不能忽視的是，他們畢竟是以特殊身份進入北魏國家的，北魏政府則要考慮如何將其納入官僚體系。這樣既體現爲一種施於其身的政治待遇，又能妥善利用這批人的政治影響力和治理才能，並最終達致他們與北魏國家以及其他政治群體的融合。

南朝降人在進入北魏之後是否能在仕途上發展則因人而異。《魏書》卷三七《司馬休之傳》：

（司馬）文思與淮南公國璠、池陽子道賜不平，而僞親之，引與飲宴。國璠性疏直，因酒醉，遂語文思，言己將與溫楷及三城胡酋王珍、曹栗等外叛，因說京師豪強可與爲謀數十人。文思告之，皆坐誅。以文思爲廷尉卿，賜爵鬱林公。善於其職，聽訟斷獄，百姓不復匿其情。

司馬文思等入魏是在明元帝泰常二年（417）。司馬文思入魏之後是否立即授官我們不得而知，此次因告發司馬國璠等預謀外叛而得授廷尉卿。《魏書》卷三《太宗紀》：「（泰常五年五月）庚戌，淮南侯司馬國璠、池陽侯司馬道賜等謀反，伏誅。」可見，這距他們歸魏時已經三年。並不是每一個投附北魏的南朝士人都能在北魏政權中獲得一官半職。他們即便是帶著功勳進入北魏政權，北魏國家雖然可以授以爵號、田宅以及奴婢等項，但他們是否能入仕仍然要受到多種因素的影響。比如與司馬休之一同入魏的有數百人，但其中被授以職位的卻不過司馬文思等數人，而司馬國璠等密謀外叛之事又表明他們在平城並沒有獲得預期的政治待遇。又如袁式，他入魏之後雖受上客之禮，也頗爲權臣崔浩所看重，但他在北魏則並無仕宦經歷，「羇旅漂泊，而清貧守

〔註111〕對北魏時期的南來降人的考察，相關的文章有蕭鋒：《南北朝的政治流亡者》，載《漢中師範學院學報》1995 年第 5 期；王永平：《北魏時期之南朝流亡人士行跡考述》，載《臨沂師範學院學報》2002 年第 1 期。另一批專從「客」禮角度探討南北朝對待降人的文章則包括以下數篇：佐久間吉也：《北魏の客禮について》，收入東京教育大學東洋研究室編：《東洋史學論集》，清水書院，1953年，第 61～70 頁；蔡幸娟：《北魏時期南北朝降人待遇──客禮──研究》，載《國立成功大學歷史學報》第 15 期，1989 年 3 月；安介生：《略論北魏時期的「第一客」、「上客」與招懷政策》，載《中國邊疆史地研究》2007 年第 1 期。

度」。〔註112〕又《魏書》卷五五《劉芳傳附繆儼傳》:「蘭陵繆儼靈奇,與彭城劉氏才望略等。及彭城內附,靈奇弟子承先隨薛安都至京師,賜爵襄賁子,尋還徐州,數十年間,了無從官者。」薛安都附魏距明元帝時司馬休之等入魏已近五十年,繆靈奇雖隨薛安都內附並受爵位,但繆氏一族在北魏的仕途卻並不顯達。又如沈文秀族子沈嵩,「聰敏有筆札。文秀以爲司馬,甚器任之。隨文秀至懷州。文秀卒後,依宋王劉昶。昶遇之無禮,憂愧飢寒,未幾而卒」〔註113〕,沈嵩隨沈文秀歸魏,但他在北魏也是遭遇坎坷。結合前述明元帝時與司馬休之等一同投魏的數百人的情況來看,這種仕途上的慘澹在南來降人中一直存在。到孝文帝遷都以後,北魏國家更加積極地向南經營,而相應的政策也做了調整:「時朝廷方欲招懷荒服,待吳兒甚厚,塞賞渡於江者,皆居不次之位。」〔註114〕這一政策在北魏國家處理裴叔業集團內附的事情上有充分的體現。至此之後,南朝降人大體上都得到了較好的政治待遇,也能及時地爲北魏國家所用。

　　投附北魏的南朝士人因其投降原因的不同而獲得不同的待遇,有的淪爲奴婢,有的雖然能被北魏國家以客禮相待,並獲得相應的物質賞賜,但也僅限於此。當然,南朝投降士人中也有得到北魏國家任用的,我們先將文獻中所見的南朝降人入仕北魏的情況列表如下:

表2.3　北魏政權中南朝降人仕宦表

歸附者	入魏時間	入魏所受爵、號	首任職官	資　料　來　源
司馬文思	泰常二年	鬱林公	廷尉卿	《魏書》卷三七《司馬休之傳附司馬文思傳》
刁雍	泰常二年		建義將軍	《魏書》卷三八《刁雍傳》
王慧龍	泰常二年		樂安王傳	同上《王慧龍傳》
韓延之	泰常二年	魯陽侯	虎牢鎮將	同上《韓延之傳》
嚴稜	泰常中	郜陽侯、平遠將軍	假荊州刺史	《魏書》卷四三《嚴稜傳》
司馬准	泰常末	新蔡公、寧遠將軍	假相州刺史	《魏書》卷三七《司馬景之傳附司馬準傳》

〔註112〕《魏書》卷三八《袁式傳》,第880頁。
〔註113〕《魏書》卷六一《沈文秀傳附沈嵩傳》,第1368頁。
〔註114〕楊衒之著、楊勇校箋:《洛陽伽藍記校箋》卷二「景寧寺」條,第113頁。

司馬楚之	太武帝初	琅琊王	安南大將軍	同上《司馬楚之傳》
司馬寶胤	太武帝初		中書博士	同上
毛脩之	太武帝初		吳兵將軍	《魏書》卷四三《毛脩之傳》
毛法仁	太武帝初		金部尚書	《同上
張忠	太武帝時	新昌男	新興太守	《魏書》卷六一《張讜傳》
司馬靈壽	神䴥中	溫縣侯、冠軍將軍	陳郡太守	《魏書》卷三七《司馬叔璠傳附司馬靈壽傳》
司馬天助	延和二年	東海公、平東將軍	青徐二州刺史〔註115〕	同上《司馬天助傳》
劉昶	和平六年	丹陽王、征南將軍	駙馬都尉	《魏書》卷五九《劉昶傳》
常珍奇	天安元年	河內公、平南將軍	豫州刺史	《魏書》卷六一《常珍奇傳》
皇甫椿齡	天安元年		司徒諮議	《魏書》卷七一《裴叔業傳附皇甫光傳》
鄭演	獻文帝初	洛陽侯、冠軍將軍	彭城太守	《魏書》卷五五《劉芳傳附鄭演傳》
沈文秀	皇興初		外都下大夫	《魏書》卷六一《沈文秀傳》
房崇吉	皇興元年		歸安令	《魏書》卷四三《房崇吉傳》
房思安	皇興元年	西安子、建威將軍	北平太守〔註116〕	同上《房法壽傳》
劉休賓	皇興二年		懷寧令	《魏書》卷四三《劉休賓傳》
畢眾敬	皇興二年	東平公、寧南將軍	兗州刺史	《魏書》卷六一《畢眾敬傳》
畢元賓	皇興二年	須昌侯、平遠將軍	兗州刺史	同上《畢眾敬傳附畢元賓傳》
封靈祐	皇興二年	下密子	勃海太守	《魏書》卷三二《封懿傳附封靈祐傳》
劉芳	皇興中		中書博士	《魏書》卷五五《劉芳傳》
張讜	皇興中	平陸侯、平遠將軍	東徐州刺史	《魏書》卷六一《張讜傳》

〔註115〕北魏據有青徐諸州當在獻文帝之時，此青徐二州刺史當爲假職之類，其後的都督青徐兗三州諸軍事亦當作同樣觀。
〔註116〕《魏書》卷四三《房法壽傳》：「（長孫）觀軍入城，詔以法壽爲平遠將軍，與韓騏驎對爲冀州刺史，督上租糧。以法壽從父弟靈民爲清河太守，思順爲濟南太守，靈悦爲平原太守，伯憐爲廣川太守，叔玉爲高陽太守，叔玉兄伯玉爲河間太守，伯玉從父弟思安爲樂陵太守，思安弟幼安爲高密太守，以安初附。」此處所任的諸位太守，當屬於板授之類，並非實授，也並非中央政府正式任命。

張敬伯	皇興中	昌安侯	樂陵太守	同上
崔亮	皇興中		中書博士	《魏書》卷六六《崔亮傳》
高聰	皇興中		中書博士	《魏書》卷六八《高聰傳》
崔光	皇興中		中書博士	《魏書》卷六七《崔光傳》
傅永	皇興中	貝丘男、伏波將軍	中書博士	《魏書》卷七〇《傅永傳》
成淹	皇興中		兼著作郎	《魏書》卷七九《成淹傳》
韋欣宗	孝文帝初	杜縣侯	彭城內史	《魏書》卷四五《韋閬傳附韋道福傳》
李思穆	太和十七年		步兵校尉	《魏書》卷三九《李寶傳附李思穆傳》
王肅	太和十七年		大將軍長史	《魏書》卷六三《王肅傳》
沈陵	太和十八年		前軍將軍	《魏書》卷六一《沈文秀傳附沈陵傳》
房三益	太和中		員外散騎侍郎	《魏書》卷四三《房法壽傳》
申景義	太和中		散員士	《魏書》卷六一《申纂傳》
劉思祖	太和末		羽林監	《魏書》卷五五《劉芳傳附劉思祖傳》
劉懋	宣武帝初		員外郎	同上《劉芳傳附劉懋傳》
王秉	宣武帝初		中書郎	《魏書》卷六三《王肅傳》
王誦	宣武帝初		員外郎	同上《王肅傳附王秉傳》
王衍	宣武帝初		著作佐郎	同上《王肅傳附王衍傳》
王翊	宣武帝初		司空主簿	同上《王肅傳附王翊傳》
裴植	景明元年	崇義縣開國侯	兗州刺史	《魏書》卷七一《裴叔業傳附裴植傳》
裴瑜	景明元年	下密縣開國子	試守滎陽郡	同上《裴叔業傳附裴颺傳》
裴芬之	景明元年	上蔡縣開國伯	通直散騎常侍	同上《裴叔業傳附裴芬之傳》
裴藹之	景明元年		通直散騎侍郎	同上《裴叔業傳附裴藹之傳》
尹挺	景明元年	宋縣開國伯	南司州刺史	同上《裴叔業傳附尹挺傳》
柳玄達	景明元年	南頓縣開國子	司徒諮議參軍	同上《裴叔業傳附柳玄達傳》
柳玄瑜	景明元年		正員郎	同上《裴叔業傳》
楊令寶	景明元年	邵陵縣開國子	南兗州刺史	同上《裴叔業傳附楊令寶傳》
王世弼	景明元年	慎縣開國伯	南徐州刺史	同上《王世弼傳》

韋伯昕	景明元年	雲陵縣開國男	南陽太守	同上《裴叔業傳附韋伯昕傳》
皇甫光	景明元年		假南兗州刺史	同上《裴叔業傳附皇甫光傳》
梁祐	景明元年	山桑子	右軍將軍	同上《裴叔業傳附梁祐傳》
崔高客	景明元年		散騎侍郎	同上《裴叔業傳附催高客傳》
檀賓	景明元年		左中郎將	《檀賓墓誌》〔註117〕
閭慶胤	景明元年		齊州輔國司馬	同上《裴叔業傳附閭慶禮傳》
柳僧習	景明元年		兗州征虜司馬	同上《裴叔業傳附柳僧習傳》
裴粲	景明元年	舒縣子	正平太守	同上《裴叔業傳附裴粲傳》
李元護	景明元年	廣饒縣開國伯	齊州刺史	同上《李元護傳》
李靜	景明元年		前將軍	同上《李元護傳》
席法友	景明元年	苞信縣開國伯	豫州刺史	同上《席法友傳》
裴彥先	景明二年	雍丘縣開國子	通直散騎常侍	同上《裴叔業傳附裴彥先傳》
裴衍	景明二年		通直郎	同上《裴叔業傳附裴衍傳》
蕭寶夤	景明二年	丹陽郡開國公	瀛州刺史	《魏書》卷五九《蕭寶夤傳》
張景仁	景明二年		羽林監	《洛陽伽藍記》卷二
淳于誕	景明中		羽林監	《魏書》卷七一《淳于誕傳》
夏侯道遷	正始元年	豐縣開國侯	豫州刺史	同上《夏侯道遷傳》
江文遙	正始元年		步兵校尉	同上《江悅之傳附江文遙傳》
庾道	正始元年		幽州左將軍府主簿	同上《江悅之傳附庾道傳》
羅道珍	正始元年		東平原相	同上《江悅之傳附羅道珍傳》
王安世	正始元年		羽林監	同上《江悅之傳附王安世傳》
辛諶	正始元年		步兵校尉	同上《江悅之傳附辛諶傳》
李苗	延昌中		員外散騎侍郎	同上《李苗傳》
蕭贊	孝昌二年	高平郡開國公	司空	《魏書》卷五九《蕭寶夤傳附蕭贊傳》

說明：由於史書記載的簡省，有些南朝降人的仕宦歷職記載並不完全，一般情況下，我們以諸人本傳中所記入魏後所見的第一個官號爲其首任職官，最後一個官號爲其最後任職。

〔註117〕趙超：《漢魏南北朝墓誌彙編》，第158頁。

　　不難看到，南朝人士歸附北魏主要集中在三個時期，一是明元帝後期至太武帝初期，一是獻文帝初期，一是宣武帝初期。這幾次北投的漢族士人都較爲集中。其他則有一些則屬於較爲零散的或個人的北投行動。南朝士人三次較爲集中的歸附及其在北魏的仕宦狀況則顯示出北魏國家「客」禮的發展和完善，尤其是對於他們進入北魏後出仕北魏政權的機制的完善，則更加顯示北魏國家利用南朝降人的積極。

　　就明元帝到太武帝初期這一段來看，南朝降人在北魏的出仕似乎沒有一定之規，這或許與他們制度初建，在對待降人的問題上還缺乏相關的經驗有關。一般而言，此一時期南朝降人中能夠入仕者也大多被安排擔任地方太守、鎭將。而像嚴稜、司馬準和司馬天助所受的刺史號也只是一種形式上的維繫，實際上有的地區並不在北魏國家所管轄之內，或者他們根本就沒有實際就職。至於像司馬文思、毛脩之等出仕於中央者並不多見。〔註118〕而司馬楚之等的情況，我們稍後即將分析。

　　獻文帝以來的南朝降人大多是在戰敗之後投降北魏的，且多集中在青徐一帶。在某種意義上，北魏國家對於他們而言更具有征服者的意味。與此同時，北魏國家本身制度的逐步完善和規範又使得此時的南朝降人在出仕北魏政權方面顯得更加合理和有序。首先，出於維繫對新征服地區的統治，一些曾經活動於青徐兗地區的南朝降人則在降魏後被任命爲該地區的地方長官，如畢眾敬、畢元賓父子，隨同薛安都人魏的鄭演也被任命爲彭城太守。其次，一批南朝降人則被安排出任其他地區的地方長官，如房思安爲北平太守、張讜之子張敬伯爲樂陵太守。上述兩類大體上都是在歸附過程中立有功勳者，所以在歸魏之後他們大多數不僅得到了北魏國家封賜的爵位，〔註119〕同時也得以出任地方長官。最後一類則是被當做平齊民徙往平城的青徐人士，他們入魏之初勢力孤弱，一直受到北魏政府的冷落，直到孝文帝時，「太和中，高

〔註118〕司馬文思因爲告發司馬國璠等謀反事而得爲廷尉卿，毛脩之能夠仕於北魏中央政府，結合《魏書》卷四三《毛脩之傳》、《宋書》卷四八《毛脩之傳》的記載來看，這與他善於調鼎之術以及與當時頗受太武帝信賴的崔浩、寇謙之的交結有著密切的關係。
〔註119〕應該看到，對於南朝降人授予爵位和軍號，這在北魏政權對待其統治區域內的文臣武將也一樣進行，這也說明北魏統治者對南朝降人的優待。另外，獻文帝以前南朝降人多被雙授爵位和軍號，孝文帝改革以後歸降的南朝降人則多被授以開國爵號。這種較爲明顯的變化自然是北魏官爵制度改革的結果，但這也說明優厚對待南朝降人也一直是北魏國家貫徹的政策。

祖選盡物望，河南人士，才學之徒，咸見申擢」〔註120〕，這批平齊民才有了上升的機會。上表中皇興年間成為平齊民的崔亮等五人就得以拜為中書博士，而成淹也被任為著作郎。需要注意的是，平齊民中得以入仕北魏的也主要是才學之士，並且他們的出仕與北魏其他士人的出仕沒有什麼差別了。

孝文帝以後，尤其是遷都洛陽之後，南朝降人在入魏之後的入仕則有了更為明確的制度規定。這一時期南朝人士的北投大多屬於主動行為，北魏政府對他們的安置也更為優厚。這也符合前述北魏政府「欲招懷荒服，待吳兒甚厚」的政策。我們從以上表2.3中可以看出，南朝降人入魏後的起家官為員外散騎侍郎的有4人、通直散騎侍郎有3人、通直散騎常侍1人、散騎侍郎1人、正員郎1人，以散騎省諸職起家者共計10人，另外，以羽林監起家者有4人，以步兵校尉起家者有3人。以這些東、西省文武散官起家的南朝降人共計17人，占我們所統計到的太和十七年以來的南朝降人總體的近40%（17/43）。其他以軍府、公府僚佐起家者還有一些。這表明，北魏後期南朝降人的起家之例已經與北魏本朝人士頗為相似，但其起家官的種類及官品甚至較本朝士人為高，而與元魏宗室的起家官十分接近。〔註121〕有兩則材料可以說明這一情況。宣武帝時，淳于誕和李苗先後從蕭梁之漢中歸國，其中淳于誕「後以客例，起家除羽林監」，〔註122〕李苗「以客例，除員外散騎侍郎，加襄威將軍」，〔註123〕二人之「以客例」起家拜官頗值得注意。北魏對於降人當繼承以前的制度，對其安置和待遇仍有相應的規定，而淳于誕和李苗的例子又說明將降人待遇與北魏官僚制度結合，對其在北魏政權中的入仕除官已成了北魏「客」禮中的一項內容。北魏後期南朝降人入魏後的初仕職官中另一類較為突出的仍是各地刺史、太守。我們共統計到11人，其中皇甫光假南兗州刺史、尹挺、王世弼、楊令寶三人的刺史之職實屬虛授，剩下的諸人也多為立有功勳，並被授以爵位者。有趣的是，他們的任職基本上脫離了其投魏之前所活動的區域。

需要注意的是北魏國家對於投奔北魏的東晉南朝各代皇族則待遇優厚。終北魏一朝，這種現象也少有改變。究其原因，東晉南朝皇族的投奔對於北

〔註120〕《魏書》卷四三《劉休賓傳附劉旋之傳》，第969頁。

〔註121〕關於元魏宗室起家官的統計分析，可參看劉軍：《北魏宗室階層研究》，吉林大學博士學位論文，2009年，第113～132頁。

〔註122〕《魏書》卷七一《淳于誕傳》，第1593頁。

〔註123〕《魏書》卷七一《李苗傳》，第1594頁。

魏政權來說無疑是絕好的政治宣傳，這對於吸引南朝士人明顯具有良好的示範作用。因而，東晉南朝皇族的歸附對北魏政權所產生的政治意義則是極為重要的。首先，拓跋氏注意通過與南朝歸附皇族婚姻關係來體現其態度。司馬楚之、劉昶以及蕭寶夤都與拓跋公主結為婚姻，這種婚姻關係也一直延續到他們的後代，〔註124〕這種婚姻關係也是南朝皇族政治地位得到維持的重要保障。其次，南朝皇族歸附北魏之後，他們也多被任命為主將，負責指揮與南朝的攻防戰爭。再次，他們在北魏政權中的仕宦也明顯優於一般漢族士人，而且在一般情況下，他們的仕途也有國家政策的保障。

　　南朝降人總體而言在北魏的仕途不算顯赫，他們大多轉任各級地方長官、僚佐，在中央的任職也以各類文武散官為主，很少有進入三省等實權部門任職者。南朝降人的後代在北魏的仕途則與北魏本朝人士沒有差別，他們入仕的途徑、起家官的種類、品級以及職官遷轉的方式都遵循同樣的模式。綜觀北魏時期南朝降人在不同時期的入仕情況，隨著北魏國家本身制度建設的完善以及對待降人的政策的變化，南朝降人並沒有因為自身的政治身份而受到北魏政府的壓制。相反，由於北魏國家對他們的重視，儘管他們在權力高位上的表現不佳，但就起家官一點而言，他們顯然已經逐漸地與北魏政權以及各個政治群體融為一體。

〔註124〕三人的婚姻關係分見《魏書》卷三七《司馬楚之傳》、卷五九《劉昶傳》、卷五九《蕭寶夤傳》。

第三章　漢族士人與北魏中央官職

　　魏晉時期，拓跋鮮卑雖然是最晚一個進入中原地區的胡族政權，但同其他的胡族一樣，他們與中原地區的政治、經濟和文化上的交往在很早的時候就已經開始。《資治通鑑》卷七七曹魏景元二年（261 年）條載：「是歲，鮮卑索頭部大人拓跋力微始遣其子沙漠汗入貢，因留爲質。」派遣人質以表明政治上的互信，這是歷代中原王朝與周邊民族政治交往的常用手段，而政治上的信任是更進一步的商業、文化交通的保障。此後，拓跋鮮卑與中原地區的交往便「聘問交市，往來不絕」。〔註 1〕西晉末年，猗盧兄弟和先後駐守幷州的司馬騰、劉琨在政治上和軍事上的聯結，使得這種交往有了更進一步的發展。〔註 2〕幷州人衛操等率領宗親進入拓跋部，爲拓跋猗盧初定官屬、制定法律出謀劃策。〔註 3〕猗盧之後，拓跋部經歷了一個混亂和紛爭的時期，直到什翼犍重新統一鮮卑各部。什翼犍本人曾以人質的身份留駐後趙，〔註 4〕對於河北地區的漢族文化有一定的瞭解，因而他即代王位之後就開始仿效晉制設立

〔註 1〕　《魏書》卷一《序紀》，第 4 頁。

〔註 2〕　關於司馬騰、劉琨等在幷州時與拓跋鮮卑的聯合，具體可參看何德章：《鮮卑代國成長與拓跋鮮卑初期漢化》，載《武漢大學學報》2001 年第 1 期，作者指出拓跋鮮卑在西晉末期成了各方拉攏的對象，不僅如此，不少幽幷人士進入拓跋集團，對於拓跋鮮卑的漢化產生了重要的影響。范兆飛先生在《永嘉亂後的幷州局勢》（載《學術月刊》2008 年第 3 期）一文中則偏重於對劉琨刺幷時與拓跋鮮卑的聯合的分析。

〔註 3〕　《魏書》卷二三《衛操傳》，第 599 頁。

〔註 4〕　《魏書·序紀》：「（烈帝五年），石勒遣使求和。帝遣弟昭成皇帝如襄國，從者五千餘家。」《資治通鑑》卷九六晉咸康四年條則明確稱他此行是作爲人質前往的。

職官。《魏書》卷一一三《官氏志》：「昭成之即王位，已命燕鳳爲右長史，許謙爲郎中令矣。餘官雜號，多同於晉朝。」燕鳳、許謙等都是幷州地區的漢族士人，都有一定的儒學修養，他們在拓跋部內也得到了重用。自與中原社會接觸開始，拓跋部的漢化就在慢慢進行，而一批靠近邊地的漢族士人的加入，也就爲拓跋部的漢化意識和實踐提供了各方面的指導。

拓跋珪的興起則意味著拓跋部歷史進程的重大轉折。〔註 5〕他們一改偏居一隅的遊牧部族的形象，將視閾轉向中原。拓跋部隨後對中原地區的征戰和統治，使原已經受了一個多世紀社會動盪和文化衝撞的中原民眾又面臨著一次新的考驗。處身於這種社會、政治境遇中的漢族士人面臨著更爲激烈的衝擊。一方面他們代表著漢族儒家文化和知識體系的核心，是拓跋部統治過程中極力吸收的對象。他們大多通過進入中央和地方各級政權而取得與以鮮卑族爲主的胡族文化的接觸，而權力層面的鬥爭更爲複雜，也更加彰顯了胡漢文化之間的緊張關係。另一方面，進入政權中的漢族士人往往具有世族背景，〔註 6〕他們在地方上具有穩固的社會聲望和勢力基礎。十六國時期的胡族君主也注意同他們的聯合，拓跋鮮卑要實現其統治，就必須對這一境況引起重視。應該說，北魏國家對漢族士人不僅是如何吸收和利用他們，而且也是通過與漢族士族的合作來完成拓跋政治統治形態的轉變。北魏前期由於胡族因素的強勢和政治形勢的影響，漢族士人缺乏一個相應的制度環境，總體上而言，他們能夠獲得的政治權力是有限的，對政治的影響也不會太高。然而，漢族士人在北魏政權中政治影響的積累和北魏國家對中原統治的需要，逐漸撬動了胡族政權的根基，並最終促成了孝文帝的改革。孝文帝對官制的改革和官僚門閥制度的建立，不僅徹底地改變了胡族政治體制，還將漢族士人和代人集團整合到同一個政治體系下，使這種政治制度的轉型在一個新的層面獲得延續和穩固。

北魏國家的政治發展，就其內容和過程而言，是一個極爲複雜、曲折的過程。漢族士人作爲一個社會群體，他們與北魏國家的結合表現出多種方式，

〔註 5〕 關於拓跋珪重建代國的過程，可參看張繼昊：《拓跋珪的崛起與北魏王朝的肇建》，《空大人文學報》第 9 期，2000 年。

〔註 6〕 陳寅恪先生所斷言的魏晉南北朝學術的家族化、地域化，已經成爲目前學術界的共識。相關論述亦可參看錢穆：《略論魏晉南北朝學術與當時門第之關係》，收入氏著《中國學術思想史論叢》（第三冊），臺灣東大圖書有限公司，1981 年第二版，第 134～199 頁。陳先生的論斷主要是就儒學的傳播方式的變遷而言，而錢先生則全面論述了魏晉南北朝以世族爲主幹的學術傳播狀況。

這也是我們希望探討的主題所在。漢族士人進入北魏政權之中，通過在官僚機構中的運作和對北魏各項制度的改創，促成了拓跋部的政治轉型，並且也使自身的政治利益和儒家的價值觀念得到落實和延續。

第一節　北魏中央行政機構的演變

　　拓跋部初入中原之際，就開始了仿效漢族的制度改創，但是早期部落聯盟狀態下的政治治理方式在北魏國家的開國建制的過程中仍然被沿用下來，「華夷雜糅」是同時及以後人們觀察這一時期制度建置狀況時形成的較爲一致的看法。《南齊書》卷五七《魏虜傳》：「佛狸（太武帝）已來，稍僭華典，胡風國俗，雜相揉亂。」《南齊書》的作者蕭子顯生活於齊梁二代，無疑可以算作同時之人。南北之間官方的、民間的各種交往也持續不斷，與政治、社會等相關的信息自然也會在這種相互交往中得到傳播。上引蕭子顯對北魏前期政治制度發展狀況的認識應該是以此爲依據而形成的。今人對於北魏初期國家制度的論述也基本上採取了「華夷雜糅」的觀點，相關論述散見於各類研究論著之中。僅就政治制度的專篇論述而言，嚴耕望先生早已陳述北魏前期「制雜胡華，敷漢名於舊制」的狀況。〔註7〕陳琳國先生指出北魏前期中樞官制是漢制和鮮卑兩種官制並存，主要以鮮卑制度爲主。〔註8〕嚴耀中先生對北魏前期政治制度的專題研究則勾勒出了北魏前期內行與外朝并存、以內制外的中樞行政體系。〔註9〕當然，隨著研究的進一步深化，學界對於北魏前期的政治制度也有了新的認識。樓勁先生以禮樂典章的發展爲線索考察了北魏的「開國建制」，指出北魏前期的建制大幅依本《周禮》，形成了一種高水準的胡漢合作局面。〔註10〕不可否認，拓跋部的部落政治體制和漢族制度的交雜共同鑄成了北魏前期政治制度的複雜狀況。我們若要具體考察這一時期漢族士人的仕宦情況和政治地位，就必須對其政治制度及其演變的狀況有一個總體的認識。就北魏中央行政機構的設置和演進過程而言，以太和改制爲界，前期北魏中央行政機構的設置包含有相當的

〔註7〕　嚴耕望先生的論述，分見氏著《中國地方行政制度史・魏晉南北朝地方行政》，中華書局，2007年；《北魏尚書制度考》，中央研究院歷史語言研究所集刊，第18本（1948年），中華書局，1987年，第251～360頁。

〔註8〕　陳琳國：《魏晉南北朝政治制度研究》，文津出版社，1994年。

〔註9〕　嚴耀中：《北魏前期政治制度》，吉林教育出版社，1990年，第50～76頁。

〔註10〕樓勁：《〈周禮〉與北魏開國建制》，《唐研究》第13卷，北京大學出版社，2007年，第87～148頁。

胡族部落政治的遺緒。北魏國家雖然仿照晉制設立了相關的行政機構，但其機構設置的完整性、穩定性以及行政職能的實現都受到胡族因素的影響，這自然與其社會、政治的發展態勢有關。太和改制則將政治制度中的胡族因素基本剔除，建立了一套沿襲魏晉、吸收南朝而又有所改創的漢化制度體系。儘管改制會受到某些個人的、偶然的因素的干預，但行政機構的設置、行政職能的劃分、行政程式的確定都已經制度化。

一、道武、明元兩朝：胡漢制度的交錯與頻變

前秦政權由於淝水之戰而迅速衰落，中國北方曾一度統一的局面也隨之轉入紛亂。受控於前秦政權下的拓跋部落也乘機重新崛起。西元 386 年，拓跋珪稱王，重建代國，由此拉開了中國北方歷史進程中新的序幕。

初建代國的拓跋部，仍然是一個部落的聯合體，其行政制度的設置就只能按照適應於部落統治的方式進行。而在此之前的昭成帝什翼犍的建制則為拓跋珪提供了藍本。《魏書》卷一一三《官氏志》：

> 昭成之即王位，已命燕鳳為右長史，許謙為郎中令矣。餘官雜號，多同於晉朝。建國二年（339 年），初置左右近侍之職，無常員，或至百數，侍直禁中，傳宣詔命。皆取諸部大人及豪族良家子弟儀貌端嚴，機辯才幹者應選。又置內侍長四人，主顧問，拾遺應對，若今之侍中、散騎常侍也。其諸方雜人來附者，總謂之「烏丸」，各以多少稱酋、庶長，分為南北部，復置二部大人以統攝之。時帝弟觚監北部，子寔君監南部，分民而治，若古之二伯焉。

什翼犍所設定的官制，一方面有仿襲晉制的部分，同時又有部落體制的大幅沿襲。他設立近侍、內侍長之職，以部落大人和豪族良家子弟入選，既有以之為人質以羈控諸部的內涵，又有加強禁衛、保證權勢的作用。材料的闕逸使我們對這一體制的實際狀況難以具知，但仍有一些蛛絲馬跡供我們加以推測。《魏書》卷二六《長孫肥傳》：「長孫肥，代人也。昭成時，年十三，以選內侍。少有雅度，果毅少言。」長孫氏即拔拔氏所改名，為北魏帝室十姓之一。〔註 11〕長孫肥應該就是上述近侍成員之一，他的部族身份、「雅度」、年齡以及「以選內侍」，正符合近侍的要求和任命方式。《魏書》卷二三《莫含

〔註11〕 參看姚薇元：《北朝胡姓考》，中華書局，2007 年，第 13～15 頁。

傳》：「（莫含）子顯，知名於時。昭成世，爲左常侍。」〔註12〕莫顯所任或者就是四位內侍長之一。至於對各依附部落的控制，什翼犍並不打破他們原有的部落結構，而是設立南、北二部大人，按地域分部監管。

　　初復代國的拓跋珪所面臨的部落政治的狀況，與什翼犍時期相比，並沒有多大的改變，所以他在初期也就大體上依襲什翼犍時期的體制設立官屬。《資治通鑑》卷一〇六晉太元二十一年：

> 拓跋珪大會於牛川，即代王位，改元登國。以長孫嵩爲南部大人，叔孫普洛爲北部大人，分治其眾。以上谷張袞爲左長史，許謙爲右司馬，廣寧王建、代人和跋、叔孫建、庾岳等爲外朝大人，奚牧爲治民長，皆掌宿衛及參軍國謀議。長孫道生、賀毗等侍從左右，出納教命。

與什翼犍時期的官制相比，拓跋珪的南、北二部大人，司馬、長史之設仍沿襲舊制。長孫道生、賀毗等作爲侍從之官，或者就是什翼犍時期內侍長的延續。《魏書》卷二五《長孫道生傳》：「長孫道生，嵩從子也。忠厚廉謹，太祖愛其慎重，使掌幾密，與賀毗等四人內侍左右，出入詔命。」此處提到內侍左右的共有四人，他們「出入詔命」，其情形與什翼犍時期的內侍長較爲相似。此外，庾和辰在拓跋珪復位的過程中出過力，他曾被任命爲內侍長，〔註13〕或許也是上述賀毗之列。

　　當然，拓跋珪所置職官還是有了一些變化。如治民長和外朝大人的出現就是顯例。奚牧曾爲治民長，「敷奏政事，參與計謀」。〔註14〕外朝大人的設置則有更多的材料予以證實。《魏書》卷一一三《官氏志》：「外朝大人，無常員，主受詔命，外使，出入禁中，國有大喪大禮皆與參知，隨所典焉。」這是對外朝大人職掌的敘述。這顯示出外朝大人負責外使、參與國中大喪大禮，是作爲道武帝與外界溝通的一個職官而發揮作用的。在其他事務上，諸如軍國謀議，領軍征討，他們都有參與。此外，王建、安同各自的本傳中也都提到他們「出入禁中，迭典庶事」，看來他們也負責處理日常政務，而且採取輪值制。史料中可考見任過外朝大人者有和跋、庾業延、王建、安同、賀悅、叔孫建等六人，他們都屬於道武元從之列。〔註15〕外朝大人在北魏初期所發揮的作用是不能忽視

〔註12〕 魏晉南朝王國職官中有左常侍一職，而《魏書・官氏志》敘什翼犍時的制度並沒有提及左常侍一職，此處之左常侍極有可能是比附後代制度而稱。

〔註13〕 《魏書》卷二八《庾業延傳》，第648頁。

〔註14〕 《魏書》卷二八《奚牧傳》，第683頁。

〔註15〕 《魏書》卷二八《李栗傳》：「初，隨太祖幸賀蘭部，在元從二十一人中。」

的。從外朝大人所具有的職能來看，他們也是北魏初年的行政核心。當然，外朝大人僅在道武帝初期存在，隨著拓跋部族勢力的發展，其政治制度也日益繁複，外朝大人的職官設置及其職能也漸漸由其他職官所取代。

皇始元年（396年）九月，拓跋部攻下後燕之幷州，隨即開始設官分職。《魏書》卷二《太祖紀》：「初建臺省，置百官，封拜公侯、將軍、刺史、太守，尚書郎已下悉用文人。」論者一般都將此視作北魏政治制度建設的重要事件。他標誌著北魏由部族聯盟向國家化轉型邁出了重要一步。這種認識無疑是符合實際的。儘管臺省初建之時在機構和職能上不一定健全，但它適應了道武帝建構皇權政治的意圖，同時也有利於北魏國家對漢族士人的吸收和利用。天興元年（398年），道武帝攻下中山，獲取了一大批後燕的漢族官僚，他們之中有不少是儒學精深之人，如鄧淵「博覽經書，……明解制度，多識舊事」，〔註16〕崔玄伯更是亂世之中篤志屬學，其聲名並早為道武帝所知。道武帝利用他們「制官爵，撰朝儀，協音樂，定律令，申科禁」，〔註17〕北魏國家的各項制度也有了統一的規劃。然而，道武帝時期部族政治的現實狀況卻使得這種漢化的趨勢不得不有所波折。以中央行政機構之一的尚書省為例。在皇始元年，北魏國家已經設置了尚書三十六曹，其臺省職官如令、僕射、左右丞之類也見於史籍。至天興二年，依據新定官制，對尚書省的部曹設置、職官以及政務運作方式又加以更改。《魏書》卷一一三《官氏志》：

（天興）二年三月，分尚書三十六曹及諸外署，凡置三百六十曹，令大夫主之。大夫各有屬官，其有文簿，當曹敷奏，欲以省彈駁之煩。

這可能是將尚書省等外朝機構進行統一的調整，並分成三百六十曹，各曹設大夫主管，文簿當朝敷奏，加強了道武帝對行政機構的直接控制。這一措置並沒有持續多長時間。天興三年十月，北魏又恢復了尚書三十六曹的設置，並在原來的職官基礎上在每一曹增設代人令史、譯令史以及書令史的職官。

這二十一人大概是道武帝即位之後為表彰功從，事後追認的，其做法和意義應同於東漢光武帝之「雲臺二十八將」之類，關於道武帝元從二十一人的考證，可參看張金龍：《拓跋珪「元從二十一人」考》，原載《北朝研究》1995年第1期，收入氏著《北魏政治與制度論稿》，甘肅教育出版社，2003年。又《魏書·叔孫建傳》：「登國初，以建為外朝大人，與安同等十三人迭典庶事，參軍國之謀。」似乎北魏初設外朝大人有十三人，但除上舉六人之外，其他數人則不得而知，所以相關的具體情形也難以考察。

〔註16〕《魏書》卷二四《鄧淵傳》，第635頁。
〔註17〕《魏書》卷二四《崔玄伯傳》，第621頁。

〔註 18〕這些種類的職官的設置便凸顯了其胡族色彩，尚書省的設置至此仍未固定下來。《魏書》卷一一三《官氏志》：「（天賜）二年二月，復罷尚書三十六曹。」尚書三十六曹自此停廢，直到太武帝初期才又重新恢復。尚書省從初建到天賜二年（405）近十年時間中廢置無恒，其間所顯示出來的糅合胡漢的色彩也十分明顯。

　　道武帝時中央行政機構的廢置應該是一個普遍現象。除尚書省外，其他漢式行政機構也有此經歷。如天興四年，就曾罷外蘭臺御史，總屬內省。〔註 19〕道武帝時漢式中央行政機構的遞變自有其原因。首先，北魏部族政治的餘緒仍勁，反映到政治制度上的就是行政機構的胡族色彩較濃。《魏書》卷一一三《官氏志》：「初，（道武）帝欲法古純質，每於制定官號，多不依周漢舊名，或取諸身，或取諸物，或以民事，皆擬遠古雲鳥之義。」道武帝所制定的官名今人已多不可曉，但這與其說是「法古純質」，不如說是拓跋部傳統的政治習俗使然，漢式的行政機構自然不能適應這種遊牧民族的政治習慣。其次，這也正是道武帝加強自身權威的一種手段。《魏書》卷二《太祖紀》：「（天興三年十二月），時太史屢奏天文錯亂，帝親覽經占，多云改王易政，故數革官號，一欲防塞凶狡，二欲消災應變。」應對天文異象，這是魏收對道武帝屢變官名及行政機構的解釋。同時，為消除民間因「數革官號」產生的疑惑和不安，道武帝並發佈詔書宣傳「君臣分定」的理論為他的改革官號尋找合理性：「夫此職司，在人主之所任耳，用之則重，捨之則輕。然則官無常名，而任有定分。」〔註 20〕這一做法更深層的原因乃是道武帝建設專制集權政治的意志使然。〔註 21〕如上所述，道武帝時期正處於一個十分特殊的政治狀態，各種制度處於草創之中，而由制度改創引發的各種矛盾也十分激烈，需要道武帝善加處理。可以說，尚書省等漢式行政機構的變動正是這種政治狀態的一個反映。

　　外朝機構的變動勢必使道武帝依仿晉制下的中央行政方式無法推行，而代北胡族勢力的逆起又使得胡族傳統的政治體制繼續施行。〔註 22〕天興元年，道

〔註18〕《魏書》卷一一三《官氏志》，第 2973 頁。

〔註19〕《魏書》卷一一三《官氏志》，第 2973 頁。

〔註20〕《魏書》卷二《太祖紀》，第 38 頁。

〔註21〕李憑：《北魏平城時代》，社會科學文獻出版社，2000 年，第 60～67 頁。

〔註22〕何德章先生從道武帝天賜二年西郊祭天一事上敏銳地觀察到此時北魏胡族傳統勢力對漢化的反對，相關論述可參看氏著《北魏初年的漢化制度與天賜二年的倒退》，載《中國史研究》2001 年第 2 期。

武帝置八部大夫,「皇城四方四維面置一人,以擬八座,謂之八國。」〔註23〕這種「八座」之制是北族部族政治的傳統模式。〔註24〕明元帝統治時期,這種傳統仍然得到延續。《魏書》卷一一三《官氏志》:「神瑞元年(414 年)春,置八大人官,大人下置三屬官,總理萬機,故世號『八公』云。」明元帝置八大人官,大人下並置屬官,這顯然是一套井然有序且具實效的行政機構。八大人負責處理國家的各項事務,這也彌補了尚書三十六曹廢罷之後日常政務處理的不足。根據《官氏志》的記載,泰常二年(417 年),明元帝又設六部大人,分天、地、東、西、南、北諸部。值得注意的是,六部大人下也置三屬官。六部大人與八大人官之間的這種相似性,使我們有理由相信六部大人乃是八大人的替代機構。另一個有力的證據就是,原爲八大人之一的崔玄伯和奚斤也在此時轉爲天部大人。〔註25〕明元帝爲何作如此更改,其實不得而知,但不可否認的是,明元帝設立大人官以後,八大人、六部大人相繼主管著北魏的中央日常政務。直到太武帝重新恢復尚書,北魏的大人制度才徹底廢除。〔註26〕

與尚書省等外朝機構的廢置相反,道武帝時期的內朝機構則呈發展趨勢。就內朝機構的設置及其職能而言,前人對此多有研究。陳琳國先生均以內侍目之,將其分爲內秘書、中曹‧侍御曹、內行曹、中散‧給事中等四個部分,並指出內侍諸曹處於內廷,侍奉君主的生活起居,充任御前保衛,起草詔誥文書,參與軍國大政,敷奏內、外,傳宣詔命。內侍諸曹官吏的品級不太高,但地位十分重要。〔註27〕嚴耀中先生將內朝機構分爲文、武兩個系統,並對文官系統的職能進行了歸納。〔註28〕北魏前期內朝文官在顧問應對、參掌機密、出入詔命、監察百官等方面都參掌其權。後來魏鵬舉先生的分類更爲合理,他將內朝機構分爲內侍、內行、內秘書、內武官四部分,其中內侍和內秘書機構則更多地參與到中央行政和決策中來。〔註29〕以上的這些研

〔註23〕《魏書》卷一一三《官氏志》,第 2972 頁。

〔註24〕馮君實:《試論北魏官制中的「八座」》,《史學集刊》1982 年第 4 期。

〔註25〕《魏書》卷二四《崔玄伯傳》、卷二九《奚斤傳》,第 623、698 頁。

〔註26〕嚴耕望:《北魏尚書制度考》附錄《北魏初期之大人制度》,中央研究院歷史語言研究所集刊,1948 年第 18 本。

〔註27〕陳琳國:《魏晉南北朝政治制度研究》。第 108~115 頁。

〔註28〕嚴耀中:《北魏內行官試探》,中國魏晉南北朝史學會編:《魏晉南北朝史研究》,四川社會科學院出版社,1986 年,第 338~351 頁。

〔註29〕魏鵬舉:《北魏前期內朝機構考略》,載《北朝研究》第一輯,北京燕山出版社,2008 年,第二版,第 14~60 頁。

究表明，北魏前期內朝機構建制齊備，它們不僅是北族傳統政治模式的延續，而且在實際行政中形成了與外朝對等、以內制外的格局。〔註30〕

　　早在昭成帝時，內朝機構就已形成較大規模。前引材料顯示，昭成帝所置左右近侍可以多至上百人，並專置四人為內侍長，負責顧問應對。道武帝復國伊始就沿襲舊制，設立了三郎衛士、侍中、中散等內侍職員。隨後道武帝仍繼續增設內朝職官、增加內侍人員，《魏書・官氏志》記之甚詳，茲摘錄如下：

　　　（天興元年）十二月，置八部大夫、散騎常侍、待詔等官。……常
　　　　侍、待詔侍直左右，出入王命。

　　　（天賜三年）正月，置內官員二十人，比侍中、常侍，迭直左右。

　　　（天賜）四年五月，增置侍官，侍直左右，出內詔命，取八國良家，
　　　　代郡、上谷、廣寧、雁門四郡民中年長有器望者充之。

道武帝重視內朝機構，〔註31〕內朝官員在職位和人數上都在不斷發展。不惟如此，道武帝在內朝官員的人選上也比較注意。如北魏前期名將奚斤之子奚和觀就在道武帝時「內侍左右」；〔註32〕其他如穆崇之子穆觀，「少以文藝知名，選充內侍」，〔註33〕長孫嵩從子長孫道生，「忠厚廉謹，太祖愛其慎重，使掌幾密，與賀毗等四人內侍左右，出入詔命」；〔註34〕漢族士人谷渾，「晚乃折節受經業，遂覽群籍，被服類儒者。太祖時，以善隸書，為內侍左右。」〔註35〕以上幾例反映出道武帝內侍官員的選任不僅重其門望、身世，具有某種才能也會被納入道武帝的考慮範圍之內。我們不能將內朝機構僅僅當做拓跋君主的侍從群體，他們服侍於君主左右，負責詔書的內外傳達，其實是一個頗具影響力的權力機構。如果我們將視角延至明元帝一朝，我們不僅可以看到道武帝對內朝機構的種種制度安排在明元帝時繼續得到加強，而且對內侍官員所具有的職能和權力也會有更清楚的認識。表3.1中所列為明元帝一朝在內朝任職過的人員，他們主

〔註30〕嚴耀中：《北魏前期政治制度》，第61～76頁。嚴著認為內朝分管以拓跋氏為主的京畿地區，外朝則管理其餘地區及其臣民，二者各有分工。這一觀點若從政務運作的角度來看，恐怕是值得商榷的。
〔註31〕關於北魏內朝機構的提法可參看魏鵬舉：《北魏前期內朝機構考略》，第14～60頁。
〔註32〕《魏書》卷二九《奚斤傳附奚和觀傳》，第701頁。
〔註33〕《魏書》卷二七《穆崇傳附穆觀傳》，第664頁。
〔註34〕《魏書》卷二五《長孫道生傳》，第645頁。
〔註35〕《魏書》卷三三《谷渾傳》，第780頁。

要來自拓跋宗室或者代人之中，大多在明元帝即位之時就入爲內侍。雖然對於各類內侍人員的統屬關係難以究明，但他們大致上可以分爲文、武兩類。文職性的內朝官如內侍左右、拾遺左右、侍御中散、中散、內主書、給事中等，他們侍從左右，出入詔命，爲君主所信用，權力頗大。如安頡爲內侍長，太宗即令其察舉百僚。〔註36〕至於武職性的內朝官員，如表3.1中所列內幢將、內將軍、虎賁中郎將之類，他們其實是各級宿衛禁軍的將領，負責宮禁防衛，其責任自然重大。內朝機構在北魏前期的行政結構中地位重要。內朝官員也多由此出掌外朝重要職務，或者領軍出征，鎮守地方，在北魏政治中具有的影響自然可知。道武、明元兩朝確立和發展的內朝機構及其制度爲太武帝以後諸帝所繼承。直到孝文帝太和改制，一遵漢法，這種體制方告結束。

表3.1　明元帝時的內朝官

姓　　名	身份	職　　名	資　料　來　源
安頡	代人	內侍長	《魏書》卷三〇《安同傳附安頡傳》
拓跋素	宗室	內侍左右	《魏書》卷一五《昭成子孫‧常山王遵傳附拓跋素傳》
陸俟	代人	內侍左右	《魏書》卷四〇《陸俟傳》
奚和拔	代人	內侍左右	《魏書》卷二九《奚斤傳》
丘堆	代人	拾遺左右	《魏書》卷三〇《丘堆傳》
叔孫俊	代人	拾遺左右	《魏書》卷二九《叔孫建傳附叔孫俊傳》
拓跋磨渾	宗室	拾遺左右	《魏書》卷一四《神元平文諸帝子孫‧文安公泥傳附拓跋磨渾傳》
長孫翰	代人	拾遺左右	《魏書》卷二六《長孫肥傳附長孫翰傳》
賀泥	代人	拾遺左右	《魏書》卷八三《賀訥傳附賀泥傳》
穆顗	代人	中散	《魏書》卷二七《穆崇傳附穆顗傳》
來大千	代人	中散—內幢將	《魏書》卷三〇《來大千傳》
皮豹子	漢人	中散—內侍左右	《魏書》卷五〇《皮豹子傳》
羅斤	代人	侍御中散	《魏書》卷四四《羅結傳附羅斤傳》
盧魯元	代人	直郎	《魏書》卷三四《盧魯元傳》
王斤	代人	給事中	《魏書》卷三〇《王建傳附王斤傳》
拓跋幹	宗室	內將軍	《魏書》卷一五《昭成子孫‧秦王翰傳附拓跋幹傳》
周幾	代人	殿中侍御史	《魏書》卷三〇《周幾傳》
韓茂	漢人	虎賁中郎將	《魏書‧韓茂傳》

〔註36〕《魏書》卷三〇《安同傳附安頡傳》，第715頁。

　　北魏初期道武、明元兩朝的中央行政機構的置改興替，展現了漢制和胡制的交爭，其情形頗爲複雜。制度層面的劇烈變動則是北魏初期拓跋君主、代人集團和漢族士人之間利益的博弈，從短時間的制度變動狀況來看，漢族勢力處於劣勢自不必說，代人集團卻是暫居上風。拓跋君主還未能控制部族傳統勢力，他要實現專制集權的皇權政治，仍需要作進一步的調控。

二、太武帝至太和改制前夕：漢制的恢復與漸變

　　從太武帝拓跋燾開始，北魏國家進入一個新的發展階段。在軍事、政治和經濟等諸方面，北魏國家開始形成一種整體的轉型，南向發展成爲日益明顯的趨勢。〔註37〕這種社會發展趨勢勢必影響到北魏相關制度的改變，中央行政機構的變化自不例外。

　　首先應該注意的是，太武帝拓跋燾甫一即位，外朝機構的改革和發展就馬上展開。尚書省的恢復就是一個顯例。始光元年（424年）三月，太武帝置左民尚書，這之後可能還有其他尚書陸續設立。到神䴥元年三月，置左右僕射、左右丞、諸曹尚書十餘人，各居別寺。〔註38〕至此，北魏一度廢置的尚書臺省再次恢復。尚書省的主體在此確立之後，北魏國家可能根據實際情況繼續增置尚書。如興安二年（453年）又增設了駕部和右士尚書。〔註39〕與尚書機構的恢復同時，諸部尚書的職掌也隨即明確：「殿中尚書知殿內兵馬倉庫，樂部尚書知伎樂及角史伍伯，駕部尚書知牛馬驢騾，南部尚書知南邊州郡，北部尚書知北邊州郡。」〔註40〕這是《南齊書》對北魏太武帝時尚書機構及其職掌的記錄。我們從中可以看出，其尚書部曹設置與相關職掌與魏晉南朝頗有不同，其諸部尚書的設置既有按事務分工，也有按地域的區分。實際上，除上述《南齊書》所列五部尚書之外，根據需要，北魏還設置過太官、西部、吏部、右民、儀曹、禮部、庫部、都牧、虞曹、右士、都官、太倉、金部諸

〔註37〕　何德章先生闡發幽微，通過對北魏「陰山卻霜」之俗的形成背景的考察，抉發出北魏前期政治形勢的變化，見氏著《「陰山卻霜」之俗解》，載《魏晉南北朝隋唐史資料》第12輯，武漢大學出版社，1993年。章義和先生從相似視角出發，對北魏前期社會各方面的轉變進行了更爲全面的論述，見氏著《北魏諸帝巡行的歷史意義》，載《文化學刊》2008年第1期。相關論述亦可參看逯耀東：《從平城到洛陽──拓跋魏文化轉變的歷程》，中華書局，2006年。

〔註38〕　《魏書》卷一一三《官氏志》，第2975頁。
〔註39〕　《魏書》卷一一三《官氏志》，第2975頁。
〔註40〕　《南齊書》卷五七《魏虜傳》，中華書局，1972年，第985頁。

部尚書。至於尚書諸曹之設置，則更形複雜。〔註41〕

　　尚書省設立之後，各部曹各專其職，其事務也逐漸繁忙。太平眞君中，太武帝欲拜寵臣伊馛爲尚書，伊馛即以「尚書務殷」〔註42〕爲託詞請求轉授他官，這是當時人對尚書臺省的觀察，自然可以引作信證。我們也可以南部尚書爲例來對此做一具體的考察。北魏前期所設南部尚書最早見於太武帝時期，它與北部尚書分管北魏南北部落、州郡事務，是此前南、北部大人的遺制。應該說，與魏晉尚書省諸部的劃分方式相比，北魏前期的南、北二部尚書的設置明顯帶有十六國以來流行的胡漢分治的色彩。上引《南齊書》記北魏南部尚書「管南邊州郡事」，我們從文獻中也可以找到佐證。《魏書》卷二四《鄧淵傳附鄧宗慶傳》：「（鄧宗慶）轉典南部。宗慶在南部積年，多所敷奏，州鎮憚之，號爲稱職。」從「州鎮憚之」一點實可以看出南部尚書鄧宗慶所敷奏的對象也正是中原地區的州郡及軍鎮。南部州郡是北魏太武帝以後國家經營的主要部分，故主司其地的南部尚書職務殷繁。如孝文帝初期王嶷爲南部尚書，「時南州多事，文奏盈几，訟者塡門。」〔註43〕另外一件事也顯示了南部尚書理事的廣泛。《魏書》卷三三《谷渾傳附谷洪傳》：

　　高宗即位，（谷洪）以舊恩爲散騎常侍、南部長。遷尚書，賜爵滎陽公。洪性貪奢，僕妾衣服錦綺，貲累千金，而求欲滋劇。時顯祖舅李峻等初至京師，官給衣服，洪輒截沒。

李峻爲文成帝元皇后李氏之兄，梁國蒙縣人。〔註44〕從上引文獻可以看出，他們初到平城的安置工作也需要南部尚書來具體負責，這也給了時任南部尚書的谷洪貪截官資的機會。處理文書、平決訟爭，這是王嶷爲南部尚書時需要面對的日常事務。而實際上南部尚書所理尙不止於此，舉凡辭訟、考課、選舉，乃至用兵，都是南部尚書份內之事。南部尚書也因此成爲崇重之位。〔註45〕

　　儘管此一時期尚書省已經恢復並形成了較爲穩定的建制，但一些胡族因素以及現實的政治、經濟狀況也對尚書省機構的設置及其職能產生了一定的

〔註41〕關於北魏前期尚書分部及尚書諸曹的考察，參看嚴耕望《北魏尚書制度考》；俞鹿年《北魏職官制度考》，社會科學出版社，2009年，第54～78頁。

〔註42〕《魏書》卷四四《伊馛傳》，第990頁。

〔註43〕《魏書》卷三三《王憲傳附王嶷傳》，第775頁。

〔註44〕《魏書》卷八三《外戚·李峻傳》，第1824頁。

〔註45〕嚴耕望先生《北魏尚書制度考》一文對南部尚書職掌已詳爲論列，茲不贅述。

影響。這也使得此一時期的尚書省具有了一些不同於魏晉南朝的地方。

首先，官制中胡族因素明顯。這一時期所設的南、北二部尚書就是這種因素的最好明證。這兩部尚書不僅是拓跋代以來南北部大人的遺緒，而且在北魏前期尚書省政務運行中起著重要的作用。除此之外，殿中尚書雖敷漢名，其職掌卻頗有不同，他們領率宿衛兵士〔註46〕、領軍出征，〔註47〕顯然更傾向於武官，所以論者將其列入宿衛禁軍之列。〔註48〕除此之外，一部尚書設置多人，也是這一時期顯著的特點。〔註49〕如文成帝時，李敷和黃盧頭就曾同為南部尚書；〔註50〕獻文帝時，趙黑與李訢「對綰選部」。〔註51〕至於任殿中尚書者，文成帝和平二年（461年）所立《南巡碑》中就見有斛骨乙莫幹和獨孤侯尼須兩位。〔註52〕一部尚書設置多人在史籍中屢見不鮮，這種安排可能是北魏部落集體議政的殘留形式。

其次，尚書部曹因事而設的現象較多。魏晉南朝尚書分部或五或六，部名也基本上固定下來。〔註53〕至於北魏前期的尚書分部，如前所述先後設置竟達近二十部，這也反映出此一時期北魏國家尚書省部曹設置原則尚未成熟。

最後，與前代制度不同的是，此一時期尚書諸曹不設曹郎，而置大夫、長、令、中散諸職，並以大夫主持曹務。當然，「大夫」之名也許是比附漢名，文成帝《南巡碑》中見有「折紇眞」的職官名，論者以為這可能相當於漢族官職的大夫或下大夫。〔註54〕也就是說，這一時期北魏中央機構中還存在不少北族職

〔註46〕《魏書》卷一四《神元平文諸帝子孫‧順陽公郁傳》、卷四一《源賀傳》，第347、920頁。

〔註47〕《魏書》卷五一《韓茂傳》，第1128頁。

〔註48〕川本芳昭：《從軍制與婚姻看北魏高祖的漢化政策》，《蒙古學信息》，1983年第2期；張金龍：《魏晉南北朝禁衛武官制度研究》，中華書局，2004年，第696～704頁。川本芳昭文為其《關於北魏高祖漢化政策的一個考察》（載《東洋學報》62卷第3、4號，1983年3月）的摘譯。

〔註49〕參看張慶捷：《〈南巡碑〉中的漢族職官》，收入氏著《民族彙聚與文明互動》，商務印書館，2010年，第93～99頁。

〔註50〕《魏書》卷五《高宗紀》：「五月癸未，詔南部尚書黃盧頭、李敷等，考課諸州。」

〔註51〕《魏書》卷九四《閹官‧趙黑傳》，第2016頁。

〔註52〕山西省考古研究所、靈丘縣文物局：《山西靈丘北魏文成帝〈南巡碑〉》，《文物》1997年第12期。

〔註53〕杜佑：《通典》卷二二《職官四‧歷代尚書》。

〔註54〕張慶捷、郭春梅：《北魏文成帝〈南巡碑〉所見拓跋職官初探》，《中國史研究》1999年第2期。

官名，只是由於後人及史家的忌諱，我們已經很難見到北魏前期職官設置的實況了，所幸一些墓誌、造像記等文字材料的發掘爲我們保存了一些眞實情況。

尚書省的恢復與發展是北魏政治、軍事形勢作用的結果，它同時也是北魏前期政治轉型的具體實踐。當然，不論是在尚書省機構設置的制度安排上，還是職官名稱等的直觀體現上，胡族因素的影響和實踐依然可見。

與尚書省作爲重要的權力機構發揮作用不同，這一時期中書省則主要具有選拔和培養人才、參議時政、總掌文誥、制典修史等職能。中書省在北魏初期的發展狀況難以明晰，但自太武帝之後中書省在機構和職掌方面都有了較爲完善的設置。北魏中書省設有令、監、侍郎等職，其職官及員數也基本上同於魏晉南朝。區別於魏晉南朝制度的是，此期北魏還設有中書議郎一職。這一職官最早見於太武帝時。他們負責參議軍國大事，一直存在於孝文帝太和改制前，爲北魏所獨有。此外，中書舍人一職似乎也不見於太和改制前。〔註55〕中書省另一個爲我們所熟知的機構則是中書學。中書學是北魏前期的國子學，它隸屬於中書省。就其整個的運作過程來看，中書學不僅是一個培養人才，傳播儒學的學術機構，在吸收和聯合漢族士人，培育門閥政治等方面，它也起了重要的作用。所以，中書學乃是一個學術性和政治性相融合的機構。

中書省在北魏前期所具有的上述性質使得它成了北魏國家安置人才的重要機構，它也成了漢族士人聚集的重要機構。北魏前期通過秀孝察舉、特貢等方式，將各地舉薦來的人才安置於各個部門，其中仍以中書省爲主。以太武帝神䴥四年（431）的徵召活動爲例。這應該是北魏前期一次最大規模的徵召活動，徵召而來的中原士人共有 35 位，其中爲中書博士、侍郎者達 14 位，〔註56〕我們由此也可以一窺北魏太武帝以後中書省人才之盛。這種狀況也爲時人所欽羨。《魏書》卷四四《伊馛傳》：「（伊）馛性忠謹，世祖愛之，親待日殊，賞賜優厚。……世祖問其欲，馛曰：『中、秘二省多諸文士，若恩矜不已，請參其次。』」「中、秘二省」當指中書省和秘書省。伊馛所言，一方面顯示出北魏中書、秘書二省廣收文才。另一方面，作爲代北武人，伊馛本身並不具有學識修養，但他希望太武帝授以中、秘二省中官職，也顯示出他對中書省等的好感。正因爲中書省爲文士薈萃之所，所以中書省並不像尚書省一樣是通過具體的行政文書的處理來實現其權力，他們在參與議政、行政等

〔註55〕鄭欽仁：《北魏官僚機構研究續篇》，稻禾出版社，1995 年，第 76～147 頁。
〔註56〕《魏書》卷四八《高允傳》，第 1078～1081 頁。

就有相應的機制。

首先，應對左右，參議軍政，負責詔書的擬定是他們的重要職責。昌黎人盧魯元在太武帝爲太子時給侍東宮，頗受信賴，在太武帝即位之後，「以爲中書侍郎，拾遺左右，寵待彌深」；〔註57〕太武帝時亦有李孝伯爲中書侍郎，太武帝「委以軍國機密，甚見親寵」。〔註58〕中書省官員除了受君主青睞，參與軍國大事的籌畫外，與魏晉南朝以來中書省的職掌一樣，此時北魏的中書省也負責起草詔書。如漢族名儒高允，他在太武帝時爲中書侍郎，崔浩之獄，「時世祖怒甚，敕允爲詔，自浩已下、僮吏已上百二十八人，皆夷五族。允持疑不爲，頻詔催切。允乞更一見，然後爲詔。」〔註59〕可見，中書省負責詔書的擬定，在太武帝時已成爲定規。高允後爲中書監、令，《高允傳》亦稱當時軍國書檄多爲高允所擬定。高允之後，高閭續爲中書監，其時在孝文帝時。《魏書》卷五四《高閭傳》：

> 高祖又引見群臣，議伐蠕蠕。……高祖又曰：「今欲遣蠕蠕使還，應有書問以不？」群臣以爲宜有，乃詔閭爲書。於時蠕蠕國有喪，而書不敘凶事。高祖曰：「卿爲中書監，職典文詞，所造旨書，不論彼之凶事。若知而不作，罪在灼然，若情思不至，應謝所任。」（高）閭對曰：「昔蠕蠕主敦崇和親，其子不遵父志，屢犯邊境。如臣愚見，謂不宜吊。」高祖曰：「敬其父則子悅，敬其君則臣悅。卿云不合吊慰，是何言歟？」閭遂引怒，免冠謝罪。

這次北魏君臣討論致書蠕蠕的事件對於我們瞭解中書省草詔的過程是極爲有用的。首先我們應該看到這次討論致書蠕蠕主是緊接在孝文帝召集群臣討論是否北伐的事件之後的。《魏書》卷七《高祖紀》：「（太和十一年）八月壬申，蠕蠕犯塞，遣平原王陸睿討之。庚辰，大議北伐，進策者百有餘人。」《高閭傳》所載君臣群議北伐之事當即太和十一年的這次大議。討論的結果是孝文帝聽從高閭等人的建議，放棄北伐。而接卜來群臣討論是否讓蠕蠕使者帶著孝文帝的旨書回覆使命，這是有關國家外交禮節之事，事關國體，自然需要朝臣的共同商議。這也讓我們看到，某些重要文詔的製作和發佈首先需要經過朝臣的討論，形成一致的意見之後才會付諸實行。起草詔書的正是中書省

〔註57〕《魏書》卷三四《盧魯元傳》，第 801 頁。
〔註58〕《魏書》卷五三《李孝伯傳》，第 1168 頁。
〔註59〕《魏書》卷四八《高允傳》，第 1071 頁。

官員，正如上述孝文帝所言「卿爲中書監，職典文詞」。無獨有偶，孝文帝時身爲中書令的鄭羲，其職掌亦是「總司文史」。〔註60〕可見中書省官員確實是負責根據皇帝旨意或者集體討論的意見草定詔書。中書省將詔書擬定後，其內容仍需經過審定，符合意旨方才允許對外發佈。高閭草詔因不言蠕蠕國喪而爲孝文帝申責，高閭初次草擬的詔書必得根據孝文帝的旨意再行修改。可見中書省草定的詔書在內容上也要接受嚴格的監督審核。通過太和十一年的這次討論，我們能夠看到，作爲國家最終意志的詔書等的擬定，從其製作、草擬到最後的審定，都是在相關人員的參與、互動下才得以完成。顯然，中書省在這個過程中發揮了關鍵的作用。到孝文帝循魏晉南朝制度改革政制之後，中書省草擬詔書的功能同樣也得到了穩定和發展。

其次，作爲使者，負責各種臨時性的外遣任務也是中書省官員的一項經常性的職掌。中書省官外使也是魏晉以來一種常見的做法。如張華爲中書郎，「兼中書郎，從駕征鍾會，掌書疏表檄」；〔註61〕劉頌在晉武帝時爲中書侍郎，「咸寧中，詔頌與散騎郎白褒巡撫荊、揚。」〔註62〕魏晉以來中書省官員外出參謀軍事、巡察地方，所涉及的事務也比較廣泛。北魏循前代軌轍，中書省官員除監、令之外，其他則有不少外使的記錄。舉凡出使外國、迎接來使、巡察地方、隨軍謀劃諸事，他們都曾參與。以獻文帝時薛安都等內附爲例。當時北魏派遣尉元負責應接，與尉元同行的則有中書侍郎李璨和高閭，他們不僅全程參與軍事行動，在局勢穩定之後，尉元「遣南中郎將、中書侍郎高閭領騎一千，與張讜對爲東徐州刺史；中書侍郎李璨與畢眾敬對爲東兗州刺史。以安初附。」〔註63〕李璨、高閭二人被委任刺史，與降人張讜、畢眾敬等對管州事，他們所具有的監督和鎮撫的作用顯而易見。中書省官員大多具有較高的文化修養和政治才能，他們的外使不僅是自身職權的擴展，同時也使國家的意志能夠得到更好的執行。更值得我們注意的是，這些出使、參謀軍事的事務往往是由漢族士人承擔的情況較爲常見。

再次，議決疑獄。《魏書》卷四《世祖紀》：「（太平眞君六年三月），詔諸有疑獄皆付中書，以經義量決。」關於這一詔命下達的背景，文獻中也有相

〔註60〕陸增祥：《八瓊室金石補正》卷一四《兗州刺史滎陽文公鄭羲下碑》，文物出版社，1985 年，第 79 頁。
〔註61〕杜佑：《通典》卷二一《職官四》「中書侍郎」條自注。
〔註62〕《晉書》卷四六《劉頌傳》，第 1293 頁。
〔註63〕《魏書》卷五○《尉元傳》，第 1112 頁。

關的解釋。《魏書》卷一一一《刑罰志》：「（太平眞君）六年春，以有司斷法不平，詔諸疑獄皆付中書，依古經義論決之。」《刑罰志》所言與上述《世祖紀》所發佈的詔書當指同一事。之所以讓中書省負責決疑獄，這自然與他們熟諳儒家經典有關。而太武帝的這一做法也值得我們注意，爲改變現行體制下司法不平的局面，而轉用儒家經義爲評斷原則，這說明儒家理念開始爲北魏統治者接受並加以實際運用。這一措施也確實得到了認眞的執行。《魏書》卷四八《高允傳》：「初，眞君中，以獄訟留滯，始令中書以經義斷諸疑事。（高）允據律評刑，三十餘載，內外稱平。」看樣子高允任職中書省時的一項重要工作就是「以經義斷諸疑事」。當然，由於人爲因素的破壞，中書省決疑的制度終究未能一直堅持下來。《魏書》卷一一一《刑罰志》：「（延興四年），自獄付中書覆案，後頗上下法，遂罷之，獄有大疑，乃平議焉。」

　　當然，北魏前期中書省還曾參與國史的修纂、律令的修訂以及各項典章禮儀的制定等活動，詳見本文第五章相關論述。從以上對中書省職官及其職權的論述中，我們看到，中書省作爲北魏中央行政機構之一，其職官設置和職權行使在沿襲前代制度的同時也出現了某些獨特的地方。但總體而言，其基本的結構已經穩定下來，侯後孝文帝的改革也是以繼承爲主。

　　太武帝後，門下省的發展也漸漸明朗。門下省正式設立始於西晉，其後南北朝諸代都設立了門下省。〔註64〕魏晉時期，門下省職官有侍中、給事黃門侍郎，以及文屬門下省的散騎省諸職官〔註65〕：散騎常侍、通直散騎常侍、員外散騎常侍、散騎侍郎、通直散騎侍郎、員外散騎侍郎以及給事中、奉朝請諸官。〔註66〕北魏前期門下省官設置的完備要到太和十五年。《魏書》卷一

〔註64〕 李林甫：《唐六典》卷八《門下省》「侍中」條注，中華書局，1992 年，第 239 頁。

〔註65〕 北魏散騎省稱集書省。西晉時期，散騎省雖屬門下，但其獨立性較強，《通典》卷二一《職官典‧門下省》「散騎常侍」條即稱其「雖屬門下，別爲一省」。南朝宋別置集書省領諸散騎。《初學記》卷十二《門下省‧散騎常侍第四》：「晉初，此官（散騎常侍）選望甚重，與侍中不異。自宋以來，其任閒散，用人益輕，別置集書省領之。」後來諸朝沿襲此制。北魏集書省的設置應該是仿效劉宋，其設置的具體時間不詳，但太和十五年定官品時應爲其定型期。《唐六典》卷八《門下省》「左散騎常侍」條注曰：「後魏集書省置散騎常侍，第二品；太和末，從三品，亦領六散騎。」據《前職令》，散騎常侍位第二品下，與此相符，則此處所謂「後魏集書省置散騎常侍，第二品」當是就北魏前期制度而言，這也可以證明北魏前期設有集書省，置散騎常侍等官。

〔註66〕 《晉書》卷二四《職官志》，第 733～734 頁。

一三《官氏志》：「（太和十五年）十二月，置侍中、黃門各四人，又置散騎常侍、侍郎，員各四人；通直散騎常侍、侍郎、員外散騎常侍、侍郎，各六人。」〔註67〕在此之前，門下省的職官和員額設置的具體情況及其變化我們難以詳悉，然而可以肯定的是，太和十五年門下省職官的完善儘管是對漢制的仿效，但門下省相關的制度、職能實際上在北魏前期已經歷了一個形成和發展的過程。《前職令》所顯示出來的門下省機構乃是自身實踐和漢制混融的結果。

魏晉時期，門下省官員「備切問近對，拾遺補缺」〔註68〕、「平尚書奏事」，〔註69〕其實權不可謂不大。北魏自皇始元年初建臺省開始，就曾仿效過這一方式。崔逞投降之後，得到了拓跋珪的妥善安置，「拜為尚書，任以政事，錄三十六曹，別給吏屬，居門下省」，〔註70〕崔逞雖為尚書，但他居門下省，並總錄尚書三十六曹，根據這些特點，我們可以認為崔逞實際上是在執行門下省的職能。臺省初建，在人員、經驗和實際環境等方面都存在不足，其機構的不完善是必然的。明元帝時，仍設置專人主掌門下事務。《魏書》卷二八《古弼傳》：「（古弼）初為獵郎，使長安，稱旨，轉門下奏事，以敏正著稱。」古弼當是居於門下，負責向宮中傳奏事務的。《魏書》卷二七《穆崇傳附穆觀傳》：「太宗即位，（穆觀）為左衛將軍，綰門下中書，出納詔命。」穆觀以左衛將軍而負責門下、中書二省的詔命出納，明顯不同於魏晉制度。北魏初期門下省的職官設置情況微渺難明，而以上幾例又使我們看到，在政治體制中胡族因素還佔優勢的北魏初期政務運行中，門下省實難如同魏晉時期一樣發揮作用。門下省的機構建設還處於初始階段，而這時出現的如門下奏事等職官應該只是負責出納詔命，他們在中央行政機構中因此也難以佔據重要位置。

自太武帝以後，門下省的權力漸漸擴大。《魏書》卷三五《崔浩傳》：「是年（神䴥二年），議擊蠕蠕，朝臣內外盡不欲行，保太后固止世祖，世祖皆不聽，唯浩贊成策略。尚書令劉潔、左僕射安原等，乃使黃門侍郎仇齊推赫連昌太史張淵、徐辯說世祖。」這裏值得注意的是，儘管黃門侍郎是受尚書劉

〔註67〕此外，據同卷《前職令》所示，門下省同樣還設有給事中、諫議大夫、門下錄事、門下主書舍人、門下通事舍人、門下令史、集書舍人、集書校書郎、集書令史諸職，這些職官在涉及北魏前期的史料中幾無所見，可能是在制定《前職令》時新置之官。

〔註68〕《晉書》卷二四《職官志》，第733頁。

〔註69〕杜佑：《通典》卷二一《職官三‧門下省》。

〔註70〕《魏書》卷三二《崔逞傳》，第757頁。

潔等的指授而負責勸說太武帝放棄攻打蠕蠕的計畫，但這卻表明，門下省具有諫諍權，同時外朝機構輿情上達也需要通過門下省的運作。現存《文館詞林》殘卷錄有北魏時期發佈的各種詔書，其行文均以「門下」起首。〔註71〕這種詔書的書寫形式在魏晉南朝已成固定格式，它是門下省具有封駁詔書職權的一個例證。〔註72〕《文館詞林》殘卷中所錄北魏詔書發佈時間最早的是在文成帝興安二年（453），〔註73〕我們雖然不能據此斷定北魏前期的門下省也具有封駁詔書的權力，但詔書對外發佈需要通過門下省的傳達則是與北魏南朝制度相同的地方。

　　北魏前期門下省長官也具體地參與到日常政務的處理。《魏書》卷四四《羅結傳》：「世祖初，（羅結）遷侍中、外都大官，總三十六曹事。」萬斯同將羅結列為太武帝時第一位侍中。他總三十六曹事，就應該是負責審理尚書省上呈的諸事務，這也是晉代侍中一項基本職能。值得注意的是，太武帝以後有不少侍中負責尚書都曹事務的。如太武帝之子拓跋翰，「拜侍中、中軍大將軍，參典都曹事」；〔註74〕薛提，「徵為侍中，治都曹事」。〔註75〕也有一些以侍中和都曹尚書共任的例子。如孝文帝時的尉元〔註76〕、陸睿。〔註77〕都曹即尚書都省，為尚書八座朝拜交禮、處理政務之所在。北魏以侍中治都曹事，或者為都曹尚書，都證明侍中具有審駁尚書省奏事的職能了。雖然北魏前期制度混雜，但門下省長官侍中這一處理政務的模式則庶幾近於魏晉制度，並為孝文帝時的制度改創奠定了良好的基礎。

　　對於內外臣僚及州郡長官的監察也是北魏前期中央行政機構建設的一部分。早在道武帝初建臺省之時，似已經設立了外蘭臺御史一職，但在天興四年即予撤罷，總屬內省。〔註78〕這之後監察機構的設置情況難以明瞭。嚴耀

〔註71〕許敬宗編、羅國威整理：《日藏弘文本〈文館詞林〉校證》，中華書局，2001年。

〔註72〕黃慧賢：《中國政治制度通史・魏晉南北朝卷》，人民出版社，1996年，第104～107頁。

〔註73〕許敬宗編、羅國威整理：《日藏弘文本〈文館詞林〉校證》，第380頁。詔書定名《後魏文成帝恩降詔》，此詔亦見於《魏書》卷五《高宗紀》，時間為興安二年，《文館詞林》所錄當為該道詔書的完整形式。

〔註74〕《魏書》卷一八《太武七王・東平王翰傳》，第418頁。

〔註75〕《魏書》卷三三《薛提傳》，第794頁。

〔註76〕《魏書》卷五〇《尉元傳》，第1113頁。

〔註77〕《魏書》卷四〇《陸俟傳附陸睿傳》，第911頁。當然，以侍中而為尚書各部如殿中、儀曹、吏部、都官等也均有其例。

〔註78〕《魏書》卷一一三《官氏志》，第2973頁。

中先生認爲這一時期北魏監察之權歸內行官掌握，〔註 79〕張金龍先生接受這一看法，並進一步指出北魏前期宮中設有蘭臺機構，其職掌文書傳遞，通過監察文書以糾舉百官非違。〔註 80〕內朝機構具有監察百官的權力，這應該是當時的實際情況，但僅以內朝機構行使監察權，其監察的途徑和效力必然有限。北魏前期中央政府還通過各種方式來加強對中央和地方官吏的監督。首先，派遣大使巡察地方成了北魏政府一種制度化的措施，它在監督地方官吏方面起了十分重要的作用。〔註 81〕其次，在中外各機構設立候官一職，以監督百官違失。這一舉措早在道武帝時就已施行，如名將庾岳就是因爲候官告其僭禮逾制而被道武帝處死。〔註 82〕候官在以後還繼續存在並獲得統治者重視，到文成帝時甚至還增加候官的員額。《魏書》卷一一一《刑罰志》：「（高宗）增置內外候官，伺察諸曹外部州鎮，至有微服雜亂於府寺間，以求百官疵失。」可見，候官是安置在中央各行政機構和地方州郡的，其作用就是負責暗糾百官過失。也許中央政府對候官的維護和縱容使得候官挾權自大，終至干擾中外正常行政。到孝文帝時，中央政府開始加強對候官的整治。太和二年（478 年），中央政府減少了候官的員額。《魏書》卷一一三《官氏志》：「太和二年五月，減置候職四百人，司察非違。」次年，更發佈詔書，徹底裁撤候官。〔註 83〕以上內行蘭臺機構、候官和遣使，三者共同構成了北魏前期中央政府的監察體系。這一體系基本上是在北魏傳統中形成的，其實行效果如何，限於材料，無法做出評估。但就候官一職的興廢而言，它並沒有促進北魏前期監察機構的良性發展。

以上是對北魏太武帝以後中央行政機構的論述。就外朝機構而言，圍繞政務運行，北魏政府已經基本上形成了中書、尚書以及門下三省共同處理的行政體系，相應的監察部門也建立起來。與魏晉南朝的制度相比，北魏前期的三省行政體系仍然參雜著一定程度的胡族因素，這當然是對實際社會政治的適應，並且隨著現實政治的發展變化，這種行政體制也在漸漸趨於完善和穩定。

與外朝行政機構的這種變化相比，內朝諸機構則仍然繼承北魏初期的發

〔註 79〕嚴耀中：《北魏前期內行官試探》，第 340 頁。
〔註 80〕張金龍：《北魏御史臺制度的發展變化》，收入氏著《北魏政治與制度論稿》，甘肅教育出版社，2003 年，第 244～262 頁。
〔註 81〕侯旭東：《北朝村民的生活世界》，第 314～325 頁。
〔註 82〕《魏書》卷二八《庾業延傳》，第 685 頁。
〔註 83〕《魏書》卷一一一《刑罰志》，第 2877 頁。

展規模並繼續擴大。內朝諸機構中，官分文武，武官負責宮殿禁衛、巡行保護等事。〔註 84〕內朝機構中的文官部分在太武帝以後則在機構設置、人員構成和職權上都有了進一步的發展，他們的實際運作則對北魏中央行政產生了極大的影響。

　　內朝機構大多設置於宮中，內朝官員也多在宮中處理政務。他們與君主的關係因為這種空間位置而顯得十分緊密，因而他們對君主的施政就會產生明顯的影響。我們僅以內秘書機構為例來加以說明。北魏前期不僅在外朝設置秘書省，負責圖籍點校、國史修纂等工作，而在內朝也設置了內秘書省。〔註 85〕內秘書省的職責包括參與詔書的制定、行政文書的傳遞和上奏等方面。《魏書》卷五三《李沖傳》：「高祖初，（李沖）以例遷秘書中散，典禁中文事，以修整敏惠，漸見寵待。」又《魏書》卷二四《崔玄伯傳附崔衡傳》：「天安元年，擢（崔衡）為內秘書中散，班下詔命及御所覽書，多其跡也。衡舉李沖、李元愷、程駿等，終為名器，世以是稱之。」身為秘書中散的崔衡就曾負責擬定過詔書。更值得注意的是，崔衡還能向君主舉薦人才，我們雖然不能由此遽斷他有推薦之權，但作為內秘書官員具有的重要政治影響則可由此窺見。不僅如此，對國家重要政策的制定，他們也能發揮作用。如北魏太和九年推行的三長制就是由時為內秘書令的李沖建議並具體規劃的。鄭欽仁先生曾對內秘書省的職官做出了細緻的考索。根據他的研究，內秘書亦即中秘書，其職官包括內秘書令、內秘書監、秘書小散、秘書主文中散、秘書奏事中散、內秘書侍御中散、內校書等職。〔註 86〕可見，內秘書省在詔書的制定、文書的傳遞乃至文書的保管等方面都形成了一套分工明確的較為完整的體系，確實是內朝中一個重要的文書行政機構。除此之外，由於內秘書省負責文書管理，故對相關人員的文化要求就相應的要高。職此之由，一批受過良好教育的漢族士人也因此得以參與內秘，如前引之李沖、崔衡等人。這無疑既是內朝行政的需要，又有利於漢族士人政治地位的提高。

　　以上，我們對太武帝以後直到孝文帝太和改制前的中央行政機構的演變

〔註84〕　武官因與本文主旨無多干涉，我們不擬討論。具體的論述可參看張金龍：《魏晉南北朝禁衛武官制度研究》，第 659～745 頁。山西靈丘發現的《文成帝南巡碑》也記錄了大量內朝武官。

〔註85〕　北魏於內、外朝均設秘書省，這已經成為一種共識。前賢多有論述，較新的研究參看曹剛華：《北魏內外秘書考略》，載《民族研究》2003 年第 2 期。

〔註86〕　鄭欽仁：《北魏官僚機構研究》，稻禾出版社，1995 年，第 41～55 頁。

進行了簡略的論述。隨著北魏政治的進一步發展，無論機構的設置還是各職能部門的日常運作，中央行政機構在朝向漢化的進程上有了較爲明顯的改善。中書省、尚書省、門下省這種三省行政體系業已形成一定之規。當然，代人集團的政治優勢還繼續存在，適應其傳統模式的內朝機構仍然在行政體系中發揮主導作用。雖然也有不少漢族士人被吸收到內朝機構中去，但這種政治格局的破解還需要各方面的協調方能實現。

三、太和改制以後：漢化與改革

孝文帝的改革是中國中古史上極爲重要的轉折，這是眾所周知的事實。其改革的原因、過程、措施以及意義也是歷來史家著力探討過的，研究成果十分豐富，從這些鉤沉索隱的研究中我們也看到了孝文改革的複雜和激烈。當然，我們這裏並不打算對孝文帝改革進行全面的敘述，而只是就其對中央行政機構的變革簡單論述。

太和十四年（480 年）九月，專掌大權的馮太后逝世。在政治形勢頗爲險惡的情況下，孝文帝開始掌控朝政，並迅速展開政治體制的變革。應該說，這種改革早在馮太后掌政時期就已經在進行。在一批漢族士人如高允、李沖、李安世等人的建議和協助下，曾先後建立地方官學、整頓吏治、推行俸祿制、三長制以及均田制，這些措施涉及北魏社會、政治、經濟和文化諸多方面，以後孝文帝的改革可說是馮太后改革的繼續。

孝文帝的改革乃是北魏胡族政治漢化的重要轉折，這一點自不必說。這場改革涉及北魏社會的方方面面，既有對前期制度的肯定和延續，又有對舊制的否定和新制的建立，這其中尤以政治制度的變革表現突出。確定官品、劃分職官清濁以及仿效魏晉南朝制度建立行政機構，是這一時期改革的主要方面。〔註 87〕值得注意的是，職官制度的改革並非一次完成，從太和十五年

〔註87〕對於孝文帝改革是否是對南朝制度的照搬，陳寅恪先生的觀點是眾所周知的。但隨著研究的深入，學界已經出現了不同的看法。早先注意到這一問題的是宮崎市定，他認爲孝文帝太和十九年設立流外七等要早於梁武帝所設的流外七班，但他隨即解釋說南齊已經有類似制度存在，故孝文帝得以利用，所以他仍相信北魏的制度是對南朝的仿效，參看氏著《九品官人法研究》（韓昇譯），中華書局，2009 年，第 242～252 頁。閻步克先生也從宮崎市定這一發現出發，但他的研究卻證實北魏品分正從以及流外七等的制度乃是北魏首創，梁武帝的官制改革實是北魏制度的回饋，參看氏著《品位與職位》，中華書局，2004 年，第 360～409 頁。最近石冬梅先生亦著文從北魏參與新官制制

（491 年）「大定官品」〔註 88〕到太和二十三年（499 年）所確定的《後職令》，其間經過多次製作與修改方才定型。〔註 89〕制度改革的內容包括職官體系和行政體系的調整、士族的認定和門地的劃分、官僚的入仕資格規定和選任，北魏因此建立起了一套完整的融合胡漢的官僚門閥政治制度。

　　進而言之，太和十七年頒佈的《前職令》中，仍然包括大量的胡族官名。以北魏前期經常出現的中散官系列而言，《前職令》中就列有中散庶長、侍御中散、中散諸職。此外，宮崎市定先生觀察《前職令》時即指出這份官品表乃是將當時所有的官稱都列入其中，官無清濁之分，實際上這只是將當時實際實行的制度原封不動的綜括起來，並沒有遵行孝文帝的改革意圖。〔註 90〕自然，這次職官調整肯定不能令孝文帝滿意，但最終還是實行下去，孝文帝也作出了解釋：「比百秩雖陳，事典未敘。自八元樹位，躬加省覽，遠依往籍，近採時宜，作《職員令》二十一卷。事迫戎期，未善周悉。雖不足永垂不朽，且可釋滯目前，釐整時務。須待軍回，更論所闕，權可付外施行。其有當局所疑而令文不載者，隨事以聞，當更附之。」〔註 91〕這份官品令還是改革的一個嘗試。詔文中雖然指出它是結合「往籍」和「時宜」的結果，但其中還存在不少缺陷，還需在實際執行中予以調整和修正。到太和二十三年「復次職令」〔註 92〕，總結此前各種調整和改置的結果，一份新的官品表便最終得以落實，這就是《魏書·官氏志》中所錄的《後職令》。

　　《後職令》所列職官基本上別除了北魏前期存在的胡族官名以及同期新

定的人員以及北魏制度與南朝制度的差異等方面進行論證，他也得出北魏新官制並未模仿南朝的結論，參看氏著《論北魏太和新官制的淵源及其影響》，載《漢學研究》25 卷第 2 期，2007 年。

〔註 88〕《魏書》卷七《高祖紀》，第 196 頁。

〔註 89〕黃慧賢、聶早英先生著文分析了《魏書·官氏志》中出現的前、後《職令》以及太和十九年《品令》的制作原因及其性質，勾勒出了太和官制改革中涉及的官品清濁、門地劃分等與官制建構的關係，參看氏著《〈魏書·官氏志〉載太和三令初探》，載《魏晉南北朝史資料》，第 11 輯，武漢大學出版社，1991 年。樓勁先生則認為北魏孝文帝的改制活動是以對令的修訂為中心展開的，他以此為線索對北魏太和諸令的性質、內容以及諸令之間的邏輯關係都做了別開生面的闡釋，參看氏著《對幾條北魏官制材料的考釋》，收入《中國社會科學院歷史研究所學刊》第一集，社會科學文獻出版社，2001 年，第 121～155 頁。

〔註 90〕宮崎市定：《九品官人法研究》，第 240～242 頁。

〔註 91〕《魏書》卷七《高祖紀》，第 172 頁。

〔註 92〕《魏書》卷一一三《官氏志》，第 2993 頁。

出現的官名，基本上形成了完全漢化的制度格局。〔註93〕綜合兩職令來看，孝文帝對職官體系的改革也意味著要對舊體制下的官僚任職進行調整。前已說明，太和前《職令》對於現存職官體系幾乎未作改動，所以相應的官僚職位調整恐怕也不必進行，真正開始簡選百官則要等到太和十九年。《魏書》卷七《高祖紀》：「（太和十九年）十有二月乙未朔，引見群臣於光極堂，宣示品令，爲大選之始。」光極堂當即光極殿，是孝文帝於洛陽新修的宮殿。〔註94〕這也表明，孝文帝選官任職正是在職官調整已經成型，並且百官盡遷洛陽之後開始的。《魏書》卷五九《劉昶傳》：

> （太和十九年）十月，（劉）昶朝於京師。高祖臨光極堂大選。……
> 高祖曰：「……朕今舉一人，如有不可，卿等盡言其失；若有才能而
> 朕所不識者，宜各舉所知。朕當虛己延納。若能如此，能舉則受賞，
> 不言則有罪。」及論大將軍，高祖曰：「劉昶即其人也。」

這可以作爲孝文帝大選百官的一個細節性的說明。孝文帝親自提議各官職的人選，同時經百官參議以決其可否，這也顯示出這次大選百官的嚴肅和認真。當然，孝文帝可能不會親自任命所有的中央官僚，如其在前一年考課百官時規定：「各令當曹考其優劣，爲三等。六品以下，尚書重問；五品以上，朕將親與公卿論其善惡。」〔註95〕他這次親自大選百官當也限定在一定品級之內。但不管怎樣，中央職官的普遍調整則是不爭的事實，一些官僚的遷轉經歷也能印證這一點。《魏書》卷三二《封懿傳附封琳傳》：「（封琳）轉司宗下大夫，有長者之稱。行東兗州事。及改定百官，除司空長史。」又《魏書》卷七六《張烈傳》：「高祖時，（烈）入官代都，歷侍御、主文中散。遷洛，除尚書儀曹郎、彭城王功曹史、太子步兵校尉。」此外又如《魏書》卷四三《劉休賓傳附劉宣明傳》：「高祖擢（劉宣明）爲中書博士。遷洛，轉議郎。」以上數人都是在遷都洛陽之後的改定百官中轉授他職。值得注意的是，他們之前或是內朝官員，如主文中散，或是北魏前期新設的職官如中書博士、司宗下大夫等，遷洛之後則一體

〔註93〕當然，前、後《職令》也有一些不同於魏晉南朝制度的職官。如在北魏前期即已存在的御史中尉，它雖然是御史臺的長官，但並不稱御史中丞，且通北魏一朝，皆以御史中尉稱之。另外，諸卿副職——少卿——的設置，據《唐六典》卷十四至卷二十中對諸卿寺職官的介紹，都是在北魏太和十五年首次設置的，並一直爲後代沿襲。

〔註94〕楊衒之著、楊勇校箋：《洛陽伽藍記校箋》卷一「瑤光寺」條，第47頁。

〔註95〕《魏書》卷七《高祖紀》，第175頁。

按照新制定的職令授予官職。這也向我們透露出孝文帝對不符合漢制的職官的調整辦法。職官制度的改革不僅有理論上的設計籌畫，同時還有實踐層面的具體推行，改革產生的作用便不言而喻。改革背後所體現的行政意識和行政體制的轉變則更具意義。就中央行政機構而言，北魏前期對中央行政有重要影響的內朝機構被裁撤，漢式的府、省、臺、寺等機構正式確定下來，「以內制外」的權力格局轉變成以門下省、尚書省、中書省等為中心共同主持日常行政的模式。同時，各機構的職權劃分也隨即明確，並在日後的實踐中進一步調整和完善。北魏在中央行政機構的改革方面也徹底實現了漢化。

孝文帝的改革完成了職官制度和行政體系的調整，而這一系列的成果到宣武帝時即全面實行。應該看到，由於積漸所致或者某些偶然因素的作用，導致一些機構職權上有所改變。這之中最顯眼的莫過於門下省權重的問題。《通典》卷二一《職官三·宰相》：「（後魏）尤重門下官，多以侍中輔政，則侍中為樞密之任。」劉知幾對北魏中央行政的這一總結對後來學者研究北魏的三省體制產生了重大影響。陳琳國先生就極力論證門下省不僅具有封駁詔書的權力，實際上到北魏後期，連中書省起草詔書的職權也轉移到門下省。〔註96〕《北史》卷七二《陽尼傳附陽休之傳》：「先是中書專主綸言，魏宣武已來，事移門下。」這是對北魏後期門下省總責詔旨文書的狀況的敘述，它表明這已經成了一項固定的制度。然而相反的意見卻認為北魏後期門下省權勢大增乃是出於偶然的因素，這只是某些權臣僭權的結果，並不能當做北魏後期的定制。〔註97〕我們無意對這種職權轉變的性質作具體的討論，但不管這種變化是短暫的還是長期的，都沒有改變以三省為中心的分權理政的基本格局。此外，北魏後期社會形勢的突變，各地此起彼伏的動亂也對北魏政治產生了極大的影響，為應對地方變亂，北魏國家的中央行政制度也隨之做出了變動，如北魏後期出現的行臺。〔註98〕行臺是中央尚書省的派出機構，主要負責征討、出使、駐戍等事務，是尚書省行政的延伸，行臺長官對於僚佐的選任具有極大的自主權。在行臺派出期間，行臺對於地方事務也保持自

〔註96〕陳琳國：《兩漢魏晉南北朝政治制度研究》。第115～130頁。

〔註97〕祝總斌：《兩漢魏晉南北朝宰相制度研究》，中國社會科學出版社，1990年，第307～321頁；羅永生：《「後魏尤重門下官」新說》，《陝西師範大學學報》，2004年第2期。

〔註98〕學界對於北魏的行臺多有研究，具體的可參看張小穩：《魏晉南北朝時期行臺性質的演變》，載《人文雜誌》2008年3期。

主權。無疑，行臺所具有的這些特性及它與尚書省的關聯，對於尚書省職權的穩固和擴大必定會產生積極的作用。應該說，在三省制的基本格局確定之後，類似上述的變化還有不少，但這些變化主要還是局部的或暫時的，因而三省制的基本格局不會發生質變，反倒是在這些變化中進一步調整和完善。

以上我們主要著眼於日常行政的運作過程，結合北魏社會政治的發展進程，對北魏一朝中央行政機構的演變進行了論述。通過以上的論述，我們可以看出北魏中央行政機構演變的兩個主要特點。一方面是行政模式由胡漢雜糅的內、外朝行政體系向完全漢化的方向演變，在這一過程中，佔據行政主導地位的內朝機構被逐漸改造，並最終被取消，漢式的三省制行政體制漸漸發展成型，這一系列轉變的完成自然以孝文帝改革爲標誌。另一方面，三省制成爲中央行政的基本架構之後，受某些因素影響，仍然還有局部的或短時的變化，但這些變化是中央行政發展過程中的正常現象，它們不會導致三省制結構發生質變，而是會促進其內部的調整和完善。

第二節　北魏前期中央政權中漢族士人的任職

就我們討論的漢族士人群體而言，他們可以說是認識北魏胡漢關係變化的關鍵，他們在北魏政權中的任職變化及其政治作用的改變也是我們定性北魏社會的重要一環。以下，我們主要通過對漢族士人在北魏中央政權中的任職等方面的實證性研究來考察他們政治地位的變化，並由此考察北魏社會政治的轉變軌跡。而此處所指的北魏前期，大體上是以孝文帝統治時期爲劃分界限的。

一、北魏初期

此處的北魏初期是指北魏道武、明元兩朝。就這一時期北魏政治的總體情形來看，北魏國家政權建設還處於初始階段，其政治活動仍以軍事爲主，故掌握軍政大權的代北集團發揮著主導作用。這樣一種政治格局無疑會影響到北魏政治的方方面面。進言之，儘管北魏政府在漢族士人的參與下有了初步的制度建設，但其基本架構卻是以實現和維護代北集團的利益爲宗旨，北族傳統的政治模式在制度建設中勢必居主要地位。這樣一種政治生態實際上決定了漢族士人在北魏初期的政治生涯。儘管在吸收漢族士人方面北魏君主表現出了一定的積極性，但以文化見長的漢族士人實際上缺乏發揮其才能、

提升其地位的政治空間。

（一）道武帝時期

　　拓跋珪於西元 386 年在牛川重建代國，之後他一直活動於代北地區，與周邊各部落周旋，並逐漸完成了對各部落的征服。在此期間，除了一些在昭成帝什翼犍時代即與拓跋部有聯繫的漢族士人如燕鳳等人之外，也有少量代北臨近地區的漢族士人前來投奔。《北史》卷一五《魏諸宗室・秦王翰傳附拓跋儀傳》：「先是，上谷侯岌、張袞、代郡許謙等有名於時，初來入軍，聞（拓跋）儀待士，先就儀，儀並禮之，共談當世之務。」同時前來的還包括張袞之弟張恂。〔註99〕這些人士都是主動前來者。實際上，拓跋珪也曾有過主動的求才之舉。《魏書》卷三三《賈彝傳》：「（賈彝）弱冠，為慕容垂驃騎大將軍、遼西王農記室參軍。太祖先聞其名，嘗遣使者求彝於垂。」拓跋珪向後燕徵求賈彝，其時當在北魏與後燕交好期間。但不管怎樣，以拓跋部此時的實際狀況，儘管拓跋珪對漢族士人具有較為積極和友好的態度，拓跋集團對漢族士人的吸引力始終有限。經過近十年的經營，拓跋部在代北地區的統治勢力才基本上形成規模。與此同時，拓跋部也開始了對後燕的進攻，並在不長的時間內擊敗後燕，取代慕容氏而成為河北地區新的統治者。直到此時，拓跋部由代北向南發展的轉向才使他們有機會更深入地接觸到漢族文化的核心，也開始對漢族士人更大規模的吸收。

　　對河北地區漢族士人的吸收，拓跋珪一如既往地採取了較為積極的態度。登國十年參合陂之役，北魏打敗後燕，並獲得大量俘虜，「太祖乘勝將席卷南夏，於是簡擇俘眾，有才能者留之，其餘欲悉給衣糧遣歸，令中州之民咸知恩德。」〔註100〕拓跋珪對於俘虜的處置原本有其長遠的打算，他一方面欲用其才能，一方面也希望通過遣還俘虜來贏得民心，為以後向中原的推進打下基礎。儘管這一籌畫遭王建等人的勸阻而未能實行，但畢竟還是揀拔了賈閏、賈彝及晁崇等一批才學之士。在隨後北魏對後燕的進攻中，拓跋珪對仕於後燕的官僚士人的拔擢利用仍是不遺餘力。史家對此也頗有好評：「帝初拓中原，留心慰納，諸士大夫詣軍門者，無少長，皆引入賜見，存問周悉，人得自盡，苟有微能，咸蒙敘用。」〔註101〕我們試將史料中所見拓跋珪時代

〔註99〕《魏書》卷九一《良吏・張恂傳》，第 1900 頁。
〔註100〕《魏書》卷三〇《王建傳》，第 710 頁。
〔註101〕《魏書》卷二《太祖紀》，第 27 頁。

吸收的漢族士人列爲一表：

表 3.2 北魏道武帝時的漢族士人任職中央機構表

任職者	籍貫	入魏時間	後燕任職	入魏職任	資料來源
許謙	代	登國初		右司馬、陽曲護軍	《魏書》卷二四《許謙傳》
張袞	上谷沮陽	登國初		左長史、給事黃門侍郎、幽州刺史	同上《張袞傳》
燕鳳	代	登國初		吏部郎、給事黃門侍郎、行臺尚書	同上《燕鳳傳》
張恂	上谷沮陽	登國初		參軍事、中書侍郎、廣平·常山太守	《魏書》卷八八《張恂傳》
賈彝	長樂廣川	登國末	驃騎長史	尚書左丞	《魏書》卷三三《賈彝傳》
晁崇	遼東襄平	登國末		太史令、中書侍郎	《魏書》卷九一《晁崇傳》
李先	中山盧奴	皇始初		丞相左長史、尚書右中兵郎、七兵郎、博士	《魏書》卷三三《李先傳》
張珍	中山	中山平	度支尚書	（世祖）中書侍郎	《魏書》卷六八《甄琛傳附張纂傳》
王憲	北海劇縣	皇始中		青州中正、領選曹事、兼掌門下	《魏書》卷三三《王憲傳》
梁劭	北地泥陽	皇始二年		吏部郎、濟陽太守	《魏書》卷八四《梁越傳》
崔玄伯	清河東武城	征中山	高陽內史	黃門侍郎、吏部尚書	《魏書》卷二四《崔玄伯傳》
崔浩	清河東武城	征中山		直郎、著作郎	《魏書》卷三五《崔浩傳》
崔逞	清河東武城	征中山	留臺吏部尚書	南部尚書、〔註102〕御史中丞	《魏書》卷三二《崔逞傳》
公孫表	燕郡廣陽	征中山		尚書郎、博士	《魏書》卷三三《公孫表傳》

〔註102〕 崔逞本傳未言其居何部尚書，據《北史》卷二四《崔逞傳附崔休傳》載：「（孝文）帝嘗閱故府，得舊冠題曰『南部尚書崔逞制』，顧謂休曰：『此卿家舊事也。』」崔休爲崔逞玄孫，孝文帝遂有此言，我們也由此得知崔逞的具體職任。

鄧淵	安定	中原平		著作郎、蒲丘令、吏部郎	《魏書》卷二四《鄧淵傳》
梁穎	安定	不詳	黃門郎	建德太守	《魏書》卷四五《韋閬傳》
董謐	清河東武城	中山平		儀曹郎中	《魏書》卷二四《鄧淵傳》
封懿	勃海蓚縣	中山平	民部尚書	給事黃門侍郎	《魏書》卷三二《封懿傳》
酈紹	勃海蓚縣	中山平	濮陽太守	兗州監軍	《魏書》卷四二《酈範傳》
高湖	勃海蓚縣	天興二年	燕郡太守	右將軍、總代東諸部	《魏書》卷三二《高湖傳》
高恒	勃海蓚縣	道武帝時	鉅鹿太守	鉅鹿太守	同上《高湖傳附高恒傳》
高展	勃海	中山平	黃門郎	三都大官（？）	《魏書》卷五七《高祐傳》
宋隱	廣平列人	平中山	本州別駕	吏部郎、行臺右丞	《魏書》卷三三《宋隱傳》
張蒲	河內修武	平中山	尚書左丞	尚書左丞、東部大人、太中大夫	同上《張蒲傳》
高韜	勃海蓚縣	中山平	太尉從事中郎	丞相參軍	《魏書》卷四八《高允傳》
祖敏	范陽遒縣	中山平	平原太守	尚書左丞	《魏書》卷八二《祖瑩傳》
谷渾	昌黎	道武帝時		內侍左右	《魏書》卷三三《谷渾傳》
韓昞	昌黎	皇始初		宣威將軍、騎都尉	《魏書》卷四二《韓秀傳》
李曾	趙郡平棘	道武帝時		博士、趙郡太守	《魏書》卷五三《李孝伯傳》
李系	趙郡平棘	中山平	東武城令	平棘令	《魏書》卷三六《李順》
梁越	新興	道武帝時		博士、上大夫	《魏書》卷八四《梁越傳》
王德	不詳	不詳		三公郎中	《魏書》卷二《太祖紀》

　　從上表中不難看到，漢族士人進入北魏政權的時間不一樣。一批是在北魏初建之時即來歸附者，如燕鳳、許謙、張袞、張恂諸人。而更多的是在皇始至天興年間進入北魏政權的。他們原來大多在後燕政權中任職。這一時期，北魏正大舉進攻後燕，依前所述，北魏對於降服的後燕官僚大加收納，也就出現上表中所示的情況。

　　我們首先應該注意到北魏初期進入政權的漢族士人的地域和家族背景。河北地區歷經後趙、前秦以及慕容氏諸燕政權的統治，在對待漢族士人的政策上，各政權都表現出了一定的相似性，也都能尊重和維護其政治和家族利益。就拓跋氏此時所吸收的漢族士人而言，一方面，他們大體上以籍貫河北並實際居於河北地區的人士為主。從上表所示漢族士人的籍貫來看，進入北魏政權的漢族士人廣泛分佈於河北各地，拓跋珪對他們的吸收仍是基於後燕政權下的原有格局，並未存地域歧見。另一方面，一些漢族士人雖然籍貫他處，但在拓跋氏進入華北之際，他們已經定居於河北地區。政權易主、社會動亂帶來的社會群體的地域流動等則是無法避免的。《魏書》卷三三《宋隱傳》：「宋隱，字處默，西河介休人也。曾祖奭，晉昌黎太守。後為慕容廆長史。祖活，中書監。父恭，尚書、徐州刺史。慕容儁徙鄴，恭始家於廣平列人焉。」宋隱的曾祖宋奭為昌黎太守時當在西晉末期，這樣由於隨後中原的喪亂使得西河宋奭一支滯留在遼東，並進一步與慕容氏結合，最後逐漸與其本籍疏離，成了河北人士。西河宋奭因為仕宦和時亂的雙重作用而遷徙改籍，這在十六國時期也是較為普遍的事情。我們之所以在此強調河北士族的遷徙，其實是要指出拓跋珪對漢族士人的任用主要仍以河北人士為主。

　　拓跋珪吸收的漢族士人就其家族背景而言，既有門望顯貴的清河崔氏，也有上述從他地遷徙而至的新興士族如宋氏、鄧氏，但他們之中更多的是在胡族政權中興起未久的漢族家族。實際上，初入河北的拓跋氏畢竟未諳其人情世態，而穩定新拓之地則使他們亟需對人才的搜羅與利用，故拓跋氏必定難以按照世族政治的模式來展開對河北地區的統治。在這樣一種思路的指引之下，拓跋珪更關注對秉具長才的個人的搜羅。除了前述對賈彝的徵求，拓跋珪也曾關注過崔玄伯、王憲、李先諸人，而范陽盧溥及清河崔逞也在張袞的推薦之列。〔註103〕他們皆以其才學識見為拓跋珪所知曉，而對於其家世背景，拓跋珪則並不措懷，至少是不甚留意。

────────────

〔註103〕《魏書》卷二四《張袞傳》，第 614 頁。

　　對漢族士人的吸收，大致可分爲兩類情況。一類以其學識修養和藝能獲得了拓跋珪的信愛。《魏書》卷三三《谷渾傳》：「（谷渾）晚乃折節受經業，遂覽群籍，被服類儒者。太祖時，以善隸書，爲內侍左右。」谷渾以其學識、容止以及「善隸書」爲道武帝所青睞，甚至引爲左右近侍。對於漢族士人而言，能夠親近拓跋珪，以其學識和儒家觀念影響拓跋珪，這對於北魏國家政治的發展自然有潛移默化的作用——儘管受形勢所格，這種作用不會在短時間內體現出來。又如儒生梁越，「（梁越）國初爲《禮經》博士。太祖以其謹厚，舉動可則，拜上大夫，命授諸皇子經書。」〔註104〕事實證明，拓跋珪此舉使儒學更進一步爲北魏統治者所接受。史家論述明元帝，即稱他「禮愛儒生，好覽史傳」，並有所著述。〔註105〕另外，這種近侍的便利也爲他們以後的仕宦創造了優勢。如崔玄伯之子崔浩以工於書法侍從拓跋珪左右，他服勤不怠，受到拓跋珪的信任，〔註106〕這也爲他以後勢傾朝野奠定了基礎。

　　北魏政府吸收的另一類漢族士人則是曾宦於後燕政權的。北魏於皇始元年攻下後燕幷州之後，即開始了全面的制度建設。《魏書》卷二《太祖紀》：「（皇始元年九月），初建臺省，置百官。」我們從隨後北魏對後燕臣僚的引用也可以發現，這次仿漢制設立臺省，其目的之一很可能就是爲了吸納後燕降臣作制度上的預備。〔註107〕對後燕降臣的吸收則可分兩個階段，首先是在平定河北的過程中吸收的。以下試舉數例：

（1）崔玄伯初入北魏，拓跋珪「以爲黃門侍郎，與張袞對總機要，草創制度」；〔註108〕

（2）崔逞歸附，拓跋珪拜爲南部尙書，「任以政事，錄三十六曹，別給吏屬，居門下省」；〔註109〕

（3）王憲於皇始中歸誠，拓跋珪「以爲本州中正，領選曹事，兼掌門下」。〔註110〕

以上數人都是在北魏進攻河北之時歸誠的。他們所任上述職務也僅在北

〔註104〕《魏書》卷八四《儒林‧梁越傳》，第1843頁。
〔註105〕《魏書》卷三《太宗紀》，第64頁。
〔註106〕《魏書》卷三五《崔浩傳》，第807頁。
〔註107〕張德壽：《北魏道武帝對漢士人的任用》，《雲南社會科學》2001年增刊。
〔註108〕《魏書》卷二四《崔玄伯傳》，第620頁。
〔註109〕《魏書》卷三二《崔逞傳》，第757頁。
〔註110〕《魏書》卷三三《王憲傳》，第775頁。

魏平定河北之時，到拓跋珪回軍平城之時，他們大多轉爲它任。可以想見，他們此時也主要是爲北魏平定河北出謀劃策。從史傳對各人職掌的描述來看，他們主要負責招納和處置人才、擬定和出入文誥等事務。需要指出的是，北魏雖然已經建立臺省，但制度草創，又加上軍旅征伐，機構的完備和職權的區分恐怕還十分粗糙，這從崔逞以南部尚書而總尚書諸曹以及王憲以州中正而領選曹的例子既可看出。拓跋珪進軍河北，其目的是爲了擴張拓跋部的勢力，實現對中原的統治，這就不同於一般的擄掠行爲，利用這樣一批曾仕於後燕政權、又有學識和名望的漢族士人參與其征服行動，他們對河北社會的熟悉有利於北魏的征服活動，這自然是符合北魏的行動意圖的。至於他們在政治上發揮的作用和具有的地位，實在不宜高估。實際上，對於後燕官僚的任用，北魏也有所抑制。《魏書》卷三三《張蒲傳》：「太祖定中山，（慕容）寶之官司敘用者，多降品秩。」這樣一種規定就使我們看到，北魏在利用河北士人的同時也注意控制其權勢的增長。

平定河北之後，北魏對河北士人的吸收安置則進入第二個階段。天興元年七月，拓跋珪決定遷都平城，營宮室、建宗廟、立社稷，並利用漢族士人開展制度建設。《魏書》卷二《太祖紀》：「（天興元年）十有一月辛亥，詔尚書吏部郎中鄧淵典官制，立爵品，定律呂，協音樂；儀曹郎中董謐撰郊廟、社稷、朝覲、饗宴之儀；三公郎中王德定律令，申科禁；太史令晁崇造渾儀，考天象；吏部尚書崔玄伯總而裁之。」值得注意的是，尚書省在這次制度建設中起了主導作用。我們由表 3.2 中也不難觀察到，漢族士人任職尚書省的占大多數，共計 13 人次，占全體士人總數的 40% 左右（13/32）。其中擔任吏部尚書者 1 人、南部尚書 1 人、尚書左右丞 3 人、尚書郎 8 人。〔註111〕就上引製作典章制度的諸人來看，鄧淵博通經書，「明解制度，多識舊事」；〔註112〕董謐之父董京碩學之名早著，董謐「少傳父業」，〔註113〕自然也是學識深厚之人；〔註114〕崔玄伯聲名早著自不必說，王德情況不詳。就已知信息而言，這

〔註111〕窪添慶文先生對此現象做出解釋。他認爲北魏此前已經建立了完備的尚書機構，但由於缺乏合適人選，有些職位可能就是有位無人，這就導致北魏將大量後燕降臣安置在尚書機構中，參看氏著《關於北魏前期的尚書省》，載劉俊文主編《日本中青年學者論中國史·六朝隋唐卷》，上海古籍出版社，1995 年，第 38 頁。

〔註112〕《魏書》卷二四《鄧淵傳》，第 635 頁。

〔註113〕《魏書》卷二四《崔玄伯傳》，第 634 頁。

〔註114〕據《晉書》卷一二三《慕容垂載記》所載，慕容垂即位之時曾與朝臣討論其

些人本身具有的知識和經歷符合北魏制度改革的需要，因而也就參加到制度的具體規劃中來。尚書省的作用也一度凸顯出來。

尚書省的這種變化並不意味著其實權的增長，我們也不能因為漢族士人對制度規劃的主持而斷定其地位的上升。北魏初期的政治格局是以代北集團為核心，儘管漢化制度有所實行，但胡族因素的強勁卻有力地衝擊著漢式制度尚且薄弱的基礎。尚書省在道武帝一朝屢有變更，這勢必導致其權力的不穩定。實際上，由於北魏初期外朝機構的變置頻繁，遂導致主要任職於外朝機構的漢族士人缺乏一個積累權勢的制度平臺。儘管我們也能看到諸如崔玄伯「通署三十六曹，如令僕統事，深為太祖所任。勢傾朝廷」〔註115〕的顯赫，但那僅僅是個別現象，它遠不能代表身處北魏朝廷的全體漢族士人的狀況。更需論者，崔玄伯為一介士人，既不是拓跋宗室，也沒有征戰立功，他在北魏政權中雖然威望較高，但主要就是參議政治、制定制度，在北魏初期漢化尚淺、顯貴執政和以開疆拓土為主務的社會政治環境下，他的活動實屬次要，顯然不會產生較為深刻的影響，因而他在政治上所獲更多的是聲望而不是實權。

北魏征服河北時對該地區士族的衝擊也是我們需要注意的。自石趙政權覆亡之後，河北地區基本上為鮮卑慕容政權所控制。眾所周知，慕容氏諸政權漢化較深，對於漢人士族也有優待。應該說，漢人士族在慕容氏的統治下有了較穩定的發展，也積聚了一定的地方勢力。拓跋氏進入河北，後燕政權瓦解，河北士族或隨慕容寶北退遼東，或隨慕容德渡河南至青齊，〔註116〕這勢必導致河北士族地方勢力的渙散。拓跋珪在平定河北之後，又展開了大規模的徙民。《魏書》卷二《太祖紀》：「（天興元年正月），徙山東六州民吏及徒河、高麗雜夷三十六萬，百工伎巧十萬餘口，以充京師。」這次徙民中也包括大量河北士族。如崔玄伯一族。《魏書》卷二四《崔玄伯傳》：「及車駕還京師，次於恒嶺，太祖親登山頂，撫慰新民，適遇（崔）玄伯扶老母登嶺。」崔玄伯此時已為拓跋珪所任用，但他也不能免於扶老攜幼，舉家隨遷的命運。又《魏書》卷五七《高祐傳》：「（高祐）祖展，慕容寶黃門郎。太祖平中山，內徙京師。」高祐之祖高

母的諡號，參與討論者有博士董謐，或者與此制定禮儀的董謐為同一人。
〔註115〕《魏書》卷二四《崔玄伯傳》，第 621 頁。
〔註116〕唐長孺：《北魏的青齊土民》，收入氏著《魏晉南北朝史論拾遺》，中華書局，1983 年，第 92～122 頁；亦可參看韓樹峰先生對清河崔氏進行的個案研究，參看氏著《南北朝時期淮漢以北的邊境豪族》，社會科學文獻出版社，2003 年，第 47～76 頁。

展爲勃海人，我們也可見勃海高氏也在徵遷之列。無疑，拓跋氏遷徙河北士族是對其地方勢力的進一步瓦解。河北士族遷至平城，處於拓跋氏的直接控制之下，這使得政權中帶有士族背景的漢族士人失去地方根基，也就難以形成對北魏國家的抗衡，其政治地位自然難在短時間內恢復和提高。

漢族士人在拓跋珪一朝還只是負責具體的事務，他們對政治制度的參與、擬定還不能與同時的胡族因素相持。其參與決策、掌控實權的情形尚未出現。拓跋珪時的胡漢矛盾通常是學界用來評價漢族士人政治地位的一個重要因素，我們當然不能忽視這一矛盾的存在，但應該指出的是，胡漢矛盾遠不能成爲拓跋珪一朝的主要政治矛盾。拓跋珪當然對漢族士人有所猜忌，但這種猜忌也施於整個臣僚之上，並不是專門針對他們的。有論者注意到拓跋珪出於穩定皇權的考慮，對朝中臣僚廣存疑慮，降黜殺戮之事常有發生，〔註117〕因此，我們若將拓跋珪對漢族士人的猜忌、殺戮置於整個政治形勢的背景下進行考慮，就應該對此時的胡漢矛盾有一個客觀的認識。

值得注意的是，距北魏建國一百多年之後，北齊魏收爲義州刺史和安所作墓誌銘中也涉及到對北魏初期文武功臣的評論。現錄其論如下：

> 往者晉迄永嘉，中原瓦散，分崩七紀，膠加五胡。於是魏乘其弊，奄括區宇，洮汰神州。羅絡荒極，中謀外禦。**比肩受事，燕、許、崔、張決其策，孫、幹、奚、庚制其兵。**〔註118〕（粗字體爲筆者所加。）

魏收在此分文、武兩方面論述了北魏初期臣僚的功績。對於開國功臣群體這樣一分爲二的做法其實是史家常用的手法。東漢班固就曾依此評論西漢開國之文臣武將：「股肱蕭、曹，社稷是經，爪牙信、布，腹心良、平，襲行天罰，赫赫明明。」〔註119〕魏收的評論顯然是符合傳統觀念的操作。

就魏收評論的具體人物而言，主持軍事征討的孫、幹、奚、庚諸位武將，即碑文中所謂「制其兵」者，結合北魏初期的實際情況來看，其均屬代北胡

〔註117〕李憑：《北魏平城時代》，社會科學文獻出版社，2000年，第60～70頁，並請參看同書第414頁之《道武帝殺黜臣僚表》。

〔註118〕魏收所作《征南將軍和安碑銘並序》一文被唐高宗朝中書令許敬宗所編《文館詞林》收錄。《文館詞林》大部已佚，今僅存殘卷，所幸魏收此文仍得保存，見羅國威整理《日藏弘仁本〈文館詞林〉校證》，中華書局，2001年，第144頁。和安即北魏初期名將和跋之後。

〔註119〕《漢書》卷一〇〇下《敘傳下》，第4236頁。

族無疑。但由於胡族姓名多爲多音節名字，史家記載其姓名又是截取其中某一音節爲之，〔註120〕故這些武將的具體姓名難以考具。至於「決其策」的燕、許、崔、張諸位，從現有文獻中反映的情況來看，則當指燕鳳、許謙、崔玄伯、張袞四人。燕鳳、許謙在昭成帝時即已歸附拓跋氏，張袞至遲到拓跋珪初復代國時即來歸附，崔玄伯則是在拓跋珪進軍河北之時被收納的。四人雖然入國時間不一，但都在北魏政權中參議政治，對相關的軍政決策起過一定的作用。燕鳳在昭成帝時即已受重用，拓跋珪對其也甚爲禮重；〔註121〕許謙爲右司馬，參贊初基，曾多次前往後秦請兵，避免了北魏覆滅於後燕的危險；〔註122〕張袞「常參大謀，決策幃幄。太祖器之，禮遇優厚」；〔註123〕崔玄伯前已論及，茲不贅述。崔玄伯等四人歸附之後即受到拓跋君主重視，在各項事務的決策上貢獻自己的意見，而且其政治作用也較其他漢族士人更爲明顯。顯然，這四人的行跡是可以專受「決其策」之譽的。

崔玄伯等四人的政治地位，我們從《魏書》的編纂體例中也可窺見一斑。魏晉南北朝時期，「以類相從」的思想成爲歷史編纂的重要原則。魏收在編纂《魏書》時顯然遵從了這一原則。燕鳳等四人同被編入《魏書》第24卷，魏收並對燕鳳等四人的功績做出了評論：

> 爲國馭民，莫不文武兼運。燕鳳以博識多聞，昭成致禮，和鄰存國，
> 賢之效歟。許謙才術俱美，馳騁艱難之日，觀幾獨勸，事契冥符。
> 張袞以才策見知，早蒙恩遇，時無寬政，斯言貽咎。玄伯世家儁偉，
> 仍屬權輿，總機任重，守正成務，禮從清廟，不亦宜乎。〔註124〕

以「文武兼運」爲綱，魏收表彰了四人的籌謀之功，其對北魏國家開建的意義重在「文」的一面。《魏書》的編纂是在北齊天保二年至天保五年（551～554年），在此之後，雖時人聚訟，〔註125〕但其基本體例當不至丕變。據上引和安墓誌銘，他以天保六年（555年）逝世，天統四年（568年）改葬。墓誌正作於改葬之時，比較墓誌和正史的這兩段評論，我們也可看到對於燕鳳等

〔註120〕羅新：《跋北魏太武帝東巡碑》，《北大史學》第11輯，北京大學出版社，2005年。

〔註121〕《魏書》卷二四《燕鳳傳》，第610頁。

〔註122〕《魏書》卷二四《許謙傳》，第611頁。

〔註123〕《魏書》卷二四《張袞傳》，第613頁。

〔註124〕《魏書》卷二四「史臣曰」，第638頁。

〔註125〕《北史》卷五六《魏收傳》，第2030～2032頁。

四人，魏收均強調他們的籌謀計策之功，其態度一直是保持一致的。

魏收能在不同場合表彰燕鳳諸人的功績，表明在他編纂魏史之時這已經是當時人普遍接受的一種觀點。表彰功臣的文治武功，這不僅是國家籠絡臣下的一種方法，也是其政權建立的合理性所在。這種觀點也反映在史家的歷史編纂活動當中。在北朝以胡族統治爲主的政治狀況下，對開國功臣的歷史敘述仿照「文武兼運」的模式進行又具有獲得正統性的意義。魏收對燕鳳等人功績的表彰具有上述雙重意義的政治宣傳，但他們實際發揮的作用在此顯然有所拔高。這種稱讚實際上並不符合北魏建國初期的政治實情，也未能眞實地體現漢族士人在北魏政權中的作用。北魏初期代北集團掌控政權已如前述，而北魏政權初建之時勢力尚弱的狀況需要他們將重心放在軍事力量之上。即使北魏後來佔領河北，但河北地方的變亂事件時有發生，這也需要北魏採取相應的軍事行動以保障統治的穩定。如此一來，掌握軍事權力的代北集團就受到國家的重視。他們因軍功封官拜爵，其地位甚爲優渥。儘管魏收以「比肩受事」來形容出謀劃策的漢族士人和領兵征戰的代人集團之間的平等關係，但不可否認的是，燕鳳諸人並沒有被授予多高的職位，他們所獲得的爵位也僅止於侯爵。〔註126〕與代北軍功集團相比，其政治上的劣勢顯而易見。

燕鳳、崔玄伯等四人在北魏初期的活動使我們可以將他們視作政權中漢族士人的代表。誠然，拓跋氏初入中原，爲實現對中原漢族文化地區的統治，其軍事擘劃和制度創建就得依仗漢族士人的支持，我們同時也應該看到，北魏初期的政治軍事形勢以及漢族士族地方勢力的削弱都會影響到漢族士人在北魏政權中的政治地位。北魏政治的進一步發展，漢族士人政治權勢的提高，畢竟還需要一定的時間積累和調適。

（二）明元帝時期

天賜六年（409年），拓跋珪死，其子明元帝拓跋嗣繼登皇位。拓跋嗣可謂守成之主，他在位時期的對外征服幾無發生。相反，由於自拓跋珪以來柔然部落的興起和對北魏的侵擾，使得北魏一直將主要精力用來對付柔然部落，〔註127〕再加上北魏對境內反叛勢力的鎮壓以及對東晉南朝的防禦，〔註128〕使得掌控軍

〔註126〕崔玄伯後來進至公爵，但這是明元帝時的事，他在拓跋珪一朝仍只獲侯爵。

〔註127〕何德章：《「陰山卻霜」之俗解》，《魏晉南北朝隋唐史資料》第12輯，武漢大學出版社，1992年。

〔註128〕永興二年（410年），東晉劉裕滅南燕，神䴥四年（417年），劉裕滅後秦，這

事權力的代北軍功階層就一直處於政治權勢的中心。一批在道武帝時即已累積功勳的代北人士此時開始主掌政治大權，比如此時取代尚書省的八大人官。《北史》卷二二《長孫嵩傳》：「太宗即位，（長孫嵩）與山陽侯奚斤、北新侯安同、白馬侯崔宏等八人，坐止車門右，聽理萬機，故世號八公。」八大人具體為誰不能完全考知，但從此處所見長孫嵩等四人當中，唯有崔玄伯一人為漢族士人，則我們說八大人基本上為代北集團所佔據，當也不會有何不妥。我們前面對北魏初期中央行政機構的論述也顯示出明元帝時行政機構胡族因素占主導地位，不僅八大人官取代了廢罷的尚書機構，而且主要以代北人士為主的內朝機構也成了權力核心，內朝官員權勢也極為顯赫。代北集團控制北魏政局的狀況存在於整個明元帝一朝，即使明元帝設立太子監國之制，加強拓跋皇權政治，也一樣難以動搖代北集團的利益。〔註129〕《魏書》卷三五《崔浩傳》：「（明元帝）使（崔）浩奉策告宗廟，命世祖為國副主，居正殿臨朝。司徒長孫嵩、山陽公奚斤、北新公安同為左輔，坐東廂西面；浩與太尉穆觀、散騎常侍丘堆為右弼，坐西廂東面。百僚總己以聽焉。」明元帝詔令太子拓跋燾監國是在泰常七年（422年）五月。〔註130〕長孫嵩、奚斤等六人無疑是代北集團的核心人物，以他們作為太子監國時的輔弼大臣，也由此可見明元帝時期的政治權勢結構。

　　就可知史料而言，明元帝時期漢族士人任職於中央機構的人數不但沒有增進，比起道武帝時期反而還有所減少。究其原因，一方面如上所述，中央機構的胡化減少了漢族士人進入的機會；另一方面，地方上的士族也不願意入仕中央。《魏書》卷三《太宗紀》：「（永興五年二月），詔分遣使者巡求儁逸，其豪門強族為州閭所推者，及有文武才幹、臨疑能決，或有先賢世胄、德行清美、學優義博、可為人師者，各令詣京師，當隨才敘用，以贊庶政。」可見，明元帝也曾試圖徵召地方豪族中兼具威望和才學之士。但有跡象表明，明元帝此舉更大程度上是為了控制地方豪族的勢力。《魏書》卷二四《崔玄伯傳》：「太宗以郡國豪右，大為民蠹，乃優詔徵之，民多戀本，而長吏逼遣。於是輕薄少年，因相扇動，所在聚結。西河、建興盜賊並起，守宰討之不能禁。」此處所言與前列徵召詔書之間當有密切關係。我們從此也可看到地方

樣一來，東晉與北魏就處於直接的對峙狀態。

〔註129〕曹文柱：《北魏明元、太武兩朝的世子監國》，《北京師範大學學報》1991 年第 4 期。

〔註130〕《魏書》卷四《世祖紀》，第 62 頁。

豪族武斷鄉里的狀況引起了明元帝的擔憂，他借徵召入仕之名對其加以控制的意圖也就清晰可見。然而，明元帝此舉並沒有帶來預期效果，「民多戀本」，導致徵召的推行難以順利進行，反而引發了地方上的騷亂，這也顯示出中原漢族人士對拓跋政權的認同度還處於低位。

　　既然胡族體制在明元帝一朝興盛起來，熟稔舊事的漢族士人自然不能像道武帝時那樣主持典章制度的規劃和擬定。這一時期漢族士人多為隨軍征討、參與策謀。如公孫表在明元帝時就曾多次被委派隨軍參謀，其子公孫軌，「太宗時為中書郎。出從征討，補諸軍司馬。」〔註131〕值得一提的是崔浩。他為崔玄伯之子，又加上自身學識淵博，故頗受明元帝親待，在多次軍事征討方案的討論中，崔浩的意見對於明元帝的決策都起了重要作用。當然，明元帝一朝崔浩仍只具參謀之用，我們並沒有見到他參與日常政務的記載，故其實際政治地位仍有局限。儘管崔浩父子榮寵備至，「每至郊祠，父子並乘軒輅，時人榮之」，〔註132〕但崔浩卻頗受拓跋顯貴防忌。《魏書》卷三五《崔浩傳》：「世祖即位，左右忌（崔）浩正直，共排毀之。世祖雖知其能，不免群議，故出浩，以公歸第。」拓跋氏顯貴與崔浩的積怨是由於崔浩對其利益的衝擊所引起的，他們在太武帝即位之時即採取行動共同排擠崔浩，而太武帝顯然不能違背眾議，這也從一個側面顯示了代北集團勢力的強盛和漢族士人政治地位的不穩定。

　　北魏初期中央政權中漢族士人的政治狀況已如上述。漢族士人中雖有個別曾擁有較為顯赫的權力和地位，但這並不能抵消漢族士人群體整體地位受到壓制的狀況。代北集團因血緣和功勳主導著中央政權，這同時也與北魏初期偏向以平城為中心、以防禦柔然為主的政治動向有密切關係。漢族士人政治地位的改變顯然要以北魏政治重心的轉變為契機。

二、太武帝至孝文太和改革之前

　　太武帝時期無疑是北魏歷史上武功卓著的時代。太武帝拓跋燾能夠抓住時機，及時果斷的出擊，不僅有效地阻擋住了蠕蠕的侵擾，而且先後討滅赫連夏、北燕以及北涼，最終實現了北方的統一。在與南朝劉宋的交鋒中，北魏實際上也處於優勢。統一局面的形成意味著北方的歷史進程邁入了新的軌道。對拓跋集團而言，既是機遇也是挑戰。在同一政治秩序控制下的北方地

〔註131〕《魏書》卷三三《公孫表傳》，第783頁。
〔註132〕《魏書》卷三五《崔浩傳》，第807頁。

區爲拓跋集團的發展提供了資源和空間，拓跋集團的政治重心在太武帝以來也明顯在向平城以南轉向。與此同時，經歷了社會動盪和胡族統治者對北方社會政治結構的破壞之後，北方漢族士人通過建立塢壁、與胡族政權合作等方式重建了根基較爲深厚的地方政治勢力，這卻是拓跋集團需要認眞面對的一種政治狀況。顯然，要有效統治北方地區，光憑簡單的武力控制根本不能維持長久。拓跋集團的利益需要維護和發展，漢族士族的利益也需要提供保障，二者之間存在著衝突。倘若處理不好，拓跋集團難免重蹈十六國胡族統治者的覆轍，因而一套有效的平衡機制就需要建立起來。

隨著北魏統一行動的展開，拓跋集團不再將視野局限於代北一隅。實際上，中原地區越來越成爲其政治思考和實踐的對象，拓跋集團此時與中原地區的結合才慢慢加深。〔註133〕在這種結合的過程當中，胡漢雙方的利益平衡也成爲國家政策的關注點。一些措施的實行顯示了這點。如在中原地區推行宗主督護制，這即是對中原地方豪族政治、經濟利益的認可和維護，〔註134〕當然也是獲得漢族社會對其政權認可的重要舉措。吸收漢族士人進入國家政權顯然是一種更高程度的胡漢結合。爲此，拓跋燾甫一即位，就開始了相關方面的運作。政治制度上，一度處於停滯狀態的漢化進程此時得以恢復並繼續推進。對漢族士人的吸納則更具規模，不僅形成了經常性的徵舉制度，而且吸收的範圍也頗廣。一批聲望和學養俱佳的漢族士人也進入北魏政權，這促成了北魏國家新的發展。我們即對此一時段的漢族士人在北魏中央行政機構中的任職情況進行分析。

（一）內朝機構中的漢族士人

內朝機構作爲北魏君主的近侍，主要承擔日常的侍從、禁衛以及出入詔命等工作，這使得他們與君主的關係就顯得十分密切。作爲體現胡族特點的

〔註133〕當然，拓跋集團與中原地區結合程度的深化也不宜過度渲染，這種結合度的有限性也可以從一個側面解釋北魏太和改制之前政治體制中胡族因素得以延續的現象。結合的具體內容則可包括婚姻、政治關係、經濟活動等諸多方面，唐長孺先生在分析北魏均田制時即指出拓跋貴族與中原土地還很少關係是均田制得以推行的原因之一，這也可以看做拓跋集團與中原地區結合程度的一個例證。唐先生的觀點見氏著《魏晉南北朝隋唐史三論》，武漢大學出版社，1992年，第127頁。

〔註134〕余遜：《讀魏書李沖傳論宗主制》，《歷史語言研究所集刊》第20本下冊，中華書局，影印本，1987年，第67～83頁。

內朝機構的人選，拓跋集團中的勳貴之子及代北部落酋長之子往往成為其主要組成部分，〔註135〕這當然是現實政治作用的結果。對於漢族士人而言，由於此前他們在政權中的地位和作用不顯，因而他們與政權的結合度並不高。至於任職於內朝的事例就十分少見。隨著太武帝以後對中原地區控制的加強，一批漢族人士也被吸納到北魏中央政權中的各個部分，而內朝機構中也出現了一批漢族士人。為方便論述，我們試列表如下：

表3.3　內朝機構中的漢族士人

任職者	籍　貫	任職時間	入官方式	任　職	資　料　來　源
李孝伯	趙郡平棘	太武	徵召	中散、秘書奏事中散	《魏書》卷五三《李孝伯傳》
高欽	勃海	太武	中書學生	秘書中散	《魏書》卷五七《高祐傳》
崔衡	清河	文成	不詳	內秘書中散	《魏書》卷二四《崔玄伯傳附崔衡傳》
張白澤	上谷沮陽	文成	不詳	中散	同上《張袞傳附張白澤傳》
李敷	趙郡平棘	文成	不詳	中散	《魏書》卷三六《李順傳附李敷傳》
李璨	趙郡	文成	不詳	秘書中散	《魏書》卷四九《李靈傳附李璨傳》
司馬金龍	河內溫縣	文成	中書學生	中散	《魏書》卷三七《司馬楚之傳附司馬金龍傳》
李岊	趙郡平棘	獻文	不詳	中散	《魏書》卷三六《李順傳附李岊傳》
李安世	趙郡平棘	獻文	中書學生	中散	《魏書》卷五三《李孝伯傳附李安世傳》
梁祚	北地泥陽	獻文	徵辟	秘書中散	《魏書》卷八四《梁祚傳》
裴修	河東聞喜	獻文	中書學生	秘書中散	《魏書》卷四五《裴駿傳附裴修傳》
鄭懿	滎陽開封	獻文	起家	中散	《魏書》卷五六《鄭羲傳附鄭懿傳》
賈儁	長樂廣川	孝文	起家	秘書中散	《魏書》卷三三《賈彝傳附賈儁傳》

〔註135〕張金龍：《魏晉南北朝禁衛武官制度研究》，第685～695頁。

李憲	趙郡平棘	孝文	不詳	秘書中散	《魏書》卷三六《李順傳附李憲傳》
韓興宗	昌黎棘城	孝文	太學生	秘書中散	《魏書》卷六〇《韓麒麟傳》
李沖	隴西	孝文	中書學生	秘書中散	《魏書》卷五三《李沖傳》
李虔	隴西	孝文	中書學生	秘書中散	《魏書》卷三九《李寶傳附李虔傳》
韋纘	京兆杜陵	孝文	中書學生	秘書中散、侍御中散	《魏書》卷四五《韋閬傳附韋纘傳》
李蘊	范陽	孝文	中書學生	秘書中散、侍御中散	《魏書》卷四六《李訢傳》
崔合	博陵安平	孝文	中書學生	主文中散	《魏書》卷四九《崔鑒傳》
崔景儁	博陵安平	孝文	不詳	主文中散	《魏書》卷五六《崔辯傳》
崔振	博陵安平	孝文	中書學生	秘書中散	《魏書》卷五七《崔挺傳附崔振傳》
游悺	廣平列人	孝文	不詳	中散	《魏書》卷五四《游雅傳》
游肇	廣平列人	孝文	中書學生	內秘書侍御中散	《魏書》卷五五《游明根傳附游肇傳》
鄭道昭	滎陽開封	孝文	中書學生	主文中散	《魏書》卷五六《鄭羲傳附鄭道昭傳》
高道悅	遼東新昌	孝文	中書學生	主文中散	《魏書》卷六二《高道悅傳》
張烈	清河東武城	孝文	不詳	主文中散	《魏書》卷七六《張烈傳》
鄧宗慶	安定	不詳	中書學生	中散	《魏書》卷二四《鄧淵傳附鄧宗慶傳》
鄧靈珍	安定	不詳	中書學生	秘書中散	同上《鄧淵傳附鄧靈珍傳》
谷季孫	昌黎	不詳	中書學生	秘書中散	《魏書》卷三三《谷渾傳》
胡醜孫	安定臨涇	不詳	中書學生	中散	《魏書》卷五二《胡方回傳》

　　觀察以上諸人，不難發現，他們全部是以中散諸官的身份而進入內朝機構。中散一職正如鄭欽仁先生所言，其性質類似於漢代的郎官，主要在禁中服務，也可能分置到其他各個行政機構，於是就形成了太僕中散、西臺中散、秘書中散、侍御中散等名。〔註136〕北魏中散系統的人員構成包括代北勳貴子孫、宦官、漢族士人等。這種成分結構又呈現出時間上的變化。大體言之，

〔註136〕鄭欽仁：《北魏官僚機構研究》，第 161 頁。

太武帝時中散以拓跋集團爲主，文成帝以後，漢族士人漸漸加入；到孝文帝時，漢族士人的數量則有較大幅度的上升，而拓跋集團所占比重反倒呈下降趨勢。中散諸官以勳貴、恩倖之子孫充任者比比皆是，我們於文獻中也常見「以父任」、「以功臣子」、「以勳臣之子」等表明中散任職資格的字眼。如明元帝時，有羅阿奴，「忠實寡言，有智度。以勳臣之子，除侍御中散」；〔註137〕太武帝時，于栗磾之子于洛拔，「少以功臣子，拜侍御中散」；〔註138〕受到文明太后私寵的王睿，其兄弟子孫就有 5 人曾爲中散。中散諸職成了北魏國家聯結勳貴階層的重要途徑。閻步克先生認爲北魏中散以及其他內侍、內行諸職頗類於中國古代的「宦於王」、「宦皇帝」等制度形式，他也對北魏鞏固皇權、加強中央集權起到重要作用。〔註139〕至於中散的職掌，張金龍先生通過研究，將其歸納爲草詔參政、從駕護駕、供奉左右、出使巡察、分曹典事等五個方面。〔註140〕可見，中散諸職頗具內侍性質，同時由於與君主的親近，他們也較多地參與到國家政治事務中來。

　　具體到中散系統中的漢族士人，考察其任職，我們則可以發現以下特點：

　　首先，就其身份而言，可以將其分爲兩類。一類是父祖在北魏政權中任職的。這之中既包括北魏初期即與之合作的漢族士人的後代。如上表中的鄧宗慶、鄧靈珍是鄧淵之後，谷季孫爲谷渾之後，張白澤爲張袞之孫。也包括北魏國家在太武帝以來所吸收的漢族士人的後代。應該說，這一部分構成了中散系統中漢族士人的主體。另一類則是從地方上徵召而來。如梁祚、李孝伯諸人。當然，徵召之人任爲中散並非經常性方式，他們大多具有較高的經學修養。如梁祚，「篤志好學，歷治諸經，尤善《公羊春秋》、鄭氏《易》」〔註141〕，他因此而被徵爲秘書中散；李孝伯則「少傳父業，博綜群言。美風儀，動有法度」〔註142〕，他被正當權盛的從兄李順推薦於太武帝，並因此被徵爲中散。從任職者身份來看，任爲中散諸職的漢族士人大多是因父祖的關係而獲得任職資格，這一點與同一時期的拓跋集團具有相同的地方。這可以看做是北魏聯結和控制胡族勳貴的政

〔註137〕《魏書》卷四四《羅結傳附羅阿奴傳》，第988頁。
〔註138〕《魏書》卷三一《于栗磾傳附于洛拔傳》，第737頁。
〔註139〕閻步克：《從爵本位到官本位》，三聯書店，2009年，第88～123頁。
〔註140〕張金龍：《北魏「中散」諸職考》，《中國史研究》1993年第2期。張先生在本文中並認爲中散官具監察性質，其職能近於北魏前期之內蘭臺，此觀點似乎有些絕對。
〔註141〕《魏書》卷八四《儒林‧梁祚傳》，第1844頁。
〔註142〕《魏書》卷五三《李孝伯傳》，第1167頁。

策的沿用和擴展。

其次，就其具體的任職情況而言，漢族士人多是從中書學生轉爲中散。
這實際上是一種慣例。《魏書》卷五三《李沖傳》:「顯祖末，（李沖）爲中書
學生，……高祖初，以例遷秘書中散，典禁中文事。」李沖由中書學生到秘
書中散是「以例遷」，這可以說明這一點。我們從表 3.3 中也能看到，由中書
學生進爲中散者有 17 例，占整個統計人數的一半多（17/31）。這也爲這種「以
例遷」提供了事實上的證據。我們進一步觀察漢族士人爲中散的具體情況，
則不難察知他們主要是以中散、秘書中散、主文中散三種爲主。〔註 143〕這樣
一種職官分佈同時也揭示出漢族士人主要被用來負責處理禁中文事。李沖爲
秘書中散即「典禁中文事」。至於所典事務的具體狀況則略可窺知。《魏書》
卷二四《崔玄伯傳附崔衡傳》:「天安元年，擢（崔衡）爲內秘書中散，班下
詔命及御所覽書，多其跡也。」又《魏書》卷四五《韋閬傳附韋纘傳》:「（韋
纘）除秘書中散，遷侍御中散。高祖每與名德沙門談論往復，纘掌綴錄，無
所遺漏，頗見知賞。」可見，謄錄詔書和書籍，記錄君主言行大概是中散的
主要職掌。同時，他們也負責出入詔命。《魏書》卷三六《李順傳附李敷傳》:
「（李敷）又爲中散，與李訢、盧遐、度世等，並以聰敏內參機密，出入詔命。」
〔註 144〕秘書中散、主文中散等職可以說成了漢族士人的專任，拓跋集團中爲
相應中散官者則只有少數幾例，〔註 145〕這是二者之間明顯的不同。究其原因，
拓跋集團和漢族士人具有的不同素質當對這種差別的造成產生了重要影響。

北魏太和官制改革時制定的前職令還有中散、侍御中散、中散庶長等官，
〔註 146〕這表明中散諸職到此時還存在。但至後職令頒佈時，中散諸官連同其
他一些胡族職官已經不見記載，這就意味著中散諸職此時已被廢除。但從北
魏前期的實行情勢來看，中散諸職能較好地將漢族士人與胡族體制結合在一
起，並爲漢族士人政治地位和作用的提高以及胡漢門閥世族的形成提供了重

〔註 143〕根據鄭欽仁先生的分析，這三種中散職官都爲北魏前期內秘書省的僚佐，參
看氏著《北魏官僚機構研究》，第 53～55 頁。

〔註 144〕李敷等人負責出入詔命無疑是參典文事的具體事務之一，至於「內參機密」，
恐不宜做過度解釋，我們不能因此輕確定他們具有極大的實權，畢竟成爲中
散只是他們仕途的起步，而且他們年紀尚輕，經驗尚淺，也難以在政治決策
上有所建樹。

〔註 145〕根據正史所見，唯有穆渾（《魏書》卷二七《穆崇傳》）、陸陵成（《魏書》卷
四○《陸俟傳》）兩人曾爲秘書中散。

〔註 146〕《魏書》卷一一三《官氏志》，第 3983～3984 頁。

要的途徑和空間。

此外，在內朝機構中的內秘書省亦有漢族士人參與其間。《魏書》卷三六《李順傳附李敷傳》：「（李）敷性謙恭，加有文學，高宗寵遇之。遷秘書下大夫，典掌要切，加前軍將軍，賜爵平棘子。後兼錄南部，遷散騎常侍、南部尚書、中書監，領內外秘書。襲爵高平公。朝政大議，事無不關。」李敷所任之秘書下大夫，從其「典掌要切」一點來看，絕非外朝之管理圖書秘笈的秘書省所可比擬，它應該是內秘書下大夫的省寫。我們看到，這一職位的獲得是李敷因其品性和才學而受到文成帝寵信的結果。這一職位也是他得以繼續鞏固權勢的基礎，他後來得以都領內外秘書。另一位得以參政於內秘書的漢族士人則是李沖。《魏書》卷五三《李沖傳》：「高祖初，（李沖）以例遷秘書中散，典禁中文事，以修整敏惠，漸見寵待。遷內秘書令、南部給事中。」李敷和李沖都獲得同時代大多數漢族士人無法企及的權勢，這當然是各方面原因共同作用的結果。但是，他們自身的謙敏和學養以及因此而得到的君主的寵信，在他們的政治權勢的發展過程中起到了至關重要的作用。李敷和李沖的例子也可以提示我們，北魏前期漢族士人雖然能夠參與到中央政權中來，但他們要想獲得更高的權力，卻不能僅僅通過正常的職官遷轉的程式達到，一些制度之外的因素往往起到明顯的作用。

（二）漢族士人在外朝機構中的任職

我們在前面已經對北魏太武帝以後外朝機構的重建進行了論述。隨著北魏對中原地區控制的日益深入，中原地區已經成為北魏國家的重心所在。拓跋集團與中原地區的結合日趨緊密，其治理方式的漢化就會在各個方面顯示出來。中央行政機構的發生相應變化自不例外。三省制的行政結構有了大致的輪廓，他們在中央行政體系中的作用以及各自的職責分工也在逐步的實踐中調適和穩定。以下，我們即以此為基礎，對太武帝以來三省機構中漢族士人的任職情況進行分析。

尚書省自漢晉以來的發展使之逐漸成為國家行政和權力的核心。其機構的設置由其性質所決定，而且已經形成了穩定而完善的結構。北魏國家建立之初尚書省的演變過程我們已經熟悉。到太武帝即位不久，就大張旗鼓地進行了尚書省的復創。《魏書》卷一一三《官氏志》：「神䴥元年三月，置左右僕射、左右丞、諸曹尚書十餘人，各居別寺。」太武帝這一設置就基本上按照漢式制度進行。當然，我們並不能忽視北魏前期諸朝尚書及其員額的設置中

與漢式制度的區別。至於上述材料中未提到的尙書令，這並非太武帝沒有設置。實際上，早在此前的泰常八年太武帝即皇位時（423 年），劉潔就被任爲尙書令，作爲太武帝時第一任尙書令一直任職到他謀反被誅爲止。〔註147〕在保留了一部分胡族因素的前提下，北魏尙書省的設置已經大體上遵循了魏晉制度的模式。那麼漢族士人在尙書省中的任職情況如何？

就總體情形而言，北魏前期，漢族士人進入尙書省的的過程也有一種明顯的變化。儘管以下表 3.4 不可能是對北魏前期漢族士人任職尙書省的情況的完全統計，但它至少從一定程度上說明了漢族士人任職尙書省的變化趨勢。表中所統計的 39 人次漢族士人中，大體上都是在文成帝時開始出現在尙書省職位上，而孝文帝一朝又有 20 人擔任尙書省諸職，占總數的一半。在此之前，太武帝朝 4 人，文成帝朝 7 人，獻文帝朝 8 人，基本上呈一個遞進的趨勢。

錄/平尙書事，這是自漢武帝以來即實行的一項制度。具「錄/平尙書事」者權力極大。《通典》卷二二《職官四》「錄尙書」條載：「自魏晉以後，亦公卿權重者爲之，職無不總。」北魏也採取了錄尙書事這一制度，其權勢在尙書令、僕之上。除人事任兗之外，其他諸事都在其「錄」之列。〔註148〕當然，「錄尙書事」是一種權力的授予，錄尙書作爲一個固定的職位要到北齊時方才定型。〔註149〕北魏前期錄/平尙書事並不常設，太武帝時有盧魯元受到特別寵信而「錄尙書事」。〔註150〕獻文帝初即位時，也有掌握中外大權的乙渾「錄尙書事」。〔註151〕引人注目的是文成帝時任命了一批代北勳貴和外戚等「平尙書事」，這些人包括拓跋壽樂、尉眷、常英、伊馛、陸麗、和其奴、閭毗，他們實際上構成了文成帝時期的最高統治集團。〔註152〕同樣不能忽視的是，北

〔註147〕《魏書》卷二八《劉潔傳》。關於劉潔謀反的史實的考索，參看何德章：《北魏太武朝政治史二題》，載《魏晉南北朝隋唐史資料》，第 17 輯，武漢大學出版社，2000 年。

〔註148〕祝總斌：《兩漢魏晉南北朝宰相制度研究》，中國社會科學出版社，1990 年，第 242～245 頁。

〔註149〕《隋書》卷二七《百官志》載北齊尙書省所設錄尙書一職云：「錄尙書一人，位在令上，掌與令同，但不糾察。」可見，錄尙書已成爲北齊正式設立的職位。

〔註150〕《魏書》卷三四《盧魯元傳》，第 801 頁。

〔註151〕《魏書》卷六《顯祖紀》，第 125 頁。

〔註152〕張金龍先生《文成帝時期的北魏政治》一文對此有詳細的分析，可參看。該文收入張金龍主編：《黎虎教授古稀紀念·中國古代史論叢》，世界知識出版社，2006 年。

魏前期錄尚書事者基本上是以「三師」、「三公」的身份而平尚書事。如尉眷為太尉〔註153〕、盧魯元為太保〔註154〕、常英為太宰〔註155〕、陸麗為司徒。〔註156〕這種最高政治身份和最高職權的結合也提醒我們，北魏前期仍是代北集團控制政局，政治利益的分配也由他們掌握。自然，漢族士人與北魏政權結合尚淺，又難立功勳，我們在這最高一層權力結構中就見不到漢族士人的影子。

　　尚書令、僕射在尚書省的地位自不必說，北魏前期遷為尚書令、僕者也並非虛職。誠然，他們──尤其是代北人士──常常會被派遣領軍征討，但他們在日常行政中實際履行其職責也是不爭的事實。如古弼為尚書令，「雖事務殷湊，而讀書不輟，端謹慎密，口不言禁中之事」，〔註157〕這顯示出北魏前期尚書省的職務及其運作已經變得繁複；劉潔為尚書令，「既居勢要，擅作威福，諸阿附者登進，忤恨者黜免，內外憚之，側目而視」，〔註158〕這又顯示出尚書令確實掌握著國家大權。就尚書令、僕的任職者來看，我們以太武帝即位的始光元年（424年）直到孝文帝太和十五年（491年）為斷，根據清人萬斯同的搜輯，共有13位尚書令任職者。〔註159〕其中除韓茂和王睿外，其他都屬於代人集團。韓茂和王睿可確定為漢人，但韓茂為武將，史家亦稱其「無文學」，〔註160〕顯然不能算作士人；王睿因馮太后私寵而身居高位，他的知識結構我們難以知曉，但他臨終所上的奏疏中提出慎刑、任賢等五條治理要則，頗具儒家論政的色彩，因而他大致可以算作一員漢族士人。〔註161〕如此一來，

〔註153〕《魏書》卷五《高宗紀》，第116頁。
〔註154〕《魏書》卷三四《盧魯元傳》，第801頁。
〔註155〕《魏書》卷八三《外戚・閭毗傳》，第1817頁。
〔註156〕《魏書》卷四○《陸俟傳附陸麗傳》，第908頁。
〔註157〕《魏書》卷二八《古弼傳》，第691頁。
〔註158〕《魏書》卷二八《劉潔傳》，第689頁。
〔註159〕萬斯同：《魏將相大臣年表》。以下對尚書僕射的分析亦準此表。
〔註160〕《魏書》卷五一《韓茂傳》，第1128頁。
〔註161〕《魏書》卷九三《恩倖・王睿傳》。將王睿等列為恩倖一類，這其中既是時代觀念的反映，也是歷史編纂者具體操作的結果，但不管怎樣，我們並不能因其為恩倖就貶低其身份，比如鄭儼得幸於靈太后，元順即有所斥責，《北史》卷一九中《景穆十二王・任城王雲傳附元順傳》：「舍人鄭儼於止車門外先謁徽，後拜順。……順曰：『卿是高門子弟，而為北宮幸臣，僕射李思沖尚與王洛誠同傳，以此度之，卿亦應繼其卷下。』」顯然，元順對鄭儼的指責不是否定其高門子弟的身分，而是認為他門閥而委身為幸臣，實在有違士族之處世精神。

北魏前期就僅有一位漢族士人任過尚書令，而其得以就任也與他這種獲得恩倖的事實分不開的。

尚書左右僕射任職者的情況與尚書令的差不多。他們大部分爲代北集團的組成分子，憑藉軍功或者宗室、外戚的身份遷轉而至。以萬斯同的搜輯爲基準，北魏前期共見尚書左僕射 10 人、右僕射 7 人。〔註 162〕這些人中包括代北勳貴、皇宗、外戚以及宦官，卻沒有一位漢族士人任過尚書僕射。尚書左右丞的任職者中，漢族士人也只有張靈符等四人。

至於諸部尚書的任職情況，通過對正史資料的統計，我們看到諸如都曹、吏部、儀曹、殿中等諸部尚書都有漢族士人出任。但比較而言，漢族士人執掌南部尚書的比例則更多一些。我們一共收集到 10 名擔任過南部尚書的漢族士人，這一數字要超過擔任同一職務的代北人士。〔註 163〕對於北魏國家而言，南邊州郡事務繁忙，該地區的政治、經濟和文化諸方面的情況並非胡族人士所熟悉的，其相關的事務也並非他們所能勝任，這樣一來就需要南部尚書的擔當者具備較高的學養和行政能力，這樣才能成功應對。與南部尚書爲漢族士人佔據的局面相對應的則是殿中尚書等尚書部曹基本上由代北人士所控制，〔註 164〕這樣一種對比就充分地顯示了北魏前期胡、漢二族之間的差異及其對北魏政權結構的影響。南部曹郎及其屬吏也有漢族士人擔任。如韋珍和來護曾爲南部郎，而劉藻等則擔任過南部主書，〔註 165〕史稱其「號爲稱職」。〔註 166〕

〔註 162〕萬氏搜輯也有失誤，如將和其奴和韓茂列爲尚書右僕射，實際上二人只任過尚書左僕射。

〔註 163〕北魏前期代北人士任過南部尚書的有：文成帝時，陸麗、長孫平成；孝文帝時，穆眞。

〔註 164〕參看嚴耕望《北魏尚書制度考》一文中對北魏諸部尚書的任職者進行的勾稽羅列。

〔註 165〕主書一職，魏晉南朝及北魏太和改制以後均爲中書省中主管文書簿計的官職，其演變過程可參看《唐六典》卷九《中書省》中的記敘（中華書局，1992 年，第 277 頁）。北魏前期主書一職的設置似乎並不限於中書省，根據對資料的整理，我們可以看到至少以下一些機構中有主書一職：（1）太武帝時恭宗監國，設有主書一職，其時任職者有韓麒麟和游明根；（2）都曹主書，擔任者有游明根；（3）南部主書，擔任者有劉藻和胡始昌；（4）北部主書，李訢曾舉薦北部主書公孫處顯。從以上主書的分佈來看，主書一職可能也是負責掌管文書簿計一類工作的，在中央各部門尤其是公務文書較多的尚書各部，可能都設有主書一職。

〔註 166〕《魏書》卷七〇《劉藻傳》第 1549 頁。

　　尚書諸部中漢族士人任職較多的另一部曹則爲儀曹。從表 3.4 中我們可以看出，儀曹的每一層級的職位都有漢族士人擔任，有的還經歷了在儀曹內部的職位升遷。《魏書》卷五五《游明根傳》：「高祖初，（游明根）入爲給事中，遷儀曹長，加散騎常侍。清約恭謹，號爲稱職。後王師南討，詔假安南將軍、儀曹尚書、廣平公，與梁郡王嘉參謀軍計。……還都，正尚書，仍加散騎常侍。」游明根正是經歷了「儀曹長——假儀曹尚書——正儀曹尚書」這樣一個遷轉程式。北魏前期儀曹尚書的統屬不甚明確，但其職主禮樂制度的制定和踐履則是沒有問題的。《魏書》卷五九《劉昶傳》：「又加（劉昶）儀同三司，領儀曹尚書。於時改革朝儀，詔昶與蔣少遊專主其事。昶條上舊式，略不遺忘。」又《魏書》卷三九《李寶傳附李韶傳》：「除（李韶）儀曹令。時修改車服及羽儀制度，皆令韶典焉。」劉昶改革朝儀時「條上舊式」，大概是將魏晉南朝制度上報；而李韶修改車服羽儀制度，文獻記載他是「一遵古式」，〔註167〕則他應該是按照儒家經典的記載來制定制度的。不管二者主持制度設計時的依據有何區別，但制度設計是由他們主持則是毫無疑問的。又如孝文帝時期擔任儀曹尚書的游明根，根據《魏書·禮志》的記載，他也參與了北魏多項禮儀制度如禘祫祭祀、北魏五德運次、朝夕祭以及文明太后服喪禮儀的討論。可見，在北魏的漢化過程中，文物制度的改創毫無疑問需要倚重漢族士人，這也是北魏尚書儀曹多漢族士人的原因所在。

　　除尚書南部和儀曹之外，漢族士人也擔任過其他部曹的職務。如太武帝時，李順在聯絡河西沮渠政權上發揮了重要作用，他即兩度爲四部尚書；〔註168〕文帝時受到馮太后寵信的李弈，他時任都官尚書；〔註169〕在以胡族爲主的殿中尚書中，漢族士人如公孫睿、韓道仁、竇瑾等也曾居其職。

　　總的說來，在尚書省的高級官僚——尚書令、僕射、丞——的任職中，代北勳貴顯然佔據主要部分，漢族士人寥寥無幾。北魏前期漢族士人在尚書省的任職以南部和儀曹居多，在其他部曹中的任職者則並不多見。儘管有一些漢族士人如李訢、李沖、王睿等獲得了較爲顯赫的權勢，但那仍然與他們受到掌權者的偏寵是分不開的。對於漢族士人的任用，北魏國家基本上形成了依才授職的原則。

〔註167〕《魏書》卷一○八《禮志四》，第 2813 頁。
〔註168〕《魏書》卷三六《李順傳》，第 830 頁。
〔註169〕《魏書》卷三六《李順傳附李弈傳》，第 841 頁。

表 3.4　北魏前期尚書省中漢族士人的任職一覽（始光元年～太和十五年）

任職者	籍　貫	職　位	任職時間	出　　處
王睿	武威姑臧	吏部尚書、尚書令	孝文	《魏書》卷九三《王睿傳》
張靈符	上谷沮陽	尚書左丞	孝文	《魏書》卷三三《張蒲傳附張靈符傳》
郭祚	太原晉陽	尚書左丞	孝文	《魏書》卷六四《郭祚傳》
酈範	范陽涿鹿	尚書右丞	獻文	《魏書》卷四二《酈範傳》
衛慶	不詳	尚書右丞	孝文	《魏書》卷一〇八《禮志》
李弈	趙郡平棘	都官尚書	獻文	《魏書》卷三六《李順傳附李弈傳》
游明根	廣平列人	都曹主書	文成	《魏書》卷五五《游明根傳》
		儀曹長、儀曹尚書〔註170〕	孝文	
韓道仁	南陽赭陽	殿中尚書	文成〔註171〕	《魏書》卷三八《韓延之傳》
張白澤	上谷沮陽	殿中曹給事中	獻文	《魏書》卷二四《張袞傳附張白澤傳》
		殿中尚書	孝文	
司馬金龍	河內溫縣	吏部尚書	孝文	《魏書》卷三七《司馬楚之傳附司馬金龍傳》
谷洪	昌黎	南部尚書	文成	《魏書》卷三三《谷渾傳附谷洪傳》
李敷	趙郡不棘	南部尚書	文成	《魏書》卷三六《李順傳附李敷傳》
黃盧頭	不詳	南部尚書	文成	《魏書》卷五《高宗紀》
李訢	范陽	儀曹尚書	文成	《魏書》卷四六《李訢傳》
		太倉尚書、南部尚書	獻文	
公孫睿	燕郡廣陽	儀曹長、南部尚書	獻文	《魏書》卷三三《公孫表傳附公孫睿傳》

〔註170〕《魏書》卷一〇八《禮志》載孝文帝詔群臣討論北魏五德行次時，游明根的結銜爲「散騎常侍、都曹尚書、新泰侯」，但根據游明根本傳所載，他似乎並未任過都曹尚書，今仍從游明根本傳。

〔註171〕韓道仁爲韓延之之子，韓延之即隨同王慧龍等從南朝逃來者。《魏書》卷三八《韓延之傳》：「延之前妻羅氏生子措，措隨父入國。又以淮南王女妻延之，生道仁。措推道仁爲嫡，襲父爵（魯陽侯），位至殿中尚書。」文成帝《南巡碑》中有「☑魯陽侯韓道仁」，結合《韓延之傳》的記載，我們可以斷定碑中之韓道仁與正史中之韓道仁當係同一人，他襲爵後位至殿中尚書，而《南巡碑》中韓道仁所處一列基本上爲諸部尚書，據此，我們將韓道仁爲殿中尚書的時間定在文成帝時期。

鄧宗慶	安定	南部尚書	孝文	《魏書》卷二四《鄧淵傳附鄧宗慶傳》
公孫文慶	燕郡廣陽	南部尚書	孝文	《魏書》卷三三《公孫表傳附公孫邃傳》
李沖	隴西	南部尚書	孝文	《魏書》卷五三《李沖傳》
王嶷	北海劇縣	南部尚書	孝文	《魏書》卷三三《王憲傳附王嶷傳》
公孫臻	遼東襄平	南部尚書	不詳	公孫猗墓誌〔註172〕
韋珍	京兆杜陵	南部郎	獻文	《魏書》卷四五《韋閬傳附韋珍傳》
來護	不詳	南部郎	孝文	《魏書》卷五三《李沖傳》
李岡	趙郡平棘	南部給事	孝文	《魏書》卷三六《李順傳附李岡傳》
劉藻	廣平易陽	南部主書	文成〔註173〕	《魏書》卷七〇《劉藻傳》
胡始昌	安定臨涇	南部主書	不詳	《魏書》卷五二《胡方回傳》
谷渾	昌黎	儀曹尚書	太武	《魏書》卷三三《谷渾傳》
劉昶	劉宋王室	領儀曹尚書	孝文	《魏書》卷五九《劉昶傳》
崔僧淵	清河	儀曹郎	孝文	《魏書》卷二四《崔玄伯傳附崔僧淵傳》
李述	勃海蓨縣	儀曹郎	孝文	《魏書》卷七二《李叔虎傳附李長仁傳》
李韶	隴西	儀曹令	孝文	《魏書》卷三九《李寶傳附李韶傳》
裴修	河東聞喜	兼祠部曹	孝文	《魏書》卷四五《裴駿傳附裴修傳》
高綽	勃海蓨縣	兼祠部郎	孝文	《魏書》卷四八《高允傳附高綽傳》
裴宣	河東聞喜	主客郎、都官郎	孝文	《魏書》卷四五《裴駿傳附裴宣傳》
李孝伯	趙郡平棘	比部尚書	太武	《魏書》卷五三《李孝伯傳》
李順	趙郡平棘	四部尚書〔註174〕	太武	《魏書》卷三六《李順傳》

〔註172〕趙超：《漢魏南北朝墓誌彙編》，第197頁。

〔註173〕《魏書》卷七〇《劉藻傳》記劉藻入國時間爲「永安中」，「永安」係孝莊帝年號，依此則劉藻入魏時間已在北魏末期，此處顯然有誤。同書卷八三《外戚·李峻傳》：「梁國蒙縣人，元皇后兄也。父方叔，劉義隆濟陰太守。高宗遣間使諭之，峻與五弟誕、嶷、雅、白、永等前後歸京師。」李嶷入國時間據此記載當在文成帝時期。《北史》卷四五《劉藻傳》：「太安中，與姊夫李嶷俱來歸魏。」劉藻與李嶷等一同入魏，《北史》記李嶷、劉藻入魏時間在太安中，「太安」爲文成帝年號，這與李嶷等入魏時期相合，故《魏書》此處之「永安」當爲「太安」之誤。

〔註174〕嚴耕望先生認爲「四部」當係「西部」之訛，見其《北魏尚書制度考》一文。但是，四部尚書仍多見於文獻，據《魏書》卷四四《羅結傳》所載，其子羅斤太武帝時爲四部尚書，而新見《羅宗墓誌》（趙君平：《河洛墓刻拾零》，北

　　與尚書省漢族士人較爲弱勢的格局不同的是，北魏前期中書省卻成了漢族士人的聚集地。根據史料，我們將北魏太武帝以來直到孝文帝改制之前曾在中書省任過職的漢族士人匯爲一表。如下所示，共得 104 位。在 60 多年的時間裏，中書省聚集了如此之多的漢族士人，其意義無疑值得我們重視。

表 3.5　北魏前期中書省中漢族士人任職一覽（始光元年～太和十五年）

任職者	籍　貫	入官資格	擔任職務	任職時間	資　料　來　源
高允〔註175〕	勃海蓨縣	徵召	中書令、監	文成一孝文	《魏書》卷四八《高允傳》
李敷	趙郡平棘		中書監	文成一獻文	《魏書》卷三六《李順傳附李敷傳》
馮熙	長樂信都	外戚	中書監	孝文	《魏書》卷八三《馮熙傳》
高閭	漁陽雍奴	徵召	中書令、監	孝文	《魏書》卷五四《高閭傳》
李沖	隴西	中書學生	中書令	孝文	《魏書》卷五三《李沖傳》
鄭羲	滎陽開封	舉秀才	中書令	孝文	《魏書》卷五六《鄭羲傳》
張誕	上谷沮陽	徵召	中書侍郎	太武	《魏書》卷二四《張袞傳附張誕傳》
潁宗敬	河間	徵召	中書侍郎	太武	《魏書》卷四八《高允傳》
劉遐	燕郡	徵召	中書侍郎	太武	同上
李遐	趙郡	徵召	中書侍郎	太武	同上
盧玄	范陽	徵召	中書侍郎	太武	同上
李虛	不詳		中書侍郎	太武	同上
傅默	不詳		中書侍郎	太武	同上
李敵	不詳		中書侍郎	太武	《魏書》卷一○○《烏洛侯傳》
崔徽	清河	徵召	中書侍郎	太武	《魏書》卷二四《崔玄伯傳附崔徽傳》
鄧穎	安定	太學生	中書侍郎	太武	同上《鄧淵傳附鄧穎傳》
張文表	中山	降人	中書侍郎	太武	《魏書》卷六八《甄琛傳附張纂傳》

　　京圖書館出版社，2007 年）所載羅斤——即羅宗曾祖——的結銜中亦有「四部尚書」一職，這更加坐實了四部尚書爲史實。

〔註175〕高允及高閭都由中書博士一直升遷到中書省最高長官中書監、中書令，爲表示明晰起見，我們將他們爲中書令、監單獨列出。

李悕	趙郡平棘		中書侍郎	太武	《魏書》卷三六《李順傳》
高讜	勃海	遊擊將軍	中書侍郎	太武	《魏書》卷五七《高祐傳》
崔覽	清河		中書侍郎	太武	《魏書》卷二四《崔玄伯傳》
盧度世	范陽涿縣	中書學生	中書侍郎	太武	《魏書》卷四七《盧玄傳附盧度世傳》
趙逸	天水	降人	中書侍郎	太武	《魏書》卷五二《趙逸傳》
邢穎	河間鄚縣	徵召	中書侍郎	太武	《魏書》卷六五《邢巒傳》
李璨	趙郡	郡太守	中書侍郎	文成	《魏書》卷四九《李靈傳附李璨傳》
宋弁	廣平列人	殿中郎	中書侍郎	孝文	《魏書》卷六三《宋弁傳》
高遵	勃海蓨縣	王國侍郎	中書侍郎	孝文	《魏書》卷八九《高遵傳》
賈元壽	齊郡益都		中書侍郎	孝文	《魏書》卷七二《賈思伯傳》
鄧顥	安定		中書侍郎	不詳	《魏書》卷二四《鄧淵傳》
邢虯	河間鄚縣	舉秀才	中書議郎	孝文	《魏書》卷六五《邢巒傳附邢虯傳》
盧敏	范陽涿縣	起家	中書議郎	孝文	《魏書》卷四七《盧玄傳附盧淵傳》
盧尚之	范陽涿縣	起家	中書議郎	孝文	同上《盧玄傳附盧昶傳》
宋蔭	敦煌		中書議郎	不詳	《魏書》卷五二《宋繇傳》
索僧養	敦煌		中書議郎	不詳	同上《索敞傳》
李訢	范陽	中書學生	中書助教博士	太武	《魏書》卷四六《李訢傳》
李彪	頓丘衛國	舉孝廉	中書教學博士	孝文	《魏書》卷六二《李彪傳》
高濟	勃海蓨縣		中書博士	太武	《魏書》卷四八《高允傳》
宋溫	廣平列人	徵召	中書博士	太武	《魏書》卷三三《宋隱傳》
游雅	廣平列人	徵召	中書博士	太武	《魏書》卷五四《游雅傳》
李靈	趙郡	徵召	中書博士	太武	《魏書》卷四九《李靈傳》
索敞	敦煌	降人	中書博士	太武	《魏書》卷五二《索敞傳》
江強	陳留濟陽	降人	中書博士	太武	《魏書》卷九一《江式傳》
辛紹先	隴西狄道		中書博士	文成	《魏書》卷四五《辛紹先傳》
張長年	上谷沮陽		中書博士	文成	《魏書》卷八八《張恂傳附張長年傳》
崔辯	博陵安平	徵召	中書博士	獻文	《魏書》卷五六《崔辯傳》

梁祚	北地泥陽	秘書令	中書博士	獻文	《魏書》卷八四《梁祚傳》
平恒	燕國薊縣	徵召	中書博士	獻文	同上《平恒傳》
孫惠蔚	武邑武遂	舉孝廉	中書博士	孝文	同上《孫惠蔚傳》
崔景儁	博陵安平	徵召	中書博士	孝文	《魏書》卷五六《崔辯傳》
劉模	長樂信都	校書郎	中書博士	孝文	《魏書》卷四八《高允傳附劉模傳》
崔思叔	清河	中書學生	中書博士	孝文	《魏書》卷三二《崔逞傳》
賈禎	長樂廣川		中書博士	孝文	《魏書》卷三三《賈彝傳附賈禎傳》
李秀林	趙郡平棘		中書博士	孝文	《魏書》卷三六《李順傳附李秀林傳》
李璧	勃海蓚縣	舉秀才	中書博士	孝文	《李璧墓誌》〔註176〕
司馬纂	河內溫縣		中書博士	孝文	《魏書》卷三七《司馬楚之傳》
房宣明	清河繹幕		中書博士	孝文	《魏書》卷四三《房法壽傳》
李彥	隴西	舉秀才	中書博士	孝文	《魏書》卷二九《李寶傳附李彥傳》
裴佗	河東聞喜	舉秀才	中書博士	孝文	《魏書》卷八八《裴佗傳》
杜洪太	京兆杜陵		中書博士	孝文	《魏書》卷四五《杜銓傳》
杜振	京兆杜陵	舉秀才	中書博士	孝文	同上
李輔	隴西	起家	中書博士	孝文	《魏書》卷三九《李寶傳附李輔傳》
韋崇	京兆杜陵	起家	中書博士	孝文	《魏書》卷四五《韋閬傳附韋崇傳》
柳敬起	河東聞喜	起家	中書博士	孝文	《魏書》卷四五《柳崇傳》
陽藻	北平無終	舉秀才	中書博士	孝文	《魏書》卷七二《陽尼傳附陽藻傳》
盧神寶	范陽涿縣		中書博士	孝文	《魏書》卷四七《盧玄傳附盧神寶傳》
崔文業	博陵安平		中書博士	孝文	《魏書》卷四九《崔鑒傳》
李宣茂	趙郡	起家	中書博士	孝文	《魏書》卷四九《李靈傳附李宣茂傳》
崔接	博陵安平		中書博士	孝文	《魏書》卷五七《崔挺傳附崔接傳》

〔註176〕趙超：《漢魏南北朝墓誌彙編》，第 118 頁。

甄琛	中山無極	舉秀才	中書博士	孝文	《魏書》卷六八《甄琛傳》
路景略	陽平清淵	起家	中書博士	孝文	《魏書》卷七二《路恃慶傳》
蔣少游	樂安博昌	中書寫書生	中書博士	孝文	《魏書》卷九一《蔣少游傳》
張天龍	不詳		中書博士	孝文	《魏書》卷八二《祖瑩傳》
李鳳子	中山盧奴		中書博士	不詳	《魏書》卷三三《李先傳》
李虯子	中山盧奴		中書博士	不詳	同上
趙廣夏	天水		中書博士	不詳	《魏書》卷五二《趙逸傳》
游矯	廣平列人		中書博士	不詳	《魏書》卷五五《游明根傳》
鄭小白	滎陽開封		中書博士	不詳	《魏書》卷五六《鄭羲傳》
崔和璧	博陵安平		中書博士	不詳	《魏書》卷五七《崔挺傳》
高允	勃海蓚縣	徵召	中書博士、侍郎	太武	《魏書》卷四八《高允傳》
張偉	太原中都	徵召	中書博士、侍郎	太武	《魏書》卷八四《張偉傳》
李靈	趙郡	徵召	中書博士、侍郎	太武	《魏書》卷四九《李靈傳》
宋宣	廣平列人	徵召	中書博士、侍郎	太武	《魏書》卷三三《宋隱傳附宋宣傳》
賈秀	長樂廣川		中書博士、侍郎	太武	同上《賈彝傳附賈秀傳》
公孫質	燕郡廣陽	中書學生	中書博士、侍郎	太武	同上《公孫表傳附公孫質傳》
李熙	趙郡	徵召	中書博士、侍郎	太武	《魏書》卷四八《高允傳》
杜銓	京兆	徵召	中書博士、侍郎	太武	《魏書》卷四五《杜銓傳》
胡方回	安定臨涇	徵召	中書博士、侍郎	太武	《魏書》卷五二《胡方回傳》
李祥	趙郡	貢舉	中書博士、侍郎	太武、文成	《魏書》卷五三《李孝伯傳附李祥傳》
裴駿	河東聞喜		中書博士、侍郎	太武	《魏書》卷四五《裴駿傳》
高閭	漁陽雍奴	徵召	中書博士、侍郎	太武—文成	《魏書》卷五四《高閭傳》
張靈符	河內修武		中書博士、侍郎	太武—獻文	《魏書》卷三三《張蒲傳附張靈符傳》

李璞	范陽		中書博士、侍郎	文成	《魏書》卷四六《李訢傳》
高祐	勃海	中書學生	中書博士、侍郎	文成	《魏書》卷五七《高祐傳》
鄭羲	滎陽開封	舉秀才	中書博士、侍郎	文成－孝文	《魏書》卷五六《鄭羲傳》
崔鑒	博陵安平	起家	中書博士、侍郎	獻文	《魏書》卷四九《崔鑒傳》
封琳	勃海蓨縣	貢舉	中書博士、侍郎	獻文－孝文	《魏書》卷三二《封懿傳附封琳傳》
劉芳	平原	兼主客郎	中書博士、侍郎	孝文	《魏書》卷五五《劉芳傳》
郭祚	太原晉陽	舉秀才	中書博士、侍郎	孝文	《魏書》卷六四《郭祚傳》
鄭胤伯	滎陽開封		中書博士、侍郎	孝文	《魏書》卷五六《鄭羲傳》
崔挺	博陵安平	舉秀才	中書博士、侍郎	孝文	《魏書》卷五七《崔挺傳》
邢巒	河間鄚縣	貢舉	中書博士、侍郎	孝文	《魏書》卷六五《邢巒傳》
崔光	清河	起家	中書博士、侍郎	孝文	《魏書》卷六七《崔光傳》
高聰	勃海蓨縣	起家	中書博士、侍郎	孝文	《魏書》卷六八《高聰傳》
張通	敦煌	徵召	中書博士	孝文	《北史》卷三四《張湛傳附張通傳》
韋眞喜	京兆杜陵	起家	中書博士、侍郎	不詳	《魏書》卷四五《韋閬傳》
崔亮	清河	起家	中書博士、議郎	孝文	《魏書》卷六六《崔亮傳》
傅永	清河	兼治禮郎	中書博士、議郎	孝文	《魏書》卷七〇《傅永傳》
李叔虎	勃海蓨縣	起家	中書博士、議郎	孝文	《魏書》卷七二《李叔虎傳》

　　根據太和前職令所示，北魏前期之中書省諸官及其品級如下：中書監、從一品中，中書令、二品中，中書侍郎、四品上，中書議郎、五品中。另外還有中書舍人與主書令史，〔註177〕由於北魏前期並未見此二職，我們不擬討論。

────────────

〔註177〕《魏書》卷一一三《官氏志》，第 2999、3002 頁。

中書省的長官中書監、令，如太和十七年前職令所示，其所居官品十分崇重。但考察北魏前期中書省二長官的設置情況，我們不難發現，中書省二長官或者在較長一段時間內均無其職，或者二者不並設。〔註178〕中書省長官設置的不穩定應該是上述現象發生的原因所在。根據萬斯同對太武帝以來中書監、令任職者的統計，共得10位。其中除三位代北勳貴及一位宦官仇洛齊之外，餘者皆為漢族士人（見表 3.5）。六位漢族士人則又可分為兩類。其一是憑藉深厚的儒學修養和文才而獲得拓跋君主的賞識而拔居高位的，這包括高允和高閭兩人。二人儒學醇厚，如高允，「性好文學，擔笈負書，千里就業。博通經史天文術數」〔註179〕，他也被目為「皇代之儒宗」〔註180〕；高閭，「少好學，博綜經史，文才俊偉，下筆成章」〔註181〕，他的學識文才也使他獲得高允的賞識和提拔。高允、高閭兩人也同樣經歷了由中書博士到中書侍郎，再進而為中書監、令的逐步升遷的過程。另一類則是餘下的四位，他們也具有較好的儒學修養，但他們與拓跋君主的特殊關係卻使得他們的升遷披上了一層寵信的色彩。如李敷的居身顯赫與其弟李弈得到馮太后的親寵頗有關係，馮熙是外戚，李沖同樣也受到了寵待，而鄭羲因為與李沖的姻親關係，使他得以在因罪免官之後因為李沖的權勢而被起為中書令。〔註182〕

中書長官之下的職官包括中書侍郎、議郎、博士。這些職位在北魏前期幾乎為漢族士人所獨佔。從表 3.5 反映的情況來看，漢族士人成為中書省職官的方式比較多樣，通過中央徵召、地方察舉秀孝、貢舉以及從中書學生而入居中書省者都不少。當然，經過其他系統職官的遷轉而至，或者以中書省官作為起家官的情況也不在少數。中書博士成了被普遍授予的一個職位。就上表加以統計，這種情況共 74 例，占到整個中書省的 70%多。中書博士主持中書學的教學工作。中書學在太和十六年左右改為國子學，脫離中書省系統，其相應的職官也被加以改變，這樣我們在太和十七年的前職令中就見不到中書博士一職。但根據其性質來考察，中書博士的性質應該接近國子博士。前職令中，國子博士居從五品，我們也可以借此約估中書博士的品級應該與國子博士不相上下。當然，中書博士的擔任者也可能是從其他職位遷轉而來。

〔註178〕參看萬斯同：《魏將相大臣年表》。
〔註179〕《魏書》卷四八《高允傳》，第 1067 頁。
〔註180〕《刁遵墓誌》，釋文見趙超：《漢魏南北朝墓誌彙編》，第 96 頁。
〔註181〕《魏書》卷五五《高閭傳》，第 1196 頁。
〔註182〕《魏書》卷五六《鄭羲傳》，第 1238 頁。

如劉模由校書郎轉為中書博士，蔣少遊由中書寫書生轉至。又《魏書》卷八四《儒林・梁祚傳》：「（梁祚）辟秘書中散，稍遷秘書令。為李訢所排，擯退為中書博士。」秘書令在前職令中居從三品。梁祚由秘書令左遷中書博士，這乃是由於人為因素，而絕非正常的遷轉程式。與中書博士一樣可以作為漢族士人起家官的還有中書議郎。《魏書》卷六五《邢巒傳附邢虬傳》：「（邢虬）舉秀才上第，為中書議郎、尚書殿中郎。」漢族士人任職中書議郎的比例不大，文獻中所見，包括由他官遷轉而至者，一共為 8 例。中書博士、議郎的是否有員限則不得而知。比如太武帝神䴥四年（431 年）下詔徵召的漢族士人當中，35 位中就有 10 人被授予中書博士一職；〔註 183〕太武帝時另一次集合公卿討論回答吐谷渾的禮節問題時，參與討論的就包括「太尉長孫嵩及議郎、博士二百七十九人」，〔註 184〕這裏特別提出議郎、博士二職，就表明這 279人當中當以居此二職的人為主。

　　作為安置漢族士人的重要機構，中書省在漢族士人的仕宦生涯中佔有重要地位。一個極為明顯的特徵，即不少漢族士人經歷了「中書博士——中書議郎/侍郎」這樣一個仕宦過程。除少數由中書博士轉為他官之後，再遷轉至中書侍郎之外，大多數都是直接由中書博士進至中書侍郎的。根據表 3.5 進行統計，經歷了這樣一套職官遷轉序列的漢族士人為 30 人，占到了整個中書省漢族士人居職總數的近三分之一。高允、高閭等更是由此進一步成為中書省長官，其政治生涯的大部分時間都留在了中書省。

　　中書省在北魏前期主要是一個文職性較強的行政機構，其職掌繁雜。這種狀況與魏晉南朝時期中書省專掌國之政事存在著明顯的差別。當然，儘管職掌繁雜，此時中書省在國家日常政治運作及政治決策當中的作用是比較有限的，其權勢自然也受到限制。當時的人們對於中書省的職位似乎也未表現出重視態度。如高允任職中書侍郎達二十多年不遷，既未能居官致富，又不能權勢顯赫，以致引發其弟高變「恒譏笑允屈折久宦，栖泊京邑」〔註 185〕。即便是如中書監、令一般位居高品，而且任其職者也受到君主的尊重，如高宗呼高允為「令公」〔註 186〕、孝文帝稱李沖為中書而不稱其名，〔註 187〕

〔註 183〕張金龍：《北魏太學與政治、文化》，載《原學》第四輯，中國廣播電視出版社，1996 年。
〔註 184〕《魏書》卷一〇一《吐谷渾傳》，第 2236 頁。
〔註 185〕《魏書》卷四八《高允傳附高變傳》，第 1091 頁。
〔註 186〕《魏書》卷四八《高允傳》，第 1077 頁。

我們卻很難見到他們在國家的政治決策中有何建樹。更需注意的是，作爲中書令的李沖並沒有任職多久，他隨後即遷任南部尚書，而此時的李沖正受到馮太后的寵信，這種遷任顯然不能是職官的左遷，故李沖由中書令遷任南部尚書肯定是實際權力的上升。這也說明中書令的實際權勢恐怕還不及南部尚書。北魏前期的中書省在國家的文化和制度建設方面無疑起了主要作用，這對於北魏深層次的政治與文化轉向具有深遠的影響，但中書省在現實政治中的參與卻並不明顯，因而他同樣不能改變北魏前期的政治格局。

北魏前期的門下省，學者將其與魏晉南朝的制度相比，則發現其職權地位明顯不及北魏前期的尚書省和中書省。〔註188〕門下省的重要官員侍中、給事黃門侍郎以及給事中等職，或者由於資料闕失而難以查實，或者由於制度上的胡漢雜糅而難以區分，這自然給我們的相關研究帶來極大的困難。萬斯同《魏將相大臣年表》對於北魏侍中任職者的勾稽大致的可以爲我們提供北魏前期侍中任職者的情況。根據該表所列，我們截取太和十五年以前的侍中任職者，共有 41 人次。他們同樣主要包括代北勳貴、拓跋宗室、外戚以及宦官等，這之中可以列爲漢族士人的僅有劉昶、王睿以及馮誕、馮修四人。顯然，這四人仍是通過特殊管道而獲得侍中的職位的：劉昶爲劉宋宗室，從彭城北投北魏，又尚公主，〔註189〕授以侍中是慣例所行；王睿恩倖所至；馮誕、馮修二人則是外戚。對於他們而言，成爲侍中更多的是一種榮耀，是一種慣例，我們也未能發現他們在任上具體執行過相應職權。

至於門下省其他職官，給事黃門侍郎所見不多，可置而不論。太和十七年前職令中所錄門下錄事、門下主書舍人、門下通事舍人、門下令史等職官，〔註190〕這應該是太和十五年開始官制改革時新置的，他可能並非北魏前期門下省中存在的職官。事實上，我們在北魏前期的文獻中也很少見到這些職官。北魏前期門下省職官的這種零落狀況，當與其職能爲內朝機構中散官所侵代頗有關係。〔註191〕

北魏前期的散騎省諸職，由於缺乏直接證據，論者雖不敢肯定他們就是

〔註187〕《魏書》卷五三《李沖傳》，第 1181 頁。

〔註188〕嚴耀中：《北魏前期政治制度》，第 58～60 頁。

〔註189〕《魏書》卷五九《劉昶傳》，第 1307 頁。

〔註190〕見《魏書》卷一一三《官氏志》，第 2986～2990 頁。

〔註191〕嚴耀中：《北魏前期政治制度》，第 58～60 頁。

門下省屬官，但卻指出他們至少是門下職官。〔註192〕下表是幾例單爲散騎省官的事例。除了崔寬是因爲主動歸誠被授予散騎侍郎、李平是文成元皇后李氏兄子而被授予通直散騎侍郎之外，餘者皆爲遷轉而至。而另一類被授予散騎諸職的情況則是作爲外出使節被授予散騎諸職。逯耀東先生就北魏與南朝的外交使節進行了分析，〔註193〕李憑先生也對北魏派往高麗的使節進行了統計。〔註194〕北魏國家重視使節的人選。《魏書》卷四八《高允傳附高推傳》：「太延中，以前後南使不稱，妙簡行人。游雅薦（高）推應選。詔兼散騎常侍使劉義隆，南人稱其才辯。」高推以太武帝時被推舉爲使節，朝廷對其寄予厚望，而事實也證明高推深孚眾望。《南齊書》卷四七《王融傳》：「又虜前後奉使，不專漢人，必介以匈奴，備諸覘獲。」這是在北魏求書南朝時王融發表的意見。牟發松先生考定王融發此議在南齊永明七年，即北魏太和十三年（489年）。〔註195〕我們根據逯、李二先生的統計進行觀察，也不難發現，漢族士人在北魏外交使節中占絕大多數。這似乎與王融對北魏外交使節組成的說明相衝突。因爲我們從北魏一朝尤其是王融上奏上述疏議之前的歷史觀察，北魏外交使節中實難見到所謂的「匈奴」即拓跋族人士，而較爲合理的解釋則是北魏每次派往南朝的應該是一個外交使團，其中主要以漢族士人爲正、副使，其下隨從中則雜有胡族分子。〔註196〕一般而言，北魏外交使節之正、副使以散騎職官充任，以他官爲使節者則多以假、兼的方式授予散騎官職，正使多爲員外散騎常侍，副使則爲員外散騎侍郎。外交使節應具有良好的學識、舉止、才辯以及家族背景，這種要求在北魏與南朝的外交互動中尤顯突出。〔註197〕在當時的南、北各政權看來，外交上的爭鋒是文化實力的體現。進一步言之，則關係到政權建立的合法性和文化的正統性。所以熟諳儒家經典、又有顯揚於世的儒學家族背景的漢族士人自然成爲北魏統治者首先考慮的使節人選。

〔註192〕祝總斌：《兩漢魏晉南北朝宰相制度研究》，第307～310頁。
〔註193〕逯耀東：《從平城到洛陽》，中華書局，2007年，第284～288頁。
〔註194〕李憑：《北朝與高句麗》，收入氏著《北朝研究存稿》，商務印書館，2006年，第118～121頁。
〔註195〕牟發松：《王融〈上疏請給虜書〉考析》，《武漢大學學報》1995年第5期。
〔註196〕關於南北朝時期外交使團的構成情況，可參看蔡宗憲：《南北交聘與中古南北互動》，臺灣大學歷史學研究所博士論文，2006年，第41～68頁。
〔註197〕逯耀東：《從平城到洛陽》，第262～268頁。

表 3.6　北魏前期散騎省中漢族士人的任職情況

任職者	籍　貫	任職時間	具體任職	授職原因	資　料　來　源
李順	趙郡平棘	太武	散騎常侍	遷轉	《魏書》卷三六《李順傳》
杜銓	京兆	太武	散騎侍郎	遷轉	《魏書》卷四五《杜銓傳》
崔寬	清河	太武	散騎侍郎	涼州歸降	《魏書》卷二四《崔玄伯傳附崔寬傳》
李遘	中山無極	獻文	散騎常侍	遷轉	《魏書》卷四六《李訢傳》
游肇	廣平列人	孝文	通直郎、散騎侍郎	遷轉	《魏書》卷五五《游明根傳附游肇傳》
李憲	趙郡平棘	孝文	散騎侍郎	遷轉	《魏書》卷三六《李順傳附李憲傳》
韋纘	京兆杜陵	孝文	散騎侍郎	遷轉	《魏書》卷四五《韋閬傳附韋纘傳》
李平	頓丘	孝文	通直散騎侍郎	外戚起家	《魏書》卷六五《李平傳》
崔景儁	博陵安平	孝文	員外散騎侍郎	遷轉	《魏書》卷五六《崔辯傳》

（三）中央機構中漢族士人的地域分佈和家族背景

以上我們對北魏前期太武帝以來漢族士人任職於北魏中央政權的情況進行了統計、分析。這是我們認識漢族士人政治地位的一個基礎。我們知道，由於政治、經濟以及文化上的原因，不同地區的漢族士人在北魏政權當中的遭遇是不一樣的。所以，我們若留意於北魏前期中央政權中漢族士人的地域身份，我們則對於此一時期北魏國家的政策傾向以及胡漢關係有一個更為深入的理解，以下試論之。

在分析之前，我們首先應該說明統計資料的來源及提取原則。我們進行統計的漢族士人主要就是本節表 3.2 至表 3.6 中所示的各人，他們的籍貫我們已經標明。由於一些人因為職官的遷轉而重複出現在不同機構、不同時段，這種情況我們一例做一人處理，並以其最初出現的時段為準。另外，對於從北涼沮渠政權中及南朝投降而來（平齊民除外）的漢族士人，由於他們已經脫離本籍，我們將他們各合做一項。如此，我們有下表的產生：

表 3.7 北魏前期太武帝以來中央機構中漢族士人的地域分佈表〔註198〕

地區 郡	地區 州	主要家族	時段 太武	時段 文成	時段 獻文	時段 孝文	時段 不詳	合計
昌黎	營	谷、韓	1	1		2	1	5
北平	平	陽				2		2
上谷	幽	張	1		2	1		4
范陽	幽	盧、李	2	2	1	5	1	11
燕郡	幽	公孫、劉、平	2		2	1		5
漁陽	幽	高	1					1
趙郡	定	李、郗	9	2	3	4		18
博陵	定	崔			2	7		9
中山	定	張、李、甄	1		3	1		5
廣平	相	宋、游	3	2		3	1	9
頓丘	相	李	1			2		3
清河	冀	崔、張、傅	5	1		6		12
勃海	冀	高、封、李	5	1	1	7		14
長樂	冀	賈、劉、馮	2			3		6
河間	冀	邢	3			3	2	8
武邑	冀	孫				2		2
北海	青	王、劉	1		1	3		5
樂安	青	蔣				1		1
河東	泰	裴、柳	1		1	4	1	7
太原	幷	張、郭	2			1		3
京兆	雍	杜、韋	1		1	4		7
隴西	秦	李			1	6		7
滎陽	豫	鄭		2	1	2		5
南來降人		司馬、毛、劉	2	1	1			4
北涼降人		宋、宗、段、陰、程、索、辛	7	6		6		19
大夏降人		趙、胡	5					5
合計			54	19	20	71	6	170

〔註198〕關於中古時期郡姓的分佈狀況亦可參看胡阿祥：《中古時期郡望郡姓分佈地理考論》，載《歷史地理》第 11 輯，上海人民出版社，第 111～140 頁；鄺士元：《南北朝人才分佈與郡望考》，收入氏著《魏晉南北朝研究論集》，文史哲出版社，1984 年，第 121～186 頁

從上表所顯示的情況來看，在太武帝與孝文帝兩朝，中央政權中的漢族士人的數量有明顯的增長，其地域分佈也及於整個北方地區。這種總體的情形又存在著具體的差別。太武帝時期，北魏國家開疆拓土，逐步消滅了各胡族政權，完成了對北方地區的統一，與此同時，對各地的人才的吸收也在有條不紊的進行。首先，一批在北魏初建及平定河北以後所吸收的漢族士人及其後代在太武帝時期也有任職於中央的案例，他們與北魏政權結合得早，二者之間的認同與合作已經建立起來。

其次，對已經統一的河北地區，太武帝通過建立中正制、推行秀孝選舉以及特貢等種種人才品定和選舉制度，來系統和廣泛地搜羅漢族士人。太武帝時期最爲著名的推舉人才事件即神䴥四年（431年）的徵召。幸與其選的高允後來曾作《徵士賦》一文以記其盛況：

> 魏自神䴥已後，宇內平定，誅赫連積世之僭，掃窮發不羈之寇，南摧江楚，西蕩涼域，殊方之外，慕義而至。於是偃兵息甲，修立文學，登延儁造，酬諮政事。夢想賢哲，思遇其人，訪諸有司，以求名士。咸稱范陽盧玄等四十二人，皆冠冕之胄，著問州邦，有羽儀之用。親發明詔，以徵玄等。乃曠官以待之，懸爵以縻之。其就命三十五人，自餘依例州郡所遣者不可稱記。〔註199〕

神䴥四年徵士以其規模之大、選才之精而載入史冊。張金龍先生曾對這次徵召的漢族名士的任職、地域分佈和家族背景進行了詳盡的分析，他指出這批士人中任中央官者占到 43%。總體而言，太武帝這次徵召面向河北各地而又有所側重，這顯示出北魏國家的某種政治意圖；同時，家族背景在這批漢族士人當中也有明顯的體現。〔註200〕張先生的分析使我們看到，漢族士人進入北魏中央政權的過程絕非一種自然選擇的結果。在漢族士人本身的地域分佈和家族背景等先決條件的限定下，北魏國家更注意考量其個人才學和地方名望，這樣才有利於他們更有效地加強對河北地方的控制，發展和鞏固其統治基礎。我們從上表所示的情況來看，河北地區以幽、冀、相、定四州爲主，其地士人任職於北魏中央政權者一直保持著較高的比例。造成這種狀況的原

〔註199〕《魏書》卷四八《高允傳》，第 1085 頁。

〔註200〕張金龍：《從高允〈徵士頌〉看太武帝神䴥四年徵士及其意義》，原載《北朝研究》1993 年第 2 期，收入氏著《北魏政治與制度論稿》，甘肅教育出版社，2003 年。

因，主要是河北地區爲北方學術中心之一，即使在胡族統治、社會動盪期間，河北士族仍能保持對儒學的傳承。實際上，漢晉以來河北士族地方勢力的發展和他們對儒學的秉持和傳承是一個相輔相成的過程。學術與士族的結合是他們能夠保持社會名望的重要條件，這就使得十六國時期乃至北魏的胡族統治者不得不倚重他們來實現對中原的統治。

再次，太武帝時期與北魏一度共存的大夏、北涼以及北燕政權，他們也注意吸收漢族士人。對於這些政權中的漢族士人，太武帝自然是多加利用。赫連政權雖然胡族色彩頗深，但其政權中仍有一些漢族士人，如安定胡方回、天水趙逸等。在北魏平定赫連夏之後，他們也因爲文才學識而任職於北魏中央政權。至於遼東北燕政權中的士人，他們有不少是隨慕容寶退守和龍的。馮跋建立北燕之後，大概對於這批士人仍加利用。北魏滅亡北燕之後，原來供職於北燕政權中的河北人士有不少得以返回原籍，當然這種降臣的身份並不影響他們的政治地位。《魏書》卷四六《李訢傳》：

> 李訢，字元盛，小名眞奴，范陽人也。曾祖產，產子績，二世知名於慕容氏。父崇，馮跋吏部尚書、石城太守。延和初，車駕至和龍，崇率十餘郡歸降。世祖甚禮之，呼曰「李公」，以崇爲平西將軍、北幽州刺史、固安侯。

李訢之父因爲主動歸降之故，就仍被任爲北幽州刺史。同李訢較爲類似的也有遼東人高道悅，其祖父自北燕率部投降，也被任爲地方守宰。〔註201〕這樣一批士人基本上是作爲河北人士被徵召任用。至於他們原來的降臣身份是否對其任職有什麼影響，則難以辨析，至少上述李訢、高道悅等人以後的入仕道路並沒有表現出受到國家政策抑制的跡象。〔註202〕北魏國家對河西地區的漢族士人的任用則既沿襲著對待被征服政權中的漢族士人的一貫做法，又表現出了一定的獨特性。河西地區的漢族士人既有漢魏以來即著名涼土的，如索氏、殷氏等；〔註203〕也有西晉以來避難而來的中原士族，如河內常氏。《魏書》卷八四《儒林·常景傳》：「常爽，字仕明，河內溫人，魏太常卿林六世孫也。祖珍，苻堅南安太守，因世亂遂居涼州。」河西地區因爲大批中原士

〔註201〕《魏書》卷六二《高道悅傳》，第 1399 頁。
〔註202〕李訢、高道悅均以中書學生而爲中散，這是北魏前期北方漢族高門入仕的一般途徑，與李訢等有同樣家世背景的還有廣平游明根，他也在太武帝時被選爲中書學生。
〔註203〕馮培紅：《漢晉敦煌大族略論》，《敦煌學輯刊》，2005 年第 2 期。

人的彙聚以及統治者的提倡而儒學昌盛，也出現了一批專擅經典的士人。在
太武帝平定涼州之後，他們中不少人即爲北魏國家所受納，而這之中也有出
仕於北魏中央政權的。當然，就總體而言，涼州士人在北魏國家中的仕宦卻
不太顯赫，除少數幾例之外，大部分都沒能在政治上有所建樹。見於史傳的
涼州士人入國後或沉淪不顯，如劉昞、闞駰、胡叟等；或因才識，多被授予
著作之職，負責國史的編纂，如宗欽、段承根、殷仲達等，在崔浩國史之獄
中，他們也頗受牽連，「自（崔）浩以下、僮吏以上百二十八人皆夷五族」，〔註
204〕宗欽、段承根等人就因此而受誅殺。〔註 205〕可見，北魏對於涼州士人也
能加以利用，但重視的程度卻遠遠不夠。李智君先生考察五涼時期河西學術
的發展歷程，他也指出，北魏平定涼州，遷徙涼州十五萬口於中原，由於河
西士人得不到重用，實際上造成了河西學術的衰落。〔註 206〕河西士人不能憑
其學藝獲得北魏國家政治上的善待，這也爲我們瞭解北魏前期河西地區士人
的政治狀況提供了一個旁證。

　　對於從南朝歸降的漢族人士，其中也有不少以儒業文學見稱的士人。在南
北朝期間，因各種原因輾轉於南北政權的士人當在不少數。北魏前期首次較大
規模地接受南朝士人是在明元帝泰常二年（417 年）。《魏書》卷三《太宗紀》：

> （泰常二年）九月癸酉，司馬德宗平西將軍、荊州刺史司馬休之，
> 息譙王文思，章武王子司馬國璠、司馬道賜，輔國將軍溫楷，竟陵
> 內史魯軌，荊州治中韓延之、殷約，平西參軍桓謐、桓璲及桓溫孫
> 道子，勃海刁雍，陳郡袁式等數百人來降。

以上這些南方士人大多是因南方劉裕掌權之後，迫於政治壓力而逃奔後秦。
泰常二年，劉裕討滅後秦，他們又輾轉逃奔北魏。這些人中大多具有較高的
儒學素養。如袁式，「是時，朝儀典章，悉出於浩，浩以式博於古事，每所草
創，恆顧訪之。性長者，雖羈旅飄泊，而清貧守度，不失士節，時人甚敬重
之，皆呼曰袁諮議」；〔註 207〕刁雍，「性寬柔，好尚文典，手不釋書，明敏多
智」。〔註 208〕儘管這批人的到來對於北魏政權的建設及其政治的發展將意味著
提供一份巨大的支持，但北魏國家不是保持一種疑慮的態度對他們加以防

〔註 204〕《魏書》卷四八《高允傳》，第 1071 頁。
〔註 205〕分見《魏書》卷五二《宗欽傳》、《段承根傳》，第 1157、1159 頁。
〔註 206〕李智君：《五涼時期移民與河隴學術的盛衰》，《中國史研究》，2006 年第 2 期。
〔註 207〕《魏書》卷三八《袁式傳》，第 980 頁。
〔註 208〕《魏書》卷三八《刁雍傳》，第 871 頁。

範，就是將其調往邊境，因而他們對於中央政權的參與度就因為這樣一種政
治生態而保持很低的水準。北魏開拓疆土的活動在文成帝時暫時停頓。接下
來在獻文帝時期，由於南朝政治動盪，其淮北邊疆守將也捲入劉宋國家的政
治紛爭中去，這種變故為北魏的南進提供了契機。天安元年（466 年），以劉
宋司州刺史常珍奇以懸瓠內附為開端，在短短幾年之內，北魏即將河南淮北
之地納入國土。新拓疆土的管理自然是北魏國家需要考慮的問題，這牽涉到
軍事、人口等多方面，我們此處僅關注北魏國家對待當地士族的辦法。〔註 209〕
沿襲其一貫的辦法，北魏仍將當地大族遷離原地，在平城附近設立平齊郡來
將他們置於國家的直接監視之下。《魏書》卷二四《崔玄伯傳附崔道固傳》：「（太
武帝）乃徙青齊士望共道固守城者數百家於桑乾，立平齊郡於平城西北北新
城。」可見，在設立平齊郡之時，是將青齊地區的「士望」作為遷徙的重點
對象的。脫離了地方根基支持的河南士族，一方面他們在平城時仍有不少能
夠堅持苦讀，保持了士人的特性，如劉芳，「雖處窮窘之中，而業尚貞固，聰
敏過人，篤志墳典」；〔註 210〕另一方面，作為平齊民，其原有的地方勢望受到
破壞，他們在政治上受到抑制。實際上，對於河南諸州士人，北魏政府因為
他們是新附之人，政治上的懷疑一直存在，所以他們的進仕路徑就滯礙難開。
《魏書》卷六〇《韓麒麟傳》：

> （韓）麒麟以新附之人，未階臺宦，士人沉抑，乃表曰：「齊土自屬
> 偽方，歷載久遠，舊州府僚，動有數百。自皇威開被，并職從省，
> 守宰闕任，不聽土人監督。竊惟新人未階朝宦，州郡局任甚少，沉
> 塞者多，願言冠冕，輕為去就。愚謂守宰有闕，宜用推豪望，增置
> 吏員，廣延賢哲。則畢族蒙榮，良才獲敘，懷德安土，庶或在茲。」
> 朝議從之。

這是韓麒麟為齊州刺史時所上奏表，吳廷燮將他出牧時間確定為太和七年到十
二年，〔註 211〕大體可從。韓麒麟乃是就齊州一地的情況進行討論。我們看到，
不光是中央政府不任河南之士，就連齊州本地政府長官及其僚佐的選任也對其
嚴加限制。這種政策自然不利於國家對河南州郡的統治，畢竟士族在地方上的

〔註 209〕關於北魏管理淮北新附地區的研究，參看陳金鳳：《魏晉南北朝中間地帶研
　　　　　究》，天津古籍出版社，2005 年，第 89～98 頁。
〔註 210〕《魏書》卷五五《劉芳傳》，第 1219 頁。
〔註 211〕吳廷燮：《元魏方鎮年表》，第 4543 頁。

影響及其作用都是中央政府不可忽視並應該善加利用的。基於這樣一種思考，將河南士人納入國家官僚體系中來漸漸成了朝野一致的構想。如果說上述韓麒麟的表奏還只是僅施行於齊州一地的措施的話，他對齊州士人的收用也僅止於地方行政的層面，那李彪的建議顯然就是希望從更廣泛、更高層次的意義上來提升河南士人的參政空間和政治地位。《魏書》卷六二《李彪傳》：

> 臣又聞前代明主，皆務懷遠人，禮賢引滯。……臣謂宜於河表七州人中，擢其門才，引令赴闕，依中州官比，隨能序之。一可以廣聖朝均新舊之義，二可以懷江漢歸有道之情。

對於河南士人抑制政策的放鬆和扭轉是北魏國家政治發展的結果。在孝文帝時期，遷徙平城的平齊民也得以返回原籍，如房法壽族子房景先為平齊民，「太和中，例得還鄉」。〔註212〕可以肯定，像房景先這樣得以返鄉的士人應該還有不少。與返鄉政策頒行的同時，北魏中央政府也開始了對河南士人的吸納。《魏書》卷四三《房法壽傳》：「太和中，高祖選盡物望，河南人士，才學之徒，咸見申擢。」自此，河南士人才得以扭轉其在北魏政治中受壓制的地位，開始了對北魏政治的積極參與。

　　還需要指出的是，北魏前期漢族士人在中央政權任職的格局呈現出了這樣一種以河南、河北士人為主的特徵，而這種格局在北魏後期一直持續下來。無論從仕宦者的數量，還是從地域群體在北魏中央擔任的職官的品級以及獲得的政治地位的總體情況來看，西北地方的漢族士人都遠不及河南、河北地區漢族士人與中央政權的密切結合程度。這一局面的形成當與地域社會人口結構、經濟發展以及文化水準等有著不可忽視的關係。西北地方的漢族士人，他們一直以較為獨立的姿態保持與北魏政權的聯繫，這就會影響西北漢族人士的發展空間。儘管能夠像其他地區的士人一樣參與到地方行政體系當中，但有限的勢力基礎使他們很難產生全國性的影響。雖然我們不能否定一些士族如隴西李氏、安定胡氏、隴西辛氏等通過較為特殊的途徑進入中央政權，但西北士人與中央政權之間的普遍性的關係實未出現。與西北地方不同的是，河南、河北地區本是漢族族群居住占主導的地區，雖然難免社會動盪的衝擊，但本地區社會的政治、文化和經濟在以地方豪族為中心的地區組織的經營下得以維持和發展。自北魏進入中原伊始，山東地區就構成了北魏國家的基本經濟區，〔註213〕明元帝

〔註212〕《魏書》卷四三《房法壽傳附房景先傳》，第978頁。
〔註213〕關於中國古代社會基本經濟區的論述可參看冀朝鼎：《中國歷史上的基本經濟

時遷都鄴城以避饑荒的動議〔註214〕、北魏立國以來多次在平城發生饑荒時遣民就食山東等舉措實可見出山東地域在北魏的經濟地位，〔註215〕此外，這一地域在北魏國家與南朝政府的軍事鬥爭當中也是主要的軍事動員區域，爲相關的戰爭等提供必需的人力、物力資源。河北地區在政治、經濟以及軍事等方面的重要性就爲北魏國家積極控制河北地區，加強與河北漢族士人之間的聯絡提供了重要的條件。加上河北、河南地區漢族士人本身具有的文化修養與地域優勢，這就使得他們在北魏中央政權中更形活躍。

　　通過以上對北魏前期在中央政權中任職的漢族士人的地域分佈的論述，我們看到，不同地區的士人在北魏國家中的遭遇各各不同。這是受地域社會本身的政治狀況以及北魏國家的政治理念的影響所致。觀察漢族士人地域分佈的同時，我們仍可發現，漢族士人的家族背景也十分顯眼。如趙郡李氏，大致又以李順、李靈和李孝伯三支爲主，他們修習儒業，重視門風。《魏書》卷二六《李順傳》:「初（李）順與從兄靈、從弟孝伯，並以學識器業見重於時，故能砥礪宗族，競各修尙。」這種良好的家法門風使得趙郡李氏名重當時，所以在太武帝神䴥四年的徵召行動中，趙郡李氏就有李靈、李詵和李熙三人應選。儘管趙郡李氏在北魏前期的政治生涯略有曲折，但他們在北魏前期各朝仍保持了一個較高的任職人數。這種情況同樣也見於河北地區其他州郡和士族。如博陵崔氏在北魏平城政權的仕宦從獻文帝開始，而他們在獻文、孝文兩朝的仕宦人數就有 9 人。其他諸如勃海高氏、河間邢氏，他們自一開始就與北魏政權保持較爲良好的合作關係，所以仕宦於平城的人數亦爲可觀。從漢人士族本身來看，既有漢魏舊族，如清河崔氏、范陽盧氏，也有魏晉以來尤其是十六國時期的新興門戶，如勃海高氏、廣平宋氏、游氏。他們各自家族的發展水準不一。從任職人數的多少以及進入北魏中央政權的時間來看，他們與北魏政權的結合程度也有高低之別。但就總體情況言之，漢人士族與北魏政權的結合呈現出一種家族化的趨勢卻是明顯的。

　　魏晉以來士族政治發展成熟的原因已是學界共知之事。就北魏前期的情況而言，一方面漢人士族在前代的勢力積累並沒有因爲胡族統治而消逝，北

區和水利事業的發展》，中國社會科學出版社，1981 年。
〔註214〕《魏書》卷三五《崔浩傳》，第 808 頁。
〔註215〕《魏書》卷三《太宗紀》:「（神瑞二年九月），京師民饑，聽出山東就食。」北魏末年分散六鎮饑民於幽冀定三州亦是一例，具體記載可見《魏書》卷一八《太武五王・廣陽王建閭傳附元深傳》。

魏國家仍需要利用他們的才學聲望；另一方面，漢人士族在與北魏國家逐步的合作過程中，通過恩蔭、察舉秀孝等方式爲官中央和地方，其對北魏政治的影響也勢必逐步深化。當然，我們在承認漢人士族發展的同時，也必須對北魏前期士族政治的狀況有一個審愼的認識。

首先，北魏統治者及佔據國家權力核心的代北集團並不熟悉、也對士族政治抱一種壓制的態度。〔註216〕儘管拓跋氏在最初有帝室十姓或帝室八姓的劃定，並在婚姻和權力方面有相關規定，〔註217〕但這種部落貴族體制不能與漢族社會的世家大族相提並論。代北集團社會結構上部落遺緒的影響使他們很難發展出類似於漢族社會的世家大族，到孝文帝定姓族爲止，才通過國家詔令的方式打破代北集團原有的部落結構，建立起一套同樣適應於胡、漢族社會的姓族體系。〔註218〕這樣一種狀況下，士族政治就難有發展餘地，北魏前期一個衆所周知的案例就是崔浩，他「大欲齊整人倫，分明姓族」，〔註219〕出身漢魏舊族的崔浩有強烈的士族意識，並希望利用自己的權勢來推行士族政治。他的種種舉動遭到代北勳貴如穆壽、長孫嵩等的忌恨，並最終爲自己帶來殺身之禍。《魏書》卷三五《崔浩傳》：「眞君十一年六月誅（崔）浩，清

〔註216〕有一件事情需要注意。太武帝拓跋燾末年南伐至江，南北雙方對峙彭城，遂有遣使交通之事，這在《宋書》卷四六《張暢傳》、卷五九《魏虜傳》以及《魏書》卷五三《李孝伯傳》中都有詳細的記載，雙方所遣使節，劉宋爲張暢，北魏爲李孝伯，但《魏虜傳》卻記載如下：燾送駱駝、騾、馬及貂裘、雜飲食，旣至南門，門先閉，請鑰未出。暢於城上視之，虜使問：「是張長史邪？」暢曰：「君何得見識？」虜使答云：「君聲名遠聞，足使我知。」暢因問虜使姓，答云：「我是鮮卑，無姓。且道亦不可。」暢又問：「君居何任？」答云：「鮮卑官位不同，不可輒道，然亦足與君相敵耳。」
此處對於北魏使節的記載與其他兩處所記完全衝突，不記北魏使節的姓名，大概是有意竄改，據《李孝伯傳》所載，李孝伯之子李豹子在一份請求襲其父爵的奏疏中曾說：「劉氏僞書，翻流上國，尋其訕謗，百無一實，前後使人，不書姓字，亦無名爵。」這應該就是針對上引《魏虜傳》的記載所發。《魏虜傳》竄改當是事實，而其中所言「我是鮮卑，無姓」一句則應該有所本，是某種事實的反映，根據南朝人士的認識，可能當時的拓跋鮮卑並無姓氏觀念，或者即使有，也是一套完全不同於漢族的姓族觀念，但不管是哪種情況，都說明拓跋鮮卑對於漢族士人的門第觀念尚未完全理解和接受。
〔註217〕《魏書》卷一一三《官氏志》，第3006頁。
〔註218〕Albert E. Dien,「Elite Lineages and the T」o-pa Accommodation: A Study of the Edict of 495」,Journal of the Economic and Social History of the Orient, Vol. 19, No. 1.(Feb., 1976), pp.61～88.
〔註219〕《魏書》卷四七《盧玄傳》，第1045頁。

河崔氏無遠近，范陽盧氏、太原郭氏、河東柳氏，皆浩之姻親，盡夷其族。」可見，崔浩被誅所引發的則是北方漢族世族勢力的一次重創。進而言之，由於政治現狀和社會觀念的影響，士族政治的實行還缺乏必要的條件。

其次，正如我們在本節對漢族士人任職於平城的狀況所顯示的那樣，漢族士人的任職還是以文職性爲主，對於重大政治決策、軍事領導等方面的政務，他們則很少能參與。從這一點上講，儘管漢族士人在北魏中央機構中任職的家族化趨向越來越明顯，但由於權勢上的從屬和次要地位，也是他們難以建立士族政治的原因之一面。

當然，從另一角度而言，中央政權中漢族士人的數量越來越多、其家族色彩越來越濃，這又爲漢族士人的發展逐步積聚了力量。雖然在北魏前期這種力量還難以發揮作用，但其長遠的意義卻是爲以後孝文帝的改革指明了方向，使士族政治最終得以制度化。

第三節　北魏後期中央政權中漢族士人的任職

太和十四年，實掌大權的馮太后去世，孝文帝自此獨掌國政，北魏改革的步伐因此更加急速。儘管有代北利益集團的阻擾，但我們也看到，政治制度等的漢化一直在緊鑼密鼓的進行。學界對孝文帝改革持久而全面的關注，給我們認識這場改革本身以及由此帶來的社會政治的變化提供了豐富而細膩的內容，我們因此不必對改革再綴冗言。需要指出的是，作爲一個標誌，孝文帝改革之後，我們能夠看到，北魏的制度和政權已經成了胡、漢各族、各個階層實現其政治利益的共同的場所。我們也不能以胡、漢之間利用和被利用的關係來看待此後歷史的發展。當然，新的面貌絕非一朝一夕就能出現或消失，對於漢族士人而言，前此的歷史積累爲他們以後的發展奠定了基礎，也提供了動力。對於代北集團而言，儘管變革來得急遽，但對他們的利益卻不能做抽根竭底式的清理，北魏前期他們具有的政治優勢也依然要在一個較長的時段中發揮作用。

政治制度的漢化、門閥制度的確立，北魏國家似乎恢復了魏晉以來漢族社會的政治常態，那麼在這樣一種政治局面下漢族士人的政治地位就成了我們關注的問題。以下，我們主要從對漢族士人的任職狀況的分析入手，以一種靜態的視角，考察其政治地位的變遷以及在門閥政治下漢族士人的內部分化。

一、三省機構中漢族士人的任職

　　北魏後期中央行政機構中漢族士人任職者越來越多，甚至出現了漢族士人在數量上佔據主要部分的現象。我們以北魏後期三省長官爲中心，根據正史、出土墓誌以及造像記等材料，對其任職者按照族屬和政治身份進行分類統計，得到以下一些具體的資料：

表 3.8　北魏後期三省主要職官任職表

職　位	身　份	漢族士人	元魏宗室	其　他	合　計
尚書令	第二品	2	9	5	16
尚書僕射	從二品	9	17	8	34
吏部尚書	第三品	11	8	4	23
都官尚書	第三品	12	4	6	22
殿中尚書	第三品	14	3	4	21
儀曹尚書	第三品	3	0	0	3
度支尚書	第三品	24	0	6	30
七兵尚書	第三品	10	3	4	17
尚書左、右丞	從四品	29	3	2	34
中書監	從二品	7	6	2	15
中書令	第三品	12	3	1	16
中書侍郎	從四品	40	11	0	51
侍中	第三品	19	21	11	51
給事黃門侍郎	第四品	50	18	8	76

說明：本表以任職人數爲準進行統計，對於同一人多次擔任同一種或同一類職官者，也只算作一人。如楊津曾兩次兼任吏部尚書，只算作一人；郭祚曾先後擔任過尚書左、右僕射，在尚書僕射一欄中，也只算一人。

　　以上是就各類文獻中所見的情況進行的統計。由於史料本身的問題，儘管我們對現有史料進行盡可能的搜集、整理，但我們以上的統計仍不能稱作完備無遺。僅就這份統計資料來看，以下幾點值得我們注意：

　　第一，從任職人數而言，漢族士人在三省機構中顯然要佔據相當大的比例。孝文帝的改革一遵漢制，三省機構因而得以確立並成爲國家政務運作的核心，漢族士人得以進入三省機構並成爲政務運作的主體。這一方面是因爲一體容納

胡、漢士人的政治體制的成立，使得漢族士人能夠擺脫種族歧見的束縛，擁有了更多更爲平等的進入政權的機會。另一方面，孝文帝的改革雖然在根本上是爲了鞏固拓跋鮮卑的統治，但改革之後，新的政治體制是基於儒家的意識形態和儒家經典的建構，漢族士人顯然對這一套政治運作更爲熟悉，他們本身的素養也使得他們更有能力承擔相關的工作。〔註220〕相比之下，代北集團的武質性特點使他們在新的形勢下很難及時作出調適。澳大利亞學者 Holmgren 對代人陸氏家族的研究就顯示出不僅北魏前期代北集團的發展程度不一，即使孝文帝進行姓族改革之後，由於新的官僚體系對官員素質的要求與其本身的稟賦之間的差異，也導致了代北集團面臨政治地位卜降之虞。〔註221〕

上表中只是對三省中的主要職官進行的統計。〔註222〕在這些職官中，除尚書令和侍中之外，漢族士人擔任的其他官職基本上都要占到一半以上的比例，多者如擔任過尚書左、右丞的，共 29 人，幾占整個尚書左、右丞人數的近 90%；而中書侍郎、度支尚書的擔任者也分別達到或者超過了 80%。至於三省機構中其他職官，我們雖然無法實現精確的統計，但漢族士人佔據多數的基本格局則不會有多少變化。以下我們僅舉尚書省爲證。由於文獻本身的問題，我們無法對其任職的各個部分、各個環節進行具體的考察，所以我們以下試圖結合文獻，以北魏後期幾個時間節點爲準，來對漢族士人在尚書省任職的情況進行分析。

首先進入我們視線的是孝文帝太和十八年孝文帝弔比干碑所透露的信息。孝文弔比干碑是在孝文帝太和十八年（494 頁）十一月從平城起始南巡途中所製。〔註223〕碑文的具體內容可置而不論，該碑碑陰刻錄的隨從文武官員

〔註220〕孫同勛先生的研究亦指出孝文帝時期漢族士人的任職在數量上已居於領導地位，而且此期北魏政府所任用的漢族士人較以前相比更注重其學識才能，這也成了北魏後期漢族士人任職的一大特點。參看氏著《拓跋氏的漢化及其他》，第 51～69 頁。

〔註221〕Holmgren，The Lu Clan of Tai Commandery and Their Contribution to the T'o-pa State of Northern Wei，T'oung Pao, Vol. 69, Livr. 4/5 (1983), pp272～312

〔註222〕對北魏時期中央高級職官任職人數、成分的考察也一直爲學界所關注。綜論性的研究可參看林國良：《北朝人事制度之研究（386～581）》，臺灣中正大學歷史研究所博士論文，2005 年，第 94～99 頁。長部悦弘亦以北魏尚書省長官錄尚書事、尚書令、尚書僕射爲中心考察了北魏不同政治群體的任職情況及其變遷，參看氏著《北魏尚書省小考》，載《日本東洋文化論集》第 13 號，2007 年，第 201～254 頁。

〔註223〕《魏書》卷七《高祖紀》：「（太和十八年十一月）丁丑，車駕幸鄴。甲申，經

的名單則爲我們提供了重要的信息。現將其中居官尚書省的人員摘錄如下：

　　兼尚書右僕射吏部尚書任城王臣河南郡元澄；

　　白衣守尚書左丞臣遼東郡公孫良；

　　尚書郎中貝丘男臣清河郡傅脩期；

　　尚書郎中臣滎陽郡鄭長遊；

　　尚書郎中臣清河郡崔哲；

　　尚書郎中臣河東郡裴映；

　　尚書郎中臣遼東郡高觀；

　　尚書郎中臣趙郡李引；

　　尚書郎中臣河南郡司馬定；

　　尚書郎中臣南陽郡朱孟孫；

　　尚書郎中臣蘭陵郡蕭彥；

　　尚書郎中臣趙郡李良軌；

　　尚書郎中臣河東郡柳崇。〔註224〕

以上是《孝文弔比干文》碑陰所錄從行的尚書省官員名單，共計13位。當然，還有其他一些人員可以確認在太和十八年前後任職尚書省的。就在孝文帝南巡之前的九月份，孝文帝親自對中央官員進行考課黜陟，〔註225〕其中就涉及到 7 位尚書省官員，他們是：尚書令陸睿、左僕射元贊、尚書于果、尉羽、盧淵、尚書左丞公孫良、尚書右丞乞伏義受。儘管他們都受到了降階、奪俸等方式的處罰，但他們的職位未見褫奪，而在此後一段時間內我們也沒有見到他們遷轉的信息。此外，在這同一時間可證實爲與上述諸人同任尚書省官

比干之墓，傷其忠而獲戾，親爲弔文，樹碑而刊之。己丑，車駕至洛陽。」該碑具體鑴刻和豎立的時間則引發了學者的爭議。清代王昶認爲該碑不早於太和二十年時才豎立，見其《金石萃編》卷二七《孝文弔比干墓文》，中國書店，1985 年。何德章先生則認爲該碑實際即立於太和十八年，見氏著《北魏鮮卑族人名的漢化》，載《魏晉南北朝隋唐史資料》第 14 輯，武漢大學出版社，1996 年，第 40～41 頁。羅新先生則論證了立於太和二十年的合理性，見氏著《北魏孝文帝弔比干碑的立碑時間》，載《文史》2005 年第 4 輯，收入氏著《中古北族名號研究》，北京大學出版社，2009 年。無論立碑時間如何，碑文尤其是碑陰題名中所著錄的諸人任職的信息則是符合太和十八年的實際情況的，這一點也爲以上諸人所認同。

〔註224〕碑文著錄見王昶：《金石萃編》卷二七《孝文弔比干墓文》。
〔註225〕關於考課的具體時間見《魏書》卷七《高祖紀》太和十八年九月條，同書卷二一《獻文六王·廣陵王羽傳》則記載了考課的具體內容。

員的還有裴延儁〔註226〕、崔敬邕〔註227〕和崔亮〔註228〕。總計以上所見的尚書省職官，我們共得23位。北魏後期尚書省中令、僕、丞、各部尚書以及尚書郎中諸官職總計有46個。〔註229〕而我們對太和十八年十一月份左右任職的尚書省官員的統計則已經達到總數的一半。在這23人當中，屬於代北人士以及元魏宗室的有 6 人，剩下的也基本上是來自北方世家大族且具有優良學識的漢族士人。如河東柳崇、裴延儁、趙郡李良軌、李引、清河崔哲、崔亮以及滎陽鄭長遊等。雖然我們不能將太和十八年孝文帝從平城南巡時尚書省中的職官全部考索出來，但就可見人員及其特點來看，漢族士人在數量上佔據顯著多數應該是不成問題的。

　　我們選擇的另一時間節點是在熙平元年（516）。孝明帝熙平元年六月，靈太后下令尚書省集議宮中車制。尚書省等官上奏議論結果的連署名單上則為我們詳列了一份尚書省現任職官的詳細情況。現摘錄如下：

> 司空領尚書令任城王澄，尚書左僕射元暉，尚書右僕射李平，尚書齊王蕭寶夤、尚書元欽，尚書元昭，尚書左丞盧同，右丞元洪超，考功郎中劉懋、北主客郎中源子恭，南主客郎中游思進，三公郎中崔鴻，長兼駕部郎中薛悅，起部郎中杜遇，左主客郎中元韡，騎兵郎中房景先，外兵郎中石士基，長兼右外兵郎中鄭幼儒，都官郎中李秀之，兼尚書左士郎中朱元旭，度支郎中谷穎，左民郎中張均，金部郎中李仲東，庫部郎中賈思同。〔註230〕

上列尚書各級職官共得24人。我們另外還考得李韶也應該是這同一時期的。《魏書》卷三九《李寶傳附李韶傳》：「肅宗初，（李韶）入為殿中尚書，行雍州事。」

〔註226〕《魏書》卷六九《裴延儁傳》：「遷尚書儀曹郎，轉殿中郎、太子洗馬，又領本邑中正及太子友。太子恂廢，以宮官例免。」元恂被立為太子是在太和十七年七月，太和二十年十二月被廢，則裴延儁擔任同時尚書殿中郎及東宮官屬的時間應當在元恂為太子期間。

〔註227〕據《崔敬邕墓誌》所言：「俄而轉尚書都官郎中。時高祖孝文皇帝將改制創物，大崇革正，複以君兼吏部郎。」則此時崔敬邕也可能是尚書郎中的一員。《崔敬邕墓誌》釋文見趙超：《漢魏南北朝墓誌彙編》，第98～99頁。

〔註228〕《魏書》卷六六《崔亮傳》：「轉議郎，尋遷尚書二千石郎。高祖在洛，欲創革舊制，選置百官，謂群臣曰：『與朕舉一吏部郎，必使才望兼允者，給卿三日假。』又一日，高祖曰：『朕已得之不煩卿輩也。』馳驛徵亮兼吏部郎。」孝文帝在洛陽「選置百官」之事發生在太和十九年，則崔亮此前應早已擔任二千石郎。

〔註229〕參看嚴耕望：《北魏尚書制度考》。

〔註230〕《魏書》卷一○八《禮志》，第1816頁。

陽固也可以算作一位。《魏書》卷七二《陽尼傳附陽固傳》：「肅宗即位，除（陽固）尚書考功郎，奏諸秀孝中第者聽敘，自固始。大軍征硤石，敕爲僕射李平行臺七兵郎。」這樣我們共得 26 人。在上述 26 人當中，可以考見，包括元魏宗室在內的代人尚書官員只有 7 人，其餘則都是漢族士人。將熙平元年六月份的這份名單與前述太和十八年的尚書省職官名單相比，漢族士人在尚書省中所占的比例依然較高，並沒有出現太大的變動。同樣，就漢族士人而言，其士族背景也極爲明顯。在上述 19 位漢族官員中，除個別情況難考之外，大多都被正史或出土文獻加以記載。不難看到，他們仍舊是來自北魏漢族大族之家，其家族不是魏晉舊門，就是北魏立國以來因久宦而成了高門。

　　第二，在官僚制度與門閥政治相結合的北魏社會，三省職官以其位要權重而深得時人重視。儘管北魏後期的權力格局還是以代北集團爲重，但官職對門望與才能的要求則越來越明顯，即使在掌控權力方面頗具優勢的代北集團，他們之中能夠成爲三省長官的除了具有文章才華的元魏宗室之外，其餘的仍主要是以穆、陸、源、于等漢化較深、門第較高的家族爲主。漢族士人在強調以門望和才能爲居官基礎這一方面就顯得更加突出。比如太原郭祚，孝文帝就稱其「先賢後哲，頓在一門」[註231]，郭祚也因其門資而得以歷經中書侍郎、給事黃門侍郎、侍中、尚書左丞、吏部尚書以及尚書僕射諸職。與郭祚有相似經歷的當然還有不少。清河崔光的仕宦就基本不出三省範圍。[註232] 清河崔亮才望兼允，他長期擔任尚書省諸職，「兼、正六爲吏部郎，三爲尚書」[註233]。相反，由於北朝以來臺省職官一直被視爲清華之位，[註234] 門望較低的寒族士人進入三省就顯得尤爲困難。《魏書》卷七八《張普惠傳》：「初（元）澄嘉賞普惠，臨薨，啓爲尚書右丞。靈太后既深悼澄，覽啓從之。詔行之後，尚書諸郎以普惠地寒，不應便居管轄，相與爲約，並

〔註231〕《魏書》卷六四《郭祚傳》，第 1421 頁。

〔註232〕《魏書》卷六七《崔光傳》，第 1487～1498 頁。

〔註233〕《魏書》卷六六《崔亮傳》，第 1480 頁。

〔註234〕《北齊書》卷四二《崔劼傳》：「劼二子拱、撝並爲外任。弟廓之從容謂劼曰：『拱、撝幸得不凡，何爲不在省府之中、清華之所，而並出外藩，有損家代。』」崔劼爲北齊時人，其二子外任、崔廓之稱省府爲清華之所，當是反映北齊之情勢，但從北朝官僚制度發展的整體情況來看，北魏官職清濁的概念實際上與之相同。如北魏中期之高閭，歷職中書、尚書二省，晚年才出任相州，宣武帝的詔文中即稱其「儒雅素著，出內清華」（《魏書》卷五四《高閭傳》）。

欲不復上省，紛紜多日乃息。」張普惠雖爲尚書右丞，卻因地寒而被尚書省同僚認爲不能「便居管轄」，這確實反映了北魏官僚群體內深厚的門閥意識。《周書》卷三八《呂思禮傳》：「普泰中，僕射司馬子如薦（呂思禮）爲尚書二千石郎中。尋以地寒被出。」呂思禮爲東平壽張人，少從徐遵明學，舉秀才入仕，其本傳也沒有記錄其父祖仕宦，這說明呂思禮確實來自單寒之家。他雖然被推薦入尚書省，但其結果卻遠遜於同他一樣出身的張普惠，竟因「地寒」而不能任其職。孝明帝神龜年間的沙汰臺郎也爲我們提供了一個不錯的例證。《魏書》卷七二《朱元旭傳》：「除（朱元旭）尚書度支郎中。神龜末，以郎選不精，大加沙汰。元旭與隴西辛雄、范陽祖瑩、泰山羊深、西平源子恭，並以才用見留。」這次沙汰臺郎似以才用爲準，但我們看到通過考核並繼續留用的諸人仍是當時名族。無獨有偶，就在東魏元象年間，時任尚書令的高澄也曾沙汰尚書郎。《北齊書》卷三八《趙彥深傳》：「（趙彥深）超拜水部郎。及文襄爲尚書令領選，沙汰諸曹郎，隱以地寒被出爲滄州別駕，辭不行。」東魏的政治制度及政治觀念基本上仍是北魏的延續。雖然我們不知道高澄的這次沙汰的具體標準，但趙彥深的例子顯示門第肯定是考慮的標準之一。將神龜年間和元象年間的兩次沙汰臺郎相比，我們也可以推測，在政治理念保持不變的情況下，尚書臺郎的銓選仍不出才用與門第兩途。

　　第三，需要注意的是，三省長官的擔任者則仍以胡族爲主。換言之，三省機構的權力核心還是在拓跋集團的掌控之中。從表 3.8 中我們也可以看出，尚書令、僕的擔任者以胡族爲主，漢族士人成爲尚書令的只有 2 位，他們是王肅和李崇。此二人成爲尚書令仍具有特殊性。王肅因孝文帝遺詔得以成爲尚書令，並被指定爲宣武帝「六輔」之一，但他卻爲掌握實權的同爲顧命大臣的元澄所排擠，隨後在景明元年裴叔業歸附時即被命前往應接。〔註235〕王肅任尚書令的時間極短，似乎也不能產生多少政治作用。李崇能成爲尚書令則與其爲文成帝元皇后之兄子的身份以及所立軍功頗有關係。〔註236〕我們從上面所引用的兩份尚書省官員名單中也不難看到，尚書令、僕以及各部尚書的任職者中，代北集團也依舊佔據優勢。顯然，這種性質的優勢更具有實際意義。

　　門下省在北魏後期的政治活動中地位重要，以致於後來的觀察者得出了

〔註235〕《魏書》卷六三《王肅傳》，第 1410 頁。
〔註236〕《魏書》六六《李崇傳》，第 1465～1472 頁。

「（後魏）尤重門下官，多以侍中輔政，則侍中爲樞密之任」〔註 237〕，的結論
而門下省長官侍中和黃門侍郎有「小宰相」之稱。〔註 238〕北魏後期的門下省職
官也確實有不少漢族士人擔任，他們有不少也頗受時人重視，如王遵業等人。《魏
書》卷三八《王慧龍傳附王遵業傳》：「（王遵業）轉司徒左長史、黃門郎、監典
儀注。遵業有譽當時，與中書令陳郡袁翻、尚書琅琊王誦並領黃門郎，號曰『三
哲』。」而宣武帝時任黃門侍郎的甄琛也深得皇帝的信任和重用。《魏書》卷六
八《甄琛傳》：「久之，復除（甄琛）散騎常侍，領給事黃門侍郎、定州大中正。
大見親寵，委以門下庶事，出參尚書，入廁帷幄。」但我們也應該看到，黃門
侍郎在更多的時候只是漢族士人以及其他士人官職遷轉之一途。即使他們能夠
出任侍中一職，在代北集團政治勢力尚未完全消退的情況下，他們所能發揮的
作用也是有限的。如自宣武帝以來即長期擔任侍中一職的崔光，他在任期間，「寬
和慈善，不逆於物，進退沉浮，自得而已」〔註 239〕，他也因爲不能挽救被于忠
殺害的郭祚、裴植以及被元叉所害的清河王元懌等人而深受時人詬病。同樣，
宣武帝初期擔任過侍中一職的盧昶也未能掌控實權，他甚至需要朋附同爲侍中
的元暉等人才能獲得宣武帝的寵信。〔註 240〕

　　漢族士人在中書省中則占了絕對優勢，但我們應該看到，北魏中書省所
具有的權勢遠不及門下省和尚書省。儘管中書監、令以及侍郎品級不低，而
且也一直負責掌管詔誥，但他們的職責也僅止於此，他們並不能因此而參與
政事決策。對於大多數代北人士以及元魏宗室而言，中書監、令只不過是他
們職官遷轉過程中的榮譽頭銜而已。〔註 241〕

　　以上對漢族士人在三省機構中的任職情況進行的分析可以顯示出，漢族
士人在三省諸職的擔任上佔據了大多數，並且也承擔起三省機構的政務運
作。但在掌握的實際權勢方面，代北集團仍是政權的核心。在門閥政治的背
景下，漢族士人的出身門第則對其任職則產生了十分重要的影響。

二、寒門士人與中書舍人

　　北魏門閥體制在國家的主導下確立起來之後，主要依據當世官爵，按照

〔註 237〕杜佑：《通典》卷二一《職官三・宰相》。
〔註 238〕《魏書》卷三八《王慧龍傳附王遵業傳》，第 879 頁。
〔註 239〕《魏書》卷六七《崔光傳》，第 1499 頁。
〔註 240〕《魏書》卷四七《盧玄傳附盧昶傳》，第 1057 頁。
〔註 241〕參看祝總斌：《兩漢魏晉南北朝宰相制度研究》，第 368～379 頁。

嚴格而清晰的標準確定士族等級。這一制度所指涉的則是相應的政治、經濟特權。〔註 242〕出身士族者在仕途上占盡優勢，不僅履歷清華，而且遷轉快速，這是門閥政治下的必有現象。門閥政治的另一必有現象則是毫無士族背景或者屬於次等士族出身的人士在仕途上的艱辛低微。就我們所討論的主題而言，北魏漢族士人同樣也面臨著由國家政策主導下的社會分化，出身望族顯門的士人在仕途上有良好的發展前景，而系出寒門或者身份卑微者則很難在仕途上有所作為。儘管門閥本身會有升降，但大環境下等級嚴密的社會還缺乏一個容納社會流動的通道，北魏低等漢族士人勢必難以獲得中央顯職的擔任機會。

　　孝文帝依照當世官爵定門第高下，具體的制度規定因文獻遺佚而難得其詳，唐代柳芳對此有概略的記載。《新唐書》卷一九九《儒學中‧柳沖傳》：「『郡姓』者，以中國士人差第閥閱為之制，凡三世有三公者曰『膏粱』，有令、僕者曰『華腴』，尚書、領、護而上者為『甲姓』，九卿若方伯者為『乙姓』，散騎常侍、太中大夫者為『丙姓』，吏部正員郎為『丁姓』。凡得入者，謂之『四姓』。」這種官爵高下不僅決定門第等級，作為一種資蔭之制，〔註 243〕它也成了士族子弟起家入仕的憑證，這也成了北魏後期選舉制度的主要部分。然而，孝文帝也注意到門閥制度所具有的弊端。為彌補這種制度上的不足，他仍舊採行前代以來所行用的秀孝察舉之制，專以才用為準，通過這種辦法來延攬人才，防止門閥資蔭之製造成的權力集中和政治僵蔽。〔註 244〕也就是在這樣一種政治和制度背景下，北魏漢族的寒門士人才得以憑藉其才能進入官僚體系。

　　寒門士人可以擔任的職官當然有不少，我們此處則只選擇中書舍人一職來對寒門士人的任職狀況進行考察。究其原因，一方面是中書舍人孝文帝改革之後才設立的官職，在北魏後期的政治進展中，中書舍人在國家政治活動中也表現得比較活躍；另一方面則是南朝中書舍人的位卑權重，北魏中書舍人的人選與南朝的存在著相似的地方，那麼北魏的中書舍人是否也像南朝那樣得以影響國家政治走向呢？以下我們試從這一問題出發，對漢族士人擔任中書舍人的情況進行考察。

　　中書舍人一職不見於北魏前期，這應該是孝文帝改制後出現的。南朝自

〔註 242〕參看唐長孺：《論北魏孝文帝定姓族》，第 79～91 頁。
〔註 243〕參看陳琳國：《北魏資蔭制及其淵源》，《學術月刊》1987 年第 4 期。
〔註 244〕宮崎市定：《九品官人法研究》，第 272～275 頁。

齊、梁以下，中書舍人一職由於君主的倚重而權勢加重。《唐六典》卷九《中書省·中書舍人》：「《晉令》：『中書通事舍人品第七。絳朝服，武冠。』宋初又置通事舍人四人，品秩同晉氏，入直閣內，出宣詔命，而侍郎之任輕矣。齊武永明初，中書通事舍人四人，各住一省，時謂之『四戶』，既總重權，勢傾天下。……梁氏秩四百石，品第八。梁用人殊重，簡以才能，不限資地，多以他官兼領，併入閣內，專掌中書詔誥，猶兼呈奏之事。」同南朝一樣，北魏中書舍人注重其個人的才能，而高門望族很少有擔任此職的。在擔任方式上，北魏中書舍人既有專任者，也有不少以他官兼領者。若將北魏中書舍人的擔任者的相關情況進一步查驗的話，從其得以擔任中書舍人的原因入手，我們又可以將其分爲以下幾種情況：

第一，一些士人家族與元魏宗室或外戚有著比較特殊的關係，他們成爲中書舍人很大部分源於這種關係。比較突出的一個例子就是弘農楊播一族，楊播一族因爲與馮太后的密切關係而得以在北魏後期的中央政治中佔據重要一席。當然，楊播一族諸人對元魏政權的積極維護也是影響到其政治地位的一個方面。弘農楊氏爲中書舍人的有三人，楊昱以太尉掾兼任，楊逸以黃門侍郎領任，楊仲宣也可能是以太尉掾兼任。〔註245〕

第二，一些士人結附當權者，通過他們的幫助而成爲中書舍人。樂安人徐紇，好學有名理，一生三爲中書舍人，其時主要在宣武帝時期和靈太后掌權期間，這主要得益於他善於要結當世權寵如趙修、清河王元懌、鄭儼等人。雖然他因爲黨附的原因而時起時落，但歸根結底，他的這些活動也使他能夠在政局的變動中及時獲得宣武帝、靈太后的好感。〔註246〕我們可以舉出的另一例則是代郡人朱瑞。《魏書》卷八○《朱瑞傳》：「孝昌末，尒朱榮引（朱瑞）爲其府戶曹參軍，又爲大行臺郎中，甚爲榮所親任。建義初，除黃門侍郎，仍中書舍人。榮恐朝廷事意有所不知，故居之門下，爲腹心之寄。」朱瑞因爲受到尒朱榮的親任而得居中書舍人，這種結合則應該是地域認同的影響。尒朱榮讓他在孝莊帝左右任職，這無疑是以其監視孝莊帝的活動，以利於自己掌控朝政。

〔註245〕分見《魏書》卷五八《楊播傳》之各人附傳。

〔註246〕《魏書》卷九三《恩倖·徐紇傳》。魏收將徐紇列爲恩倖一類，但我們還是應該看到徐紇以文學名理爲世所稱的一面，儘管在品行上徐紇缺少作爲一個士人應具有的素養。

第三，通過正常的遷轉而成爲中書舍人。對於漢族士人而言，這種方式還是占主要部分。如賈思伯，「釋褐奉朝請，太子步兵校尉、中書舍人」〔註247〕；劉桃符，「舉孝廉，射策甲科，歷碎職。景明中，羽林監、領主書。……歷奉車都尉、長水校尉、遊擊將軍。正始中，除征虜將軍、中書舍人，以勤明見知。」〔註248〕；曹道，「高祖時，有譙郡曹道，頗涉經史，有幹用。舉孝廉。太和中，東宮主書、門下錄事。景明中，尚書都令史，領主書。後轉中書舍人。」〔註249〕這些士人在成爲中書舍人之前一般未曾歷過要職，由於地位低寒、又無當權貴勢的奧援，他們的仕途就總是在低位運行。這部分士人一般通過國家的察舉制度取得入侍資格。我們也不難看到，他們多被舉爲孝廉，這比起舉秀才來，又差了一等。〔註250〕就其自身的學識素養來看，他們大多明經修禮，成爲中書舍人之前也多擔任過事務繁雜的職事官，這也使他們在政務處理過程中累積了吏能。被任爲中書舍人，大多數情況下也是因爲其才能得到君主賞識。《魏書》卷七九《董紹傳》：「（董紹）歷殿中侍御史、國子助教、積射將軍、兼中書舍人。辯於對問，爲世宗所賞。」史書對董徵所任諸職之間的關係難免籠統，但就其「辯於對問」而言，這完全符合對中書舍人職任的描述，所以宣武帝所賞識的應該還是董徵作爲中書舍人時的表現。又如前引賈思伯，爲中書舍人，後轉侍郎，「頗爲高祖所知，常從征伐。」〔註251〕當然，即使成爲中書舍人，能夠長期侍對於君主近旁，但這種便利似乎也沒有爲他們贏得官位升進上的優勢。如前引劉桃符爲中書舍人，之後就有長期停滯，十年未遷職；即使能夠轉職，也多是地方州郡長官和各類僚佐。

前已述及，就任職者身份而言，北魏之中書舍人與南朝有相同的地方，皆重其才能而略其門第。就其職任而言，北魏的中書舍人同樣是君主與朝廷內外進行溝通的重要管道。因而，他們也常常代表君主旨意，負責各種目的的出使。總體來看，他們主要負責以下幾項工作：（一）宣詔勞問，這在正光元年蠕蠕朝見北魏之時有集中的體現。在蠕蠕朝見孝明帝的過程中，中書舍人曹道、常景以及穆弼等人就參與到接見活動中來，他們負責傳達皇帝詔書

〔註247〕《魏書》卷七二《賈思伯傳》，第 1613 頁。
〔註248〕《魏書》卷七九《劉桃符傳》，第 1757 頁。
〔註249〕《魏書》卷七九《馮元興傳附曹道傳》，第 1761 頁。
〔註250〕參看閻步克：《察舉制度變遷史稿》，第 259～263 頁。
〔註251〕《魏書》卷七二《賈思伯傳》，第 1612 頁。

及慰問之意，也要將蠕蠕使節的意見轉達皇帝。〔註252〕（二）在軍事行動中，中書舍人則往往被派遣至前線詢問戰況，或者傳達中央的相關決策，彙報戰情，以使朝廷能夠及時掌握戰爭動態。正始三年（506年），蕭梁進擾肥、梁，中山王元英受命率軍阻擊，關心戰事進展的宣武帝不久就派中書舍人王雲「指取機要」〔註253〕；孝明帝延昌四年（515年），蕭梁偷據硤石，北魏命李平爲行臺節度諸軍攻破硤石，此時當政的靈太后隨即命李平繼續進攻淮堰，我們在李平說明戰況的報告中也看到，負責傳達靈太后的指示的正是中書舍人曹道。〔註254〕（三）中書舍人也常代表皇帝問疾和弔唁。宣武帝時城陽王元鸞死，宣武帝既遣中書舍人王雲宣旨臨吊。〔註255〕崔亮託疾辭位，孝明帝也派舍人問疾，《魏書》卷六六《崔亮傳》：「正光二年秋，（崔亮）疽發於背，蕭宗遣舍人問疾。」（四）草擬詔書。《魏書》卷八五《文苑・溫子升傳》：「及帝殺尒朱榮也，（溫）子升預謀，當時赦詔，子升詞也。榮入內，遇子升，把詔書問是何文書，子升顏色不變，曰『敕』。」〔註256〕溫子升爲孝莊帝中書舍人，參與誅殺尒朱榮的謀劃，並事先起草了事後的赦詔，此事雖然情形較爲特殊，但這無疑向我們揭示，中書舍人由於與國君的日益接近，其負責詔書的擬定的管道也就漸漸變得便利。參與擬定詔書又意味著其權勢的進一步擴大。〔註257〕在誅殺尒朱榮之後不久，孝莊帝皇長子誕生，〔註258〕《文館詞林》錄有《後魏孝莊帝誕皇子大赦詔》，當即因此而發佈於天下。此詔爲溫子升所撰，〔註259〕而溫子升此時仍是中書舍人無疑。皇子誕生而行恩赦是北魏常行的一項制度，可見中書舍人在一般時候也確實負責詔書的擬定。

就以上幾點來看，北魏中書舍人宣召傳命，對外代表皇帝意志，其權勢

〔註252〕《北史》卷九八《蠕蠕傳》，第3260頁。

〔註253〕《魏書》卷一九《景穆十二王・南安王楨傳附元英傳》，第499頁。

〔註254〕《魏書》卷六六《崔亮傳》，第1478頁。

〔註255〕《魏書》卷一九《景穆十二王・城陽王長壽傳附元鸞傳》，第510頁。

〔註256〕此赦詔當即《文館詞林》所錄《後魏孝莊帝殺尒朱榮元天穆等大赦詔一首》，見許敬宗編、羅國威整理：《文館詞林校證》卷六六九，第366頁。詔文所標撰者正是溫子升。

〔註257〕參看鄭欽仁：《北魏官僚機構研究續篇》，第85～113頁。

〔註258〕《魏書》卷一○《孝莊帝紀》：「（永安三年）戊申，皇子生，大赦天下，文武百僚泛二級。」根據陳俊強先生的考察，北魏一朝因皇子生產而恩赦的一共有八次，而此處之皇子當指皇長子。參看氏著《皇權的另一面：北朝隋唐恩赦制度研究》，北京大學出版社，2007年，第88～92頁。

〔註259〕許敬宗編、羅國威整理：《文館詞林校證》卷六六六，第290頁。

當也不能小覷。但與南朝相比，我們卻極少看到北魏的中書舍人通過與皇帝的親近關係而掌控朝政。誠然，北魏也有像徐紇那樣權勢頗盛的例子，徐紇也確實由於靈太后的寵愛以及權宦鄭儼等的信任的雙重作用而能總攝大權，但這畢竟只是個別現象。總體言之，北魏中書舍人等並沒有像南朝社會那樣成為一個突出現象。出現這種差異，應該與南北朝社會政治的發展有關。南朝士族力量強大，他們也成了政府高官貴位的長期佔有者。這種狀況不僅導致了權力結構的僵化和皇權的低落，士族居位卻不理事也使得政務運行效率低下。因而引寒人參政就不僅是皇權對士族政治的突破，而且也能提高行政效率，這也就決定了寒人地位的上升。〔註260〕北魏社會雖然也是士族政治，但其基本格局的確立則是在國家的主導下形成的，相對於政治面，士族尤其是漢族社會的門第望族就缺乏自主性和獨立性。換言之，儘管他們也能身居高位，對皇權政治的發展也有一定的影響，但卻難以從根本上動搖皇權根基。也就是北魏士族政治的這種權力結構，使得寒門士人能夠憑藉才能而侍對皇帝左右，獲得地位上的提高。另一個需要注意的問題是，北魏時期中書舍人在北魏日常行政中發揮的作用也基本上局限於撰寫和傳達詔令，在日常行政以及人事任命等方面，他們則極少有機會插手其間。造成這一現象的主要原因還在於北魏身居高位的高門士人、元魏宗室等能夠積極履行政務，從而使其行政權力不至下移。比如元乂專權之時，他就是「專綜機要，巨細決之，威振於內外，百僚重跡」〔註261〕；宣武帝時，清河王元懌為尚書僕射，史書亦稱其「才長從政，明於決斷，割判眾務，甚有聲明」〔註262〕。這種狀況就使得身為中書舍人的寒門士人難以通過對日常行政的參與和運作來擴大其權勢，因而他們的政治權勢的發展空間也就有了局限。

三、御史臺中的漢族士人

　　北魏社會胡、漢雜糅的政治生態，產生了許多前所未見的新問題。這些問題也使得為政者頗難處理。比如官吏的貪污問題，綜北魏一朝，一直不絕於書。因而，相應的監察體制的建設就一直是統治者極為關心的事項。北魏

〔註260〕參看趙翼《廿二史劄記》卷八「南朝多以寒人掌機要」條，王樹民點校：《〈廿二史劄記〉校證》，中華書局，1984年，第172頁；唐長孺：《南朝寒人的興起》，收入氏著《魏晉南北朝史論叢續編》，三聯書店，1959年，第93～124頁。
〔註261〕《魏書》卷一六《道武七王・京兆王黎傳附元乂傳》，第404頁。
〔註262〕《魏書》卷二二《孝文五王・清河王懌傳》，第591頁。

前期的監察制度由於受胡族政治傳統的影響，未能形成一個集中而有效的體系，通過監察體系來制約和規範吏治的效果就顯得不那麼明顯。孝文帝對政治體制的改革過程中，御史臺的創建自然也就成了其中的一環。從《魏書・官氏志》中所錄兩份職令的對比中可以看出，除了將南臺長官御史中丞改稱御史中尉以外，北魏也基本仿效魏晉南朝制度設立了御史臺諸職官。北魏御史臺不同於前代的就是御史中尉自選臺僚。《通典》卷二四《職官六・侍御史》：「御史舊式不隨臺主簡代。延昌中，王顯有寵於宣武，爲御史中尉，始請革選。此後踵其事，每一中尉，則更簡代御史。……隋侍御史八人，自開皇之前，猶踵後魏革選；自開皇之後，始自吏部選用，不由臺主，仍依舊入直禁中。」可見，北魏自王顯之後始實行御史隨臺主簡代之制，而且這種辦法一直通行於北朝後期。這也是北魏御史臺的獨特之處。

表 3.9　北魏御史臺職官品級表

職　官　名	前《職令》品級	後《職令》品級
御史中尉	三品上	從三品
治書侍御史	五品上	六品上階
侍御史	從五品中	八品下階
殿中侍御史	從五品中	從八品上階
檢校御史	——	九品上

從太和前、後職令的對比中也能看出，在兩次品級調整中，御史臺職官的品級呈較大幅度的下調，御史中尉和治書侍御史下降了一到二品；而侍御史和殿中侍御史則下降了五、六品，已近九品之末。檢校御史則爲孝文帝末年新設之職。御史臺職官在南朝爲濁位，頗爲士族所輕，「甲族向來多不居憲臺」〔註263〕。但在北朝，御史臺職官卻很受時人重視。《魏書》卷八五《文苑・溫子升傳》：「熙平初，中尉、東平王匡博召辭人，以充御史，同時射策者八百餘人。」御史官在後職令中至少位於八品以下，元匡這次簡選御史的舉動竟得到八百餘人的參與，由此也可見時人對御史官的追求。御史能夠得到時人的追捧，一方面是因爲御史專監督彈劾之大權。北魏御史臺一直較爲活躍，其彈劾對象包括中央和地方各級官僚，就連宗室貴屬、權臣恩寵遭御

〔註263〕《南齊書》卷三三《王僧虔傳》，第 592 頁。

史彈奏的事例亦不在少數，這也從一個側面說明了御史臺權力之重。另一方面，北魏也十分重視御史的才能。如前引元匡的例子，他廣招「文辭」爲御史，這也顯示文才是北魏考察御史人選的標準之一。陽平人蕭忻，愛尙文籍，少有名譽，因爲譏諷閹官寵盛而知名，並因此被選爲治書侍御史，也可作爲一證。〔註264〕除此之外，豐富的官場經驗也是北魏國家希望御史所具備的。北魏元暉就曾對此提出過自己的看法：「御史之職，鷹鸇是任，必逞爪牙，有所噬搏。若選後生年少、血氣方剛者，恐其輕肆勁直，傷物處廣。愚謂宜簡宿官經事、忠良平愼者爲之。」〔註265〕元暉的這一建議也被採納。如此一來，符合這些要求的漢族士人自然就成了御史臺希望引用的人才。

我們首先就御史臺長官御史中尉的任職者進行考察。擔任過此職的人員頗有來自不同身份者，元魏宗室至少有元匡、元子攸等 6 人擔任過御史中尉一職，非元魏宗室的代人以及其他胡族人士也有數位任過此職，而擔任過御史中尉的漢族士人則有 11 人，他們是：李彪、封回、游肇、邢巒、李平、崔亮、裴延儁、李琰之、酈道元、甄琛和王顯。對於身爲御史中尉的漢族士人而言，論其出身，其中不乏當世高門。如李琰之、崔亮等人。當然也有一些門第較低者。而就其任職方式而言，其中既有專任者，如李彪、酈道元。更多的是以他職兼、領御史中尉。如游肇以廷尉卿兼任，封回以七兵尙書兼領，而李平與崔亮則都是以度支尙書領御史中尉。這樣一種任職方式或許更有利於御史臺瞭解百官的行政信息，從而更好地展開監察工作。

自御史臺建立之後，北魏國家對於御史的選用就頗爲重視。自王顯以後，御史中尉有自選御史之權，一般而言，他們也能注意對御史的嚴格甄選。《魏書》卷七七《高崇傳附高道穆傳》：

> 御史中尉元匡高選御史，（高）道穆奏記於匡，……匡大喜曰：「吾久知其人，適欲召之。」遂引爲御史。其所糾摘，不避權豪，臺中事物，多爲匡所顧問。

既稱「高選」御史，我們也可以想見其選擇標準自然不低。高道穆以一紙表記得爲御史，其日後的表現也顯示出其才能非淺。《魏書》卷八五《文苑·溫子升傳》：

> 熙平初，中尉、東平王匡博召辭人，以充御史，同時射策者八百餘

〔註264〕楊衒之著、楊勇校箋：《洛陽伽藍記校箋》卷一「昭儀尼寺」條，第53頁。
〔註265〕《魏書》卷一五《昭成子孫·常山王遵傳附元暉傳》，第379頁。

人，（溫）子升與盧仲宣、孫搴等二十四人爲高第。於時預選者爭相
引決，匡使子升當之，皆受屈而去。搴謂人曰：「朝來靡旗亂轍者，
皆子升逐北。」遂補御史，時年二十二。臺中文筆皆子升爲之。

在元匡爲中尉之前，溫子升與高道穆一樣，都是文名早著的士人，二人也因此
被元匡選爲御史。此外，元匡選擇的這批御史當中，以文才稱顯得大有人在。
如盧仲宣，「才學優洽，乃逾於（兄盧）觀，但文體頗細。兄弟俱以文章顯，論
者美之」；〔註266〕孫搴，「少勵志勤學，……以文才著稱」。〔註267〕可見，北魏
御史的選擇重視參選者的文才學識，則在這一方面獨具優勢的漢族士人自然就
成了御史臺屬佐的主體。到孝莊帝時，高道穆爲御史中尉，他所選擇的御史同
樣也以聲名卓著的漢族士人爲主。《魏書》卷七七《高崇傳附高道穆傳》：

除（高道穆）征南將軍、金紫光祿大夫、兼御史中尉。尋即眞，仍
兼黃門。道穆外秉直繩，內參機密，凡是益國利民之事，必以奏聞。
諫諍極言，無所顧憚。選用御史，皆當世名輩，李希宗、李繪、陽
休之、陽斐、封君義、邢子明、蘇淑、宋世良等四十人。

文獻中可考見與李希宗等同爲御史的還有薛孝通。《魏書》卷四二《薛辯傳》：
「（薛）孝通，頗有文學。永安中，中尉高道穆引爲御史。」以上九人皆出於
當時的世家名族，我們也可以想見餘下諸人當也同具家族背景。同時，我們
也應注意以上諸人的文學才幹。如邢子明，「好學，早有才情」〔註268〕；蘇淑，
「立性敦謹，頗涉經傳」；〔註269〕李希宗，「涉獵書傳，有文才」〔註270〕。在
御史的選用中，漢族士人的家族背景自然要起到作用，但參選個人的才能也
是爲御史中尉所看重的。因此，我們也就能看到一些門第不高的下層士人能
夠憑藉自己的才能而獲青睞，如前引溫子升，以及王顯爲御史中尉時連任檢
校御史和殿中御史的馮元興。

最後，同御史中尉的擔任方式一樣，漢族士人擔任御史也同樣存在不少
以他官兼任或領任的現象。一般而言，以員外郎、奉朝請以及太學博士兼領
各類御史又要占絕大部分。其他如以奉車都尉、給事中、步兵校尉、公府僚
佐兼領御史的情況也時有出現。當然，也有不少是以御史爲起家官的。我們

〔註266〕《北史》卷三○《盧觀傳附盧仲宣傳》，第1091頁。
〔註267〕《北齊書》卷二四《孫搴傳》，第341頁。
〔註268〕《魏書》卷八五《邢昕傳》，第1873頁。
〔註269〕《魏書》卷八八《良吏・蘇淑傳》，第1913頁。
〔註270〕《魏書》卷三六《李順傳附李希宗傳》，第836頁。

看到，以上這些職務大多屬於散官一類，這種以散官而兼領御史的方式與前述御史中尉的擔任者多正任度支尚書、廷尉卿、七兵尚書等實職官相比，也顯示出北魏御史臺較爲特別的一面。

　　總而言之，漢族士人在御史臺中的任職仍占多數。在任職方式上，以他官兼領的形式也占一定比例。在御史中尉和各類御史的選任上，注重其士族背景是門閥政治下的結果，而與其他機構的不同之處則在於，御史臺職官的選擇更注重其實際才能，這就爲門第不同的漢族士人提供了一個相對較爲平等的競爭平臺，也說明北魏後期任人以才的傳統意識仍有其存在的空間。

四、餘論：門閥政治與任人以才

　　太和改制以後，政治體制的改革與政治理念的變化相伴而行，胡族傳統的政治實踐空間大爲縮減，對政務運行的重視加快了制度的漢化，文官體系得以建立和完善。與此同時，孝文帝將門閥意識通過國家行爲予以強調，一套基於魏晉南朝以來的門閥政治理念同時又有著更爲明顯的官僚化色彩的門閥制度建立起來。漢族士人就在這樣一種門閥體制下進入官僚體系。在中央各行政機構，漢族士人自身的儒學修養和文化稟賦使他們成了各類文職官員的主要擔綱者，而其出身的門第高低決定了其仕途的前景。在社會金字塔結構的高層，胡、漢群體在一套共同接受的門閥體制下分配政治利益。門第成了他們共同關心的問題，也是他們衡量各自地位的共同標準。所以在三省機構中，門第顯然成了一道隔絕漢族士人上、下層的分界線，世家大族出身的漢族士人得以榮膺高位，而寒門出身的漢族士人就只能承受仕途上的規限。

　　孝文帝以後，隨著門閥體制的制度化，社會政治格局呈現出一種明顯的階層化特點。處於社會上層的士族階層在入仕、任職以及官職的遷轉方面都有成文或不成文的規定以保證其優勢地位。士族身份及其等級決定了政治利益的分配，門地與官僚體系之間的緊密關係因此而形成。然而，自孝文帝建立門閥體系伊始，與這種任人唯以門資的門閥主義相對立的觀點，即「唯才是舉」的才能主義，也時常被人所提及，並最終在西魏北周的政治實踐中衝破門閥政治的藩籬，成了關中宇文集團的重要國策。〔註271〕實際上，孝文帝雖然傾向於門閥主義，但我們也應該看到他採取這種措施仍舊是爲了建立一

〔註271〕谷川道雄：《北魏官界的門閥主義與賢才主義》，收入氏著《隋唐帝國形成史論》（韓昇譯），上海古籍出版社，2004年，第110～131頁。

個相對穩定和有效的吸納人才的管道，卻並不是要否定任人唯賢的古老的政治理念。〔註272〕孝文帝對李彪的獎勸不失爲他這一理念的充分詮釋。《魏書》卷六二《李彪傳》：

> 高祖詔曰：「歷觀古事，求能非一。或承藉微蔭，著德當時；或見拔幽陋，流名後葉。故毛遂起賤，奮抗楚之辯，苟有才能，何必拘族也。**彪雖宿非清第，本闕華資，然識性嚴聰，學博墳籍，剛辯之才，頗堪時用，兼憂吏若家**，載宣朝美，若不賞庸敘績，將何以勸獎勤能？可特遷秘書令，以酬厥款。」（粗體處爲筆者所加）

在此之前，李彪參纂國史，創爲紀傳之體，上書陳議時政，都獲得了孝文帝的賞識。孝文帝對李彪予以獎勵的原因也值得我們注意。孝文帝強調李彪門第寒微，本不合既定的選舉之制，但他同時也指出李彪的才識和敬業確是他以才具稟賦突破門第防限，獲得加官進爵的原因所在。這說明孝文帝雖重門第，但也能夠賞識才能的理念。即便在孝文帝以後，我們也能看到國家也曾發佈詔文強調對才學的重視。《魏書》卷八《世宗紀》：「（正始二年四月）乙丑，詔曰：『……中正所銓，但存門第，吏部彝倫，仍不才舉。遂使英德罕升，司務多滯，不精厥選，將何考陟？八座可審議往代貢士之方，擢賢之體，必令才學並申，資望兼致。』」宣武帝這道詔文就對中正和吏部銓選過程中的惟門第是準的做法進行了指責。《魏書》卷九《肅宗紀》：「（正光四年），詔曰：『……宜詔百司各勤厥職，諸有鰥寡窮疾冤滯不申者，並加釐恤。若孝子順孫、廉貞義節、才學超異、獨行高時者，具以言上，朕將親覽，加以旌命。』」孝明帝發佈的這道詔書雖然有流於形式的嫌疑，但至少卻向我們表明，重視才學的理念在北魏的門閥社會中也一直沒有堙沒。在某些情況下，以才學爲選官標準也得到了社會各階層的共同接受。門第與才能之爭在北魏後期也屢屢爲時人所道及，如高祐批評選舉唯簡年勞〔註273〕、薛琡和劉景安對崔亮停年格專以年資而不以才望選舉的批評，〔註274〕他們也當然認爲才學才是選官

〔註272〕根據《魏書》卷六○《韓麒麟傳附韓顯宗傳》所記錄的孝文帝與韓顯宗、李沖等人的討論，孝文帝一方面認爲，「君子之門，假使無當世之用者，要自德行純篤，朕是以用之」，另一方面也指出，「若有高明卓爾、才具俊出者，朕亦不拘此例」，我們可以看到，孝文帝並不是要否定以才能任人的觀點，而是認爲賢才難得，門望之家因世相染習，相對而言要較其他群體更具素養，而這也只是一種適應形勢的調和的辦法。

〔註273〕《魏書》卷五七《高祐傳》，第1261頁。

〔註274〕分見《魏書》卷六六《崔亮傳》，第1480頁；《北齊書》卷二六《薛琡傳》，

擇人的重要標準。儘管在臺省高級職位的選用上重視門第的傾向較爲明顯，但如中書舍人、御史等職位的人員選用則將才能作爲了一項重要的參考標準。這樣一種安排既滿足了門第士人保持政治高位的需要，又在一定程度上爲門第寒微卻頗具才學的漢族士人提供了政治發展空間。

第 369～370 頁。